SU NOMBRE ERA
DOLORES

SU NOMBRE ERA DOLORES

LA *Jenn* QUE YO CONOCÍ

PETE
SALGADO

y

GABRIEL
VÁZQUEZ

HarperCollins *Español*

Editora en Jefe: *Graciela Lelli*

Diseño interior: *Grupo Nivel Uno, Inc.*

ISBN: 978-0-71809-615-1

Impreso en Estados Unidos de América

17 18 19 20 DCI 6 5 4 3 2 1

Contenido

Introducción

En septiembre de 2012, tan solo unos meses antes del fatal accidente de avión de Jenni Rivera, su carrera era tan excitante como podía serlo. Estaba en la cumbre en términos musicales, tenía ofertas de televisión y millones de fans, agotando la boletería en grandes escenarios, pero su vida personal estaba en un desorden completo. Su complicada matriz de relaciones, que siempre había estado llena de diferentes niveles de decepción y traición, se estaba saliendo ahora de control ante sus ojos y todo llegó a un punto de ebullición por la época en que ella murió en ese avión. Tal vez fue por su fama extrema, o por la naturaleza catastrófica del accidente. Tal vez fue por la fanfarria y la tristeza y todo lo que viene con una tragedia tan inesperada. Cualquiera que fuera la razón, después de su muerte, nadie habló de lo que realmente estaba ocurriendo en la vida de Jen al momento de su muerte. Hasta ahora. Estoy aquí para poner las cartas sobre la mesa y contárselo a ustedes con toda honestidad.

Tras el fallecimiento de Jenni Rivera el 9 de diciembre de 2012, mis noches estuvieron salpicadas de sueños vívidos que acechaban mis horas de vigilia. Traté de descifrar estas apariciones de mi amada amiga y hermana por elección, pero no estaba seguro de cómo interpretarlas. Todo lo que sé es que me conmovieron hasta lo más profundo de mi corazón y de mi alma, y siempre estarán grabadas en mi memoria. La primera tuvo lugar en la cima de una montaña. Jen y yo estábamos mirando la ciudad. Llevaba un hermoso vestido blanco y repetía: «Está bien. Tenía que ser de esta manera, y está bien. No te preocupes». Miré en su dirección, sin palabras, congelado en donde estaba. Las lágrimas rodaban por mi cara mientras ella seguía repitiendo esta frase, miramos de nuevo las luces de la ciudad antes nosotros, y me desperté.

En otro sueño, apareció con su sudadera informal, la ropa que utilizaba cuando dejaba de ser el centro de atención, y me dijo una vez más: «Está bien, tenía que ser así, no te preocupes». Añadió una frase típica suya: «Diles a los chicos que dejen la chingadera», y terminó con: «Dile a Rosie que se asegure de escuchar». Si yo fuera un apostador, apostaría mi último dólar a que la persona en este sueño era realmente Jen. Cuando sus palabras se fundieron en mi conciencia, sentí de repente a mi esposa despertarme y preguntar: «¿Estás bien?». Ella me había sentido murmurar en mi sueño, tratando inútilmente de hablar en él. La presencia de Jen era tan fuerte como siempre. Sentí que acababa de visitarme, pero tan maravilloso como era verla de nuevo, también despertó una enorme cantidad de dolor por la realidad de su muerte reciente. Sin embargo, en lugar de barrer estos sueños debajo de la alfombra o de borrarlos de mis recuerdos, decidí aferrarme a ellos y reproducirlos en mi mente.

Yo era incapaz de hablar en estos sueños, así que Jen quería tal vez que la escuchara. ¿Eran solo sueños, o podía ser realmente un mensaje que yo debía tomar en serio? Mientras reflexionaba sobre las posibilidades, los sueños se detuvieron tan abruptamente como habían comenzado... hasta cuatro años después, cuando empecé a trabajar en este libro y en la serie de Univision sobre la vida de Jen. Fue una señal. Por muy preocupado que estuviera de abordar estos proyectos en la medida de mis posibilidades y conocimientos, creo que Jen habría querido que yo dijera la verdad con su estilo directo y sin tabúes. Ha llegado el momento para que la Jen que yo conocí vea la luz del día.

Además de ser su amigo cercano y su mánager, desempeñé muchos papeles en la vida de Jen. Yo era su seguridad. Era su asesor. Era su distracción. Era su equilibrio. Era su respaldo. Era su mano derecha. Era su caja de resonancia. Era su hermano. Y teniendo en cuenta estos muchos papeles, estaba íntimamente atrapado en la red de sus asuntos personales, incluyendo problemas con sus hijos, hermanos, padres, esposos y amigos. Yo estaba ahí para apoyarla, controlar los daños, o simplemente para escucharla y hacer que se sintiera segura.

Había un montón de cosas desagradables en la vida privada de Jen. Estaba lejos de ser una vida perfecta, pero ella nunca sintió la necesidad de esconder nada de esto porque sabía que eso la convertía en lo que era. Después de su fallecimiento, parecía que todo el mundo salía de la nada tratando de convertirse en la voz de Jen, tratando de contar la versión perfecta de su historia, tratando de disculparse por los errores de Jen. Pero yo la conocía, y ella no era una persona que se disculpara. Se mantuvo firme y no cedía, a menos que creyera que hacer las paces era la elección correcta, porque sin importar lo terca que fuera, también tenía un corazón enorme y era una amiga increíblemente leal. El mundo le atribuía una fuerza notable, pero en realidad era un alma suave y amable, y uno de sus secretos más profundos era simplemente su vulnerabilidad.

Ahora, permítanme aclarar una cosa antes de seguir adelante. Este libro no tiene la intención de avergonzar a la familia de Jen ni a nadie. Solo quiero aclarar y explicar la complejidad detrás de la vida de Jen, quiero que se unan a mí en la celebración de sus fortalezas y el reconocimiento de sus debilidades para que puedan comprender plenamente la belleza perfectamente imperfecta detrás de su magia. Jenni la Diva no fue un éxito de la noche a la mañana. Su destacada carrera fue un producto del amor, del trabajo incansable y de batallas interminables. Derribó todos los obstáculos, silenció a todos los escépticos y superó todas las desventajas hasta romper varios techos de cristal y ascender a la cima. Por eso este libro es tan importante para mí. Al leer la autobiografía oficial de Jen, que su familia terminó de escribir para ella después de su muerte, sentí que estaba completamente maquillada. Jen no era así. La Jen que conocí no era un producto maquillado; era franca y real. Eso era lo que sus fans amaban de ella, y eso es lo que espero transmitir en estas páginas.

Me tomó cuatro años compartir mi historia de Jen porque al principio sentí una necesidad inherente de protegerla, pero ahora me doy cuenta de que su vida y su legado están destinados a ser compartidos y celebrados. No tengo motivos ocultos. Como su amigo cercano y hermano por elección, simplemente quiero hacer lo correcto por ella, y si tengo que aceptar cualquier tipo de críticas, estoy dispuesto a hacerlo, tanto como lo habría estado Jen si estuviera hoy aquí con nosotros. Lo único que quiero es que ustedes, los lectores, los fans, los admiradores, los espectadores curiosos, sientan y comprendan los altibajos, los entresijos y las lágrimas y risas que hicieron de Jen la artista estelar y el ser humano que todos llegamos a conocer y amar. Fue un viaje difícil, pero vale la pena por completo cada segundo de él. Espero que estas páginas les brinden un cierto sentido de cierre y que los inspiren no sólo para mantener vivo y próspero el legado de Jenni Rivera, sino también para lograr sus metas y sueños de sus vidas, sin importar lo difícil que sea el viaje. Sé que eso es lo que la Jenni que conocí habría querido para ustedes, así que, al tomar una página de su historia, no dejen que nada ni nadie los detenga... y asegúrense de disfrutar del viaje.

Capítulo 1

El fin y el principio

Jenni Rivera ✔
@jennirivera

RT @petesalgado: @jennirivera WE
BOUT TO CHANGE D GAME
AGAIN! /// God has plans!

8/16/12, 4:12 PM

J enni se agachó, se sentó en un tope de concreto en el
estacionamiento del hospital, y me miró lentamente,
sus ojos cafés oscuros rebosantes de dolor y angustia,
simplemente rotos.

—¿Estás bien? —le pregunté.

—Sí, estoy bien —dijo ella mientras miraba lejos.

—No, no puedes mentirme, tus ojos siempre me dicen la verdad.

Los ojos de Jenni eran los espejos de su alma; una mirada
suya, y yo podía ver a través de todas las sonrisas, bromas y
pendejadas, y saber cómo se sentía realmente.

—Ay Pete, eres un cabrón; detesto cuando me haces eso
—respondió ella al clásico estilo Jenni.

Cuando me preguntan acerca de la última vez que vi a Jenni
Rivera, regreso inevitablemente a ese día, el 28 de noviembre de
2012. Mi padre acababa de fallecer unas horas antes y Jenni —mi

amiga constante, amable, bondadosa y leal— estaba allí, a mi lado, ofreciéndonos su apoyo moral a mi familia y a mí. La muerte de mi padre no fue repentina ni fue inesperada; había estado enfermo por un tiempo y sabíamos que era inminente. Así que fuimos increíblemente afortunados de estar a su lado, rodeándolo de amor, animándolo a desprenderse de todo, dándole la tranquilidad de que estaríamos bien, y tuve el honor y el privilegio de sostener su mano mientras respiró por última vez y abandonó este mundo. Este tipo de pérdida está lejos de ser fácil, pero hubo una sensación de paz y de cierre que nos envolvió a mi familia y a mí ese día, que pudimos transmitir también a mi padre a medida que fallecía, y que solo me gustaría que Jenni pudiera sentir cuando su vida llegó a su fin.

Esa noche, después de brindarnos su amor y su apoyo, y de sacar unas horas de su apretada agenda para estar a nuestro lado, cuando llegó la hora de irse a casa, mi esposa y yo acompañamos a Jenni a su carro en el estacionamiento del hospital, mientras platicábamos un poco. Cuando se sentó en el tope de concreto y nuestros ojos se encontraron, supe que le pasaba algo, pero ella estaba dudando en abrirse a nosotros, aunque hacía esto con frecuencia en casa. Sin embargo, creía que no era apropiado hablar de sus problemas, pues mi padre acababa de fallecer, pero yo le insistí. Podía ver que mi amiga sentía un dolor mucho más profundo que yo, y que necesitaba alguien en quien apoyarse, tal vez incluso un hombro sobre el cual llorar. Este era uno de los fundamentos básicos de nuestra amistad: nos apoyábamos constantemente en las buenas y en las malas; siempre nos teníamos el uno al otro. Yo estaba tranquilo esa noche, así que la animé a que me dijera qué le preocupaba y hacía que sus ojos transmitieran una tristeza tan profunda. Fue un pequeño tira y afloja porque ella no quería desahogarse en un momento difícil para mí, pero finalmente lo hizo.

En los casi diez años que conocí a Jen, como solía llamarla, la vi experimentar una montaña rusa de momentos intensos, dolorosos y tristes en su vida. El juicio de su primer ex marido, José Trinidad Marín, por abusar sexualmente de su hermana e hijas; el encarcelamiento y la muerte de Juan López, su segundo ex marido y padre de sus dos hijos más pequeños; la batalla de su alma gemela con la adicción a las drogas, los cargos por violación contra su hijo Mikey; el fracaso de su tercer matrimonio… todos estos eran acontecimientos desgarradores, pero nunca la había visto tan completamente lastimada y angustiada, tan emocionalmente aplastada como ese día en el hospital.

Nuestra Reina del Barrio, la Diva, la Gran Señora, la guerrera, la sobreviviente, la mujer que todo el mundo, desde los fans a los amigos y a la familia, consideraba como inquebrantable, se estaba desmoronando ante mis ojos. Al compartir lo que había en su corazón esa noche, ella confesó que seguía teniendo una sensación de culpabilidad infinita por los abusos que su hermana e hijas habían sufrido a manos de su ex marido Trino. Quería haberlo descubierto antes, quería poder haber hecho algo para detenerlo pero cuando se enteró, más de diez años después, ya era demasiado tarde, y el daño ya estaba hecho. A medida que profundizábamos en estos acontecimientos que cambiaron para siempre la vida de su hermana e hijas, así como su propia existencia, la insté a que soltara toda esa culpa de una vez por todas. No le hacía ningún bien y la llevó a compensar excesivamente con sus hijos de unas maneras que demostraron ser malsanas para todos ellos.

—Tienes que perdonarte a ti misma. Tienes que perdonarte, Jen. Tienes que hacerlo. —Seguí repitiendo esta frase, con la esperanza de transmitirle el mensaje. Yo solo quería verla feliz otra vez.

—¿Sabes, Pete? Finalmente he aceptado que también fui una víctima. Yo tenía quince años. La primera vez que tuve relaciones sexuales, terminé embarazada y él tenía veintitantos años. ¿Qué podía saber yo?

Ella tenía razón, y también había sufrido abuso doméstico, demasiado para que una adolescente pudiera lidiar con él, pero de alguna manera logró seguir adelante. Me alegré al verla aceptar que ella también había sido una víctima. Entonces la conversación dio un giro sobre las circunstancias de su vida actual, la única razón por la que sentía que su mundo había sido destrozado en un millón de pedazos: su hija Chiquis. Jen estaba muy herida y llena de incredulidad, tratando de conciliar lo que ella creía que era la traición definitiva de su hija. En esa época, no podría importarle menos Esteban, quien muy pronto sería su ex marido. Perder a un hombre era nada comparado con la posibilidad de perder a una hija. Chiquis era su sangre, su bebé, su mejor amiga, su confidente; habían estado juntas en los momentos más difíciles desde que Jenni la tuvo a los quince años, de modo que pensar que Chiquis la había traicionado de semejante manera le causó mucho dolor, y una decepción y una deshonra insoportables.

Jen no podía aceptar esto, no sabía qué hacer, estaba más perdida que nunca. No quería sacar nada de esto a la luz pública porque, a fin de cuentas, y pasara lo que pasara, Chiquis era su hija y, a pesar de que no se hablaban y de que Jenni estaba herida más allá de cualquier reparación posible, nunca abandonaría a su suerte a su propia carne y sangre. Nunca humillaría a su princesa de esa manera; ella la protegería siempre, sin importar lo que pasara entre ellas. Pero esto la estaba carcomiendo por dentro; ella se desahogó finalmente y se desmoronó.

Jenni era el pegamento de la familia Rivera —esto es aún más claro ahora que en aquel entonces—. Ayudó a mantenerlos unidos a todos, pero esta vez no tenía ni idea de cómo iba a recuperarse de este último golpe. Era como un espejo roto, podías juntarla, pero las grietas seguirían siendo visibles. Estaba devastada.

Sentada delante de mí estaba una mujer que era adorada por millones de personas, que se había puesto manos a la obra y trabajado incansablemente durante años para hacer sus sueños realidad, alguien que había alcanzado innumerables hitos en su carrera, que había luchado con uñas y dientes para darles a sus hijos la vida que merecían, que inspiró a innumerables mujeres que habían sido derribadas a levantarse de nuevo, a sacudirse el polvo y seguir avanzando. Sin embargo, aquel día, esos ojos llenos de lágrimas me contaron la verdadera historia. Nuestra Diva de la Banda, trabajadora e imparable, se sentía completamente derrotada y perdida.

Cuando nuestra conversación terminó finalmente, le di un gran abrazo de oso y le dije que siempre estaría ahí para ella. Era mi hermana, y yo estaba listo para hacer todo lo posible para levantarle el ánimo y ayudarla a encarrilar de nuevo su vida personal. En retrospectiva, estoy muy agradecido de haber podido compartir ese momento significativo, esas palabras, esa conversación de corazón a corazón. Me alegro de haber podido estar ahí para ella y de ayudarle a aliviar el peso que había estado cargando en los últimos meses, aunque solo fuera por un momento. Yo confiaba en que ella estaría bien y que todo se resolvería, estaba seguro de que ella podría volver a levantarse y eventualmente seguir adelante, como lo había hecho en innumerables situaciones. Ella solo necesitaba un poco de tiempo para entenderlo todo, pero lo que no sabía era que el tiempo ya no estaba de su lado.

Ese día no fue técnicamente el último en que vi a Jen, pero fue la última conversación significativa que tuvimos antes de que ella dejara este mundo, y una que nunca olvidaré. La última vez

que la vi fue el 5 de diciembre de 2012, durante la grabación de
Contacto directo, su programa de radio que grababa todos los
miércoles. Ella tenía programado volar a México al día siguiente,
el jueves 6 de diciembre de 2012, así que paré en la emisora de
radio para repasar los detalles de última hora antes de que ella se
fuera. Su papá estaba invitado al programa ese día; en realidad,
ella le había pedido que la acompañara, pero él tenía que
ocuparse de algún negocio.

Era otro día típico en la vida de Jenni, pero estaba muy
entusiasmada con este espectáculo en Monterrey porque era otro
hito en su carrera. Nadie en la música banda había agotado las
entradas en la Arena de Monterrey. Hacerlo en ese lugar ya era
un gran logro, pero hacerlo en su género musical era un evento
revolucionario para ella y para la música banda en general.
¡Estaba extática! Repasamos los detalles después del programa
radial. Yo tenía programado viajar a Monterrey para supervisar
la producción de *I Love Jenni.* Era la primera vez que el equipo
de producción del programa viajaba con ella a México. Sobra
decir que no pude asistir debido al fallecimiento de mi padre.
Ella preguntó por todos los arreglos, queriendo asegurarse de
que nos estábamos encargando de todo, checando para ver si
yo estaría bien, acordándose siempre de parar y cuidar a otros,
sin importar los días soleados o tormentosos que estuviera
enfrentando ella en su vida. También mencionó a Chiquis en
esa plática, pero parecía más tranquila al respecto; estaba más
animada.

En realidad, recuerdo que ella estaba muy feliz ese miércoles,
llena de tantas esperanzas, sueños y metas para el año siguiente
que la acercarían más a casa y a sus hijos amados. Nunca imaginé
que sería el último día que vería a Jen. No pude imaginar siquiera
la sorpresa y la pérdida que sufriríamos pocos días después.
La abracé y le dije adiós, feliz de verla mejor y con más ánimos,

pero sabía que todavía estaba lidiando con muchas cosas en su interior. No pude evitar pensar en esa plática conmovedora, honesta y desgarradora que habíamos tenido unos días atrás. En esa mujer a quien no la detenía nada, que se sentó en aquel tope del estacionamiento del hospital, abriendo su corazón a borbotones y expresando sus más profundos arrepentimientos y emociones, y supe que no había ninguna Jenni Rivera la Diva, la Gran Señora o La Reina de Long Beach. Se llamaba Dolores, y esa fue la Jen que conocí y amé.

Eran las diez de la mañana en otra soleada mañana de California en abril del 2003. Yo estaba sentado en una sala de conferencias de Beverly Hills, donde debía reunirme con una cantante a petición de mi amigo Anthony López. Se había graduado de mi universidad, era un mentor y un abogado en la industria del entretenimiento, quien recientemente había mencionado que podía tener una oportunidad de trabajo para mí. Explicó que se trataba de la hermana de uno de sus clientes, quien estaba buscando hacer algo más grande con su carrera musical. Estaba en el proceso de conformar su propio equipo, así que me preguntó si estaría interesado en reunirme con ella. Como era un amigo tan cercano, le dije que sí sin escuchar más detalles. Luego me explicó un poco más: era Jenni, la hermana de Lupillo Rivera. Estaba buscando hacerse un nombre para sí misma. Suspiré y pensé de inmediato, ¡Ah, *genial, otro proyecto de una hermanita!* Estos casos son generalmente difíciles de manejar, porque sus carreras rara vez llegan tan lejos como las de sus hermanos famosos, pero yo ya había aceptado asistir a la reunión, así que pensé que le haría un favor a mi amigo y que lo pondría en práctica. Y fue allí donde yo estaba esa mañana, en el bufete de abogados de Anthony, llegando puntual a una sala de conferencias y notando cómo seguían transcurriendo los minutos sin que Jenni llegara.

Seguí mirando mi reloj mientras me movía en la silla. Habían pasado treinta minutos y nada. Y cuando el reloj marcó las 10:40 de la mañana, yo estaba molesto y al borde de la ira. ¿Cuarenta minutos de retraso? ¡Hablando de una primera impresión negativa! Decidí olvidarme del asunto e irme; ya había esperado más que suficiente. Mientras recogía mis cosas y me preparaba para salir, la puerta de la sala de conferencias se abrió de repente y entró una mujer como un huracán, irradiando un encanto que rara vez había visto antes. Ella, con treinta y tres años, cuarenta minutos de retraso, pestañas postizas, pegamento en una mano y un espejo de mano en la otra, se disculpó por hacerme esperar, se sentó a la cabeza de la mesa de conferencias, y mientras se acomodaba los extremos puntiagudos de cada pestaña con sus uñas afiladas de acrílico —un diminuto manojo de espadas que maniobraba con precisión—, fue al grano y se puso manos a la obra.

Su fuerza era tanta que cualquier enojo con ella por llegar tarde se disipó al instante. Todo lo que pude pensar fue, *¿Qué demonios entró a esta sala?* Ni siquiera me dio tiempo para reaccionar. Yo estaba listo para irme, pero había algo en ella, su fuerza y su dulzura, la forma en que dominaba la sala con su presencia, y sin embargo, le valía madres lo que yo o cualquier otra persona pensara de ella. Jenni no tenía reparos ni reservas; si necesitaba hacer algo, lo hacía, sin importar el lugar o las circunstancias, y eso incluía terminar su rutina de maquillaje mientras sostenía una reunión con su posible mánager futuro. No podía marcharme ahora; ella había despertado mi curiosidad. Fresca como una lechuga, pero de aspecto salvaje… ¿Quién es esta mujer?

Ahora, recuerden que, en esos días, aún no estábamos acostumbrados a buscar a la gente en Google ni a hacer una investigación extensiva en línea antes de conocer a los posibles clientes, por lo que todo consistió en esa primera impresión. Era la oportunidad que tenía una persona para lanzarse con todo y cerrar el acuerdo. Tuve emociones encontradas desde el principio. Por un lado, yo estaba completamente desconcertado, sorprendido e intrigado por la situación; definitivamente no era lo que esperaba; por el otro, me estaba riendo entre dientes de pura incredulidad ante todo el asunto: ¿Quién hace esto? Sin embargo, cuando empezó a presentarse, rápidamente noté que se expresaba con claridad y elocuencia, y que tenía carisma. Ese fue el gancho. Si he aprendido algo en todos los años que llevo en el negocio de la música es que, sin importar lo mucho que lo intentes, el carisma no se aprende ni se compra. Lo tienes, o no: así de simple. Y Jenni lo tenía a manos llenas. En el instante en que entró a la sala, su carisma lo invadió todo. Había llegado cuarenta minutos tarde y, en vez de estar molesto, quedé completamente cautivado por su personalidad, prestando atención a cada una de sus palabras. Su confianza y su encanto me conquistaron. Estaba tan impresionado que en vez de irme, me acomodé en mi silla y me concentré en lo que ella tenía por decir.

Después de disculparse por su retraso, echándole la culpa al tráfico y al largo trayecto desde Corona, donde vivía en esa época, inmediatamente me contó sus problemas matrimoniales. Supe que tenía cinco hijos y que estaba en medio de su segundo divorcio de un hombre que también había sido su mánager. Jenni fue honesta y directa, explicó cómo el que pronto sería su ex estaba tratando de robarle descaradamente, aunque no me lo dijo para ser objeto de mi compasión. Ella no estaba jugando a la víctima; simplemente estaba poniéndolo todo sobre la mesa para que yo pudiera tener una mejor idea de quién era ella y de dónde venía. De inmediato, Jenni parecía llena de fuerza, una mujer que tenía más cojones que muchos hombres con los que yo había lidiado. Se veía decidida a triunfar, como una especie de Super Mujer morena que no permitiría que nadie la engañara, y que estaba completamente empeñada en triunfar como artista e intérprete.

Jenni siguió hablando, y lo hizo directamente. Estaba lista para llevar su carrera al siguiente nivel. Quería salir de los clubes nocturnos y empezar a cantar en los lugares más importantes, planeaba lanzar una línea de cosméticos, esperaba hacer prendas de vestir, hablaba de incursionar en la televisión y la radio, soñaba con agotar entradas para el Gibson Amphitheatre... quería dejar de ser conocida como la hermana de Lupillo Rivera y ser reconocida como Jenni Rivera. Tenía una visión clara, era ambiciosa, estaba lista para arremangarse y hacer el trabajo, y sabía que, para cumplir sus sueños y metas, necesitaba armar su propio equipo, uno que estuviera dedicado exclusivamente a su carrera.

Jenni tenía una ferocidad inmediata, una mezcla informal de arrogancia y de actitud de chica de barrio que imponía un respeto inmediato, pero que también te hacía sentir como si fueras su sangre. Sentí buenas vibras con ella desde el principio; los dos éramos soñadores honestos y ambiciosos, decididos a hacer realidad nuestros deseos. Comprendí que estaba en medio de una transición en su vida —en términos personales, profesionales y creativos—, y que necesitaba que alguien entrara en su vida y fuera su tablero de resonancia y su mano derecha. Ella sabía que estaba al borde de algo grande, y que necesitaba ayuda para llegar allá.

Mientras tanto, yo me estaba retirando de una exitosa carrera con Los Tucanes de Tijuana, un popular grupo regional mexicano. Como exitoso mánager de negocios, yo los había catapultado a obtener importantes patrocinios y les había conseguido un acuerdo con un importante sello discográfico. Estaban en todo su apogeo, en la cima del éxito, y sentí que ya había tocado el techo con ellos, de modo que ya era hora de seguir adelante.

Al principio, entré al mercado latino cuando me di cuenta de que había una gran necesidad de mánagers profesionales de negocios. En esa época, la mayoría de los mánagers eran por lo general *compadres*, amigos de los artistas que improvisaban sobre la marcha y se apuntaban por gusto, pero no entendían el mercado de los EE.UU. porque no habían sido educados aquí. Así que esa fue mi oportunidad. Encontré mi nicho. Yo tenía un título de negocios, conocía las leyes locales y nacionales en materia de negocios, y entendía a los gringos. Fue una asociación perfecta. Antes de Los Tucanes de Tijuana, tuve la oportunidad de trabajar con artistas como Juan Gabriel y Joan Sebastián. Para el momento en que conocí a Jenni, mi currículo estaba en lo alto y era impresionante, y ella lo sabía. Jenni había oído hablar de mis éxitos con otros grandes artistas y tenía la esperanza de que yo pudiera hacer algo con ella también. Ella estaba lista, al igual que yo.

Desde el momento en que la conocí, sentí su presencia más grande que la vida y supe en mi interior que juntos crearíamos algo padrísimo. Y lo hicimos. Convertimos todo lo que ella mencionó en una realidad a lo largo de su carrera. Desde el principio, ella me contó el final. Yo estaba en presencia de la futura Diva, la Gran Señora, la estrella, pero ese día también conocí a Jenni, la mujer, la que se buscaba la vida, la persona que vería por su familia costara lo que costara, que estaba llena de ambición y de sueños por una vida mejor para sus seres queridos.

Ella tenía una visión y experimenté de primera mano la sangre, el sudor y las lágrimas que derramó a lo largo del camino para hacerla realidad. Nunca hubiera imaginado, aquel primer día, hasta dónde llegaríamos. Hits número uno, giras internacionales, hitos innumerables en su carrera; amor, angustia, peligro, traición y, finalmente, la muerte. Una telenovela no tiene ningún parecido con la vida de Jenni porque su historia era real, y no ficticia. E incluso cuando recibió demasiados golpes y estaba esperando el conteo en la lona, logró levantarse y estar a la altura de la ocasión, haciendo barriles de limonada con todos los limones agrios que le lanzaron. Ella era la capitana del equipo de todos, mantuvo el barco a flote y en rumbo; ella fue nuestra líder, nuestra inspiración, y nuestra amiga.

Sin embargo, y con toda honestidad, al principio tuve mis dudas. No estaba seguro de que una mujer que llegaba cuarenta minutos tarde a una reunión tan importante estuviera a la altura de la tarea. ¿Realmente estaba dispuesta a tomar esto lo suficientemente en serio como para empujar su carrera al siguiente nivel? Yo estaba un poco escéptico, pero también intrigado. Ella dominaba esa sala como una profesional, tenía metas claras, y grandes cojones. No era una damisela en apuros, no necesitaba que la salvaran, sabía exactamente adónde quería ir y cómo planeaba llegar allá, y estaba dispuesta a trabajar codo a codo para conseguirlo. Pero era lo suficientemente inteligente como para darse cuenta de que no podía hacerlo sola. Necesitaba un equipo, y es ahí donde entré yo; Jenni sabía que yo podía ayudarla. Ella era un diamante en bruto, una mariposa en ciernes, y sabía lo que se necesita para triunfar. Después de su plática, le creí, me convencí.

—¿Estás conmigo? ¿Estás a bordo? —me preguntó después de terminar su introducción y su argumento.

—Sí—respondí sin vacilar —hagámoslo.

—Bien, empecemos a trabajar.

Capítulo 2

Siendo perfectamente imperfecta

Jenni Rivera ✔
@jennirivera

"Yo soy siempre YO...sin miedo"...

🌐 Translate from Spanish

9/1/12, 6:48 PM

270 RETWEETS **178** LIKES

L a próxima reunión que tuve con Jen fue en el estudio de grabación. Ella me había pedido que fuera a escuchar su último álbum, *Homenaje a las grandes,* que estaba siendo masterizado y preparado para ser lanzado. Nos sentamos y repasamos las canciones. Era la primera vez que oía cantar a Jenni. Sinceramente no me impresionó su voz. Aún no había desarrollado su registro más bajo, por lo que era un poco delgada y débil, pero yo sabía que se trataba de algo que ella podía refinar y pulir con el tiempo, así que presté atención a las canciones en sí, a la elección de los temas y al mensaje que estaba enviando con este álbum.

Como era su nuevo mánager, yo tenía que conocer a Jenni antes de seguir adelante. Tenía que analizarla como artista, evaluar los pros y los contras de su carrera, y lo que tenía para ofrecer. Supe desde el principio que una de las cualidades únicas de Jenni eran sus dualidades y la forma natural en que ella se movía entre aguas opuestas. Era una madre, pero al mismo tiempo, era más como un padre. Era masculina en ciertas cosas, femenina y dura, y agresiva y compasiva al mismo tiempo. Jen podía ser elegante, pero también podía ser perfectamente una chica del barrio. Estaba arraigada en su «mexicaneidad», pero era inequívocamente estadounidense. Los artistas mexicano-estadounidenses se centraban generalmente en el lado estadounidense de la frontera, pero yo sabía que Jenni tenía el potencial de llegarle al público en ambos lados. Jenni era fluida no solo en ambos idiomas, sino también en ambas culturas. Sabía lo que significaba ser estadounidense, y también sabía lo que era ser mexicana, por lo que nuestro reto principal era averiguar cómo podía hablarles a ambos públicos. Comprendí rápidamente que para poder hacer que esto sucediera, ella primero tenía que encontrar su voz. Era algo casi obvio: era la pieza que faltaba en este rompecabezas, era todo lo que necesitábamos para completar su mezcla cultural y transformarla en un éxito absoluto.

Con *Homenaje a las grandes*, vi que Jenni ya estaba empezando a dejar que su personalidad brillara en su carrera musical, no en las canciones en sí, sino en la portada del álbum. Se había quitado el sombrero de vaquero y abrazado su vena chicana, buscando una imagen menos tradicional que reflejara mejor quién era ella, con una sencilla camisa blanca y aretes de plata. Ahora necesitaba hacer lo mismo con las canciones que elegía.

Escuché las canciones con cuidado, pero no había ninguna Jenni Rivera de verdad en ninguna de ellas. Era básicamente un álbum de covers, algo así como un disco de karaoke muy producido. No había un sentido claro de la dirección, y ella no le estaba dando a la audiencia una muestra de la verdadera Jenni; faltaban pocas semanas para que el lanzamiento del álbum, así que ya no había nada que hacer. Mientras escuchaba las canciones, le dije: «Guau, eso es genial, es genial», porque no quería desanimarla, pero ya sabía qué era lo primero que debíamos abordar. No es que ella no pudiera cantar canciones de otras personas, sino que necesitaba llevarlas a otro nivel, necesitaba imprimirles su sello, necesitaba apropiarse de ellas de modo que la gente pensara que esas canciones eran suyas en realidad. Necesitaba dejar que su personalidad abierta, transparente y sin barreras brillara a través de su música. Había llegado el momento de descubrir y comunicar quién era ella realmente; eso fue lo que en última instancia crearía ese vínculo especial con sus fans, que se consolidaría a lo largo de su vida y sobreviviría incluso a su muerte.

Después de escuchar la última canción, no aguanté más y simplemente le hablé con sinceridad. Esa fue la magia de nuestra relación desde el principio: no había secretos, y debido a esto, ese sentido de unión entre nosotros se hizo más fuerte con el paso del tiempo. De modo que fui honesto con ella y le dije: «Hey, Jen, la música suena genial, pero creo que necesitas empezar a definir quién eres. Tienes que decidir qué camino quieres tomar y qué quieres decirle a tu público, porque aquí no hay un mensaje real. Simplemente estás tomando un montón de canciones que te gustan y juntándolas en un álbum». Ella escuchó atentamente. Le dije que quería que hiciera su tarea para el próximo álbum. Quería que buscara el significado detrás de las canciones, para ver lo que resonaba con ella, lo que era real para su alma. Necesitaba que se conectara con las canciones a un nivel mucho más gutural para hacerlas suyas. También le pedí que pensara en el mensaje que quería enviarles a sus fans, lo que también era una decisión crucial, un mensaje que ella pudiera reflejar claramente a través de su música, tanto con sus futuras selecciones de canciones y eventualmente con las de su propia autoría. Había llegado el momento de que Jenni se abriera, se pusiera en contacto con sus raíces, y cantara su historia directamente desde su corazón.

Yo tenía que conocer más a fondo su historia a fin de ayudarle en este viaje para descubrir su propia singularidad y definir a la artista que podía ser, y fue así como Jenni Rivera, la mujer trabajadora, la madre y el sostén de su familia se reveló lentamente ante mis ojos.

Jenni Rivera nació el 2 de julio de 1969 en Los Ángeles; sus padres, Pedro y Rosa Rivera, son mexicanos. Su hermano Gustavo había nacido un año antes, y más tarde fue seguida por Lupillo, Pedro, Juan y Rosie. Yo había estado al tanto de las dinámicas internas de la familia Rivera durante más de una década, y puedo decir que se trata de una familia muy singular. Don Pedro y Rosa eran músicos, y se vieron obligados a dejar de lado esos sueños para cumplir con sus obligaciones tradicionales. Rosa siguió la tradición: se casó, tuvo hijos, y en lugar de convertirse en cantante, asumió el papel de madre y ama de casa. Don Pedro dejó a un lado sus sueños personales como cantante y artista para cumplir con las obligaciones como marido, padre y sostén de su familia. Cruzaron la frontera y se establecieron en California en busca de su Sueño Americano. Ambos se dispusieron a trabajar tan duro como fuera necesario para darles una vida mejor a sus hijos, además de asegurarse de que estuvieran activamente involucrados en la música desde una edad temprana, probablemente con la esperanza de vivir algún día sus sueños musicales a través de ellos.

Como sucede con muchas familias numerosas, los niños competían constantemente por la atención de sus padres, pero la competitividad que había entre ellos era algo que yo no había visto antes, lo cual era tanto una bendición como una carga para sus vidas. Todo está bien cuando eres el centro de atención, pero seguro que no es fácil cuando tu vida transcurre bajo la sombra de esa luz. Jen tuvo la oportunidad de estar en ambos lados de esta moneda, por lo que lo conocía demasiado bien, y se metió en esto desde una edad temprana.

Jenni sabía que el camino para ganarse el corazón de su papá era a través de la música, entrando en ella, que era la forma en que captaría su atención y se destacaría entre sus hermanos. Y cuando empezó a cantar cuando era apenas una niña, don Pedro aguzó los oídos e inmediatamente sintió que era su oportunidad de convertirla en una estrella. La llevó a varios concursos de talento para cantar en el escenario, con la esperanza de que alguien pudiera descubrir a su pequeña reina. Pero en uno de estos espectáculos, cuando Jenni tenía once años, sucedió lo impensable: subió al escenario, lista para competir, y cuando la música empezó a sonar, su mente se quedó en blanco. No hubo nada de nada; solo un gran silencio. No solo se olvidó de la letra, sino que olvidó la letra de una canción que conocía como la palma de su mano, olvidó la letra de una canción que años más tarde se convertiría en uno de sus éxitos de radio número uno: «Besos y copas».

Jenni bajó corriendo del escenario, sin creer lo que acababa de sucederle. Se sintió devastada por decir lo menos, y el camino a casa resultó ser toda una tortura. Don Pedro la regañó sin parar:

¿cómo podía haber olvidado la letra de una canción que conocía tan bien? Él le había enseñado mejor que eso… lo que había hecho en el escenario era poco profesional e inexcusable, ella debería haberlo sabido mejor; mientras él repetía y machacaba lo que había sido el momento más humillante en los breves once años de vida de Jenni. Miró por la ventana mientras oía el torrente de palabras y la paliza verbal que le daba su padre, y las lágrimas brotaron de sus grandes ojos cafés. No fue la humillación de la experiencia lo que le molestó, sino la decepción de su padre. Lo único que ella quería era hacerlo feliz y orgulloso. El objetivo de participar en estas competiciones de canto era pasar tiempo con él y disfrutar de su atención sin reservas. Se suponía que la música debía unirlos, por lo que cuando ella sintió que le había fallado y notó que estaba teniendo el efecto opuesto en su relación, simplemente renunció. Jenni se volvió hacia su padre en ese instante y juró que nunca volvería a cantar en ningún escenario. Ahora las lágrimas rodaban por sus mejillas. Ya había tenido suficiente. Poco sabía ella que, doce años después, la situación cambiaría y ella volvería a agarrar el micrófono una vez más, embarcándose en lo que sería el comienzo de su pasión y su carrera por el resto de su vida.

Sin embargo, ya lo había decidido. Dejó de lado sus inclinaciones musicales y siguió adelante con su adolescencia en ciernes. Sin embargo, solo cuatro años después, en 1984, y después de cumplir quince años, ocurrió lo impensable: quedó embarazada. En 1985 se había ido de su casa, vivía con su esposo José Trinidad Marín, también conocido como Trino, y estaba dando a luz a Chiquis, su primera hija. Tenía apenas dieciséis años. Mientras tanto, y rápidamente, su relación se volvió abusiva. Aparte de degradarla verbalmente, Trino empezó a golpearla, aunque Jen no estaba dispuesta a torcer el brazo. Era una guerrera, sabía cómo lanzar puñetazos, había crecido con cuatro hermanos y aprendido a defenderse desde una edad temprana. De modo que cuando Trino la atacaba, ella le devolvía los golpes. No era agradable, pero Jen era joven y no sabía nada mejor que eso.

Lo que ella pensó que era la última gota que derramó el vaso sucedió en 1989, cuando Trino comenzó a golpearla mientras ella tenía cinco meses de embarazo de Jacqie, su segunda hija. Esa noche agarró a Chiquis y abandonó a su esposo. Le preguntó a su hermano Gus si podía alquilarle el garaje, y fue allí donde se instalaron en los próximos meses. Fueron épocas angustiosas para Jen, uno de esos puntos bajos que nunca olvidó, sin importar el éxito que obtendría más tarde. No solo estaba embarazada y vivía en un garaje con su hija de cuatro años, sino que además le robaron el carro delante de sus ojos y el seguro no cubrió el robo, por lo que ahora estaba sin vehículo en una ciudad cuyas distancias requieren un carro. No tuvo más remedio que resignarse y comprar una bicicleta; de ninguna manera podía permitirse otro automóvil en esas circunstancias. Así que su bicicleta de diez velocidades fue su nuevo medio de transporte. Se levantaba temprano y radiante cada mañana, llevando a Chiquis a la guardería en la bicicleta y luego se iba a trabajar. Jen era una sobreviviente, así que aprendió a arreglárselas con lo que tuviera a mano. Finalmente, don Pedro se enteró de su situación y le pidió que regresara a su casa antes de tener a su segunda hija y, aunque Jen era increíblemente orgullosa, aceptó. Sabía que lo mejor para Chiquis sería vivir en un hogar normal y cerca de su amada tía Rosie.

Entonces, la situación pareció dar un giro positivo. Jen había recibido su grado de asociada, se había convertido en una agente de bienes raíces con licencia y había conseguido empleo en Century 21. Finalmente pudo respirar de nuevo y logró comprar su primera casa, aunque también volvió con Trino. Tuvieron otro bebé en 1991, esta vez un niño, Mikey, y ella pensó que finalmente estaban encaminados a convertirse en una familia normal. Pero en lugar de mejorar, las cosas empeoraron. Las peleas comenzaron a intensificarse de nuevo y, en 1992, Jen dejó a Trino para siempre, sin saber el daño que él le hizo a su familia, algo que descubriría años después.

Considerando las cosas, 1992 fue un gran año para Jen. No solo logró poner fin a la relación abusiva con su marido, sino que también, y sin saberlo, dio los primeros pasos hacia lo que más tarde sería su sustento: en un acto de atrevimiento, mientras estaba con unas amigas, y después de doce años de jurar que nunca cantaría de nuevo, subió al escenario del club nocturno El Rancho Grande, pidió a la banda norteña que interpretara «Nieves de enero», de Chalino Sánchez, y la cantó a todo pulmón a una multitud entusiasmada. Mientras bajaba por esos escalones y sentía la euforia propia de la actuación, la invadieron los recuerdos de lo mucho que le gustaba cantar, y se dio cuenta de lo mucho que había extrañado eso. Sin embargo, no pensaba todavía que pudiera hacer una carrera a partir de esto.

Estaba tan feliz de haber vuelto a conectarse con la música que, poco después de aquella breve actuación en el escenario, reclutó a sus hermanos para ayudarle a grabar un álbum como regalo de cumpleaños para su papá: *Somos Rivera*, su primer trabajo discográfico. Don Pedro había fundado un exitoso sello discográfico unos años antes y todos los miembros de la familia habían trabajado en la oficina, incluyendo a Jenni. Basta con decir que tenían acceso a estudios de grabación y sabían lo que hacían. Don Pedro estaba tan feliz que empezó a promover *Somos Rivera* en la ciudad, con la esperanza de darle un nombre a Jenni en la industria. Mientras tanto, el sector de los bienes raíces se había ido a pique y Jenni se encontró de nuevo en otro punto bajo de su vida. Tuvo que conformarse y recurrir al servicio de asistencia pública con el fin de cubrir sus necesidades básicas y las de sus tres hijos.

Desde que había incursionado de nuevo en el mundo de la música, Jenni accedió a participar como telonera en un concierto de una artista que pertenecía al sello disquero de su padre, pero se horrorizó cuando trató de cobrar y el gerente le hizo propuestas indecentes. Básicamente le dijo que tenía que tener sexo con él antes de pagarle. Ella ya había tenido suficiente. Estaba a punto de colgar los micrófonos de nuevo, cuando don Pedro le suplicó que grabara otro álbum para él. No podía decirle que no a su amado papá, y entonces grabó *Por un amor*, que llamó la atención de Balboa Records. Jen firmó con ellos para grabar otro álbum, *La Maestra*, pero no hicieron nada para promocionarlo.

En 1994, Jen tuvo otro golpe de suerte: el mercado de bienes raíces se recuperó y ella salió del agujero, dándole de nuevo una vida más decente a su familia. Seguía interesada en la música, pero llevar comida a la mesa y mantener a sus tres hijos era (y siempre fue) su prioridad principal, y la música aún no estaba cerca de garantizarles la comida.

Un año después, en 1995, conoció a su futuro esposo, Juan López, y comenzó otra relación tumultuosa que duró ocho años. No fue de abuso físico como con Trino, pero discutían y peleaban con vehemencia. Él se convirtió en el mánager de su incipiente carrera musical y tuvieron dos hijos, Jenicka, en 1997; y Johnny, en 2001. El mismo año en que conoció a Juan, Jen tuvo un éxito, «La Chacalosa», en la escena musical *underground*, que atrajo a sus fans de Los Ángeles. Jenni estaba activa en el mundo de los negocios. No estaba dispuesta a abandonar su trabajo en Century 21, pero tampoco le iba a decir que no al dinero fácil. ¿Cantar algunas canciones y recibir un cheque por quinientos dólares?

¿Por qué no? Significaba más dinero en el banco mientras hacía algo que amaba, así que siguió haciéndolo.

A finales de los años noventa, don Pedro llevó el material de su hija a Que Buena, la emisora de radio local en L.A., dedicada a la música mexicana regional en español, pero no se decidían a poner su música. El hermano de Jen, Lupillo Rivera, se estaba haciendo un nombre en la industria musical, y no querían saturar las ondas radiales con demasiados Rivera. Sin embargo, Jenni logró cierta cobertura en otras estaciones y sus seguidores continuaron creciendo lentamente, y ella comenzó a recibir más ofertas para cantar en clubes locales. Siendo la emprendedora que era, siguió diciendo que sí a los conciertos. Significaba más dinero para sus hijos, y no perdía nada al hacer lo que amaba.

Finalmente, alrededor de 2001, Que Buena decidió poner la música de Jen. Ella se sintió en las nubes. La cobertura radial se extendió luego a otros condados y estados. Fue ahí cuando el agudo sentido empresarial de Jen entró en escena; vio esto como una oportunidad de negocios y siguió adelante. Juan y Jen abandonaron sus trabajos diurnos y se dedicaron de tiempo completo a su carrera musical. Era ahora o nunca; lo hacían, o morían en el intento. Desafortunadamente, esto fue también el comienzo del final de su relación. Después de muchas peleas, infidelidades y otros problemas que abordaré más adelante en este libro, Jenni decidió solicitar el divorcio en 2003. Esto coincidió también con su deseo de alejarse del negocio musical de su familia, armar su propio equipo, y labrarse su propio camino. Ella sabía que podía llegar más lejos y hacer más cosas, sabía que tenía lo que se requería, simplemente que necesitaba el equipo adecuado para llevarla allá.

De modo que allí estábamos, en el estudio en 2003, preparando un plan para convertir a Jenni, la sensación *underground*, en Jenni Rivera, la estrella internacional. Sin embargo, todavía teníamos que superar algunos obstáculos. Después de obtener cierto éxito con «Las Malandrinas», uno de sus primeros corridos innovadores, y de haber realizado algunas giras, ella estaba lista para más. Pero en esa época aún había muchos sesgos y prejuicios contra las mujeres, especialmente en México, un país que ella esperaba conquistar algún día con su música. Ni siquiera pensaron en presentarla en la televisión. No era una actriz adolescente con pantalones cortos y las tetas afuera, lo que prácticamente la hacía irrelevante en los medios mexicanos. Yo sabía que ella nunca representaría un papel de ese tipo, y ella también. Se trataba simplemente de algo distinto a su esencia, y ese era el reto principal: lograr que la gente la viera por la mujer que era, y no solo por ser «la hermana de Lupillo».

La fama de su hermano Lupillo se había disparado, había obtenido discos de platino y fue el primero en su familia que realmente triunfó en la industria musical. Esto hizo que todos dirigieran inmediatamente su atención hacia él. Era el hijo de oro; toda la lealtad, las esperanzas y los sueños se centraron ahora en Lupillo. Cintas Acuarios, el sello discográfico de don Pedro, seguía funcionando, y bien, pero los cuantiosos recursos familiares que uno pensaría que Jenni tenía a su disposición para impulsar su carrera, realmente fueron difíciles de encontrar para ella. Jen recibió poca o ninguna atención de este equipo porque realmente todo giraba alrededor de Lupillo. Por otro lado, ella tenía un hermano popular en una industria en la que ella estaba tratando de entrar, pero recibió poco o ningún apoyo de él. Lupillo ya tenía la capacidad y los recursos para ayudar a Jenni a impulsar su carrera, pero en lugar de darle una mano, su equipo contrataba a otras mujeres para abrir sus grandes conciertos, y Jenni tuvo que morderse la lengua y continuar su viaje a la manera tradicional, tocando puertas, lidiando con el rechazo constante, y haciendo también todo lo posible para separar su imagen de la de su hermano famoso.

Claro que no fue fácil. Los medios de comunicación se habían acostumbrado a referirse a ella como «la hermana de Lupillo», y la abordaban no para entrevistarla sobre su música, sino para preguntarle sobre las últimas noticias de su hermano, dejando totalmente de lado su talento y su carrera musical. Eso era todo lo que oía ella, a diestra y siniestra, era así como los promotores la presentaban en el escenario, era así como los presentadores la introducían en la radio, era así como la gente la reconocía en persona. Diez años después de lanzar su carrera, los fans seguían parándola en los aeropuertos para decirle, «¡Ay, eres la hermana de Lupillo!», mientras le pedían una foto. Y recuerdo su respuesta como si fuera ayer: «Yo también tengo un nombre». Tantos años, tantos sacrificios, tanto trabajo duro, y seguían viéndola como la hermana de Lupillo. Ya había tenido suficiente, estaba harta de vivir a su sombra, era hora de un cambio.

Ahora, para ser claro, ella amaba a su hermano y se alegraba mucho de su éxito, celebrando cada logro con verdadera alegría, pero también estaba un poco decepcionada y herida por la forma en que habían transcurrido las cosas entre ellos. Jen no esperaba semejante rivalidad entre hermanos, era un trago amargo, pero eso no iba a detener a Jenni; ella se levantó y siguió adelante. Nunca fue una mujer que se regodeara en su tristeza; estaba decidida a emprender acciones y a tomar el control de su vida. Era ahora o nunca. Había llegado el momento de labrarse su propio camino y de trabajar duro para que su público finalmente la viera por lo que era, no solo por ser la hermana de su hermano famoso. Y de comprender que había un factor que cambiaría las cosas. Tan pronto encontrara su propia voz y descubriera el mensaje que quería transmitir a sus fans y a los medios de comunicación, Jen podría dar el próximo paso que necesitaba a toda costa para que su carrera fuera finalmente todo aquello que había esperado y soñado.

Después de entender la historia de Jenni, y luego de conocerla más, se me ocurrió algo; una frase que vino a mi mente y que resumía a la perfección su singularidad: Jenni era perfectamente imperfecta. Era eso en lo que tenía que enfocarse, esa era la cualidad que la diferenciaría y la ayudaría a conectarse con su público y a conquistarlo de una vez por todas. En esa época, Pilar Montenegro era muy popular –era una cantante que tenía un gran éxito y parecía una diosa en sus videos musicales–, así que un día me acerqué a Jenni y le dije:

—Sabes Jen, hay más mujeres como tú que como Pilar Montenegro.

—¿Qué quieres decir? —me preguntó.

—Que hay muchas más mujeres que no son perfectas, que son un poco inseguras, que han pasado por situaciones difíciles y se preguntan a dónde están yendo en la vida, y que comparan también su apariencia física con estos estándares de belleza imposibles.

—Guau —dijo Jenni—. Nunca pensé en eso.

—Sí, es de ellas de quienes tienes que ocuparte.

Algo hizo clic en Jen y entonces las cosas comenzaron a evolucionar. Cuando Jen y yo reflexionamos sobre cómo presentarla nuevamente, todos los caminos parecían apuntar orgánicamente a la cultura urbana. Después de todo, Jen creció en Long Beach con Mary J. Blige como una de sus musas principales, y con el rap de Tupac y NWA como bandas sonoras cotidianas. Su conexión personal con ese sonido y sentimiento estaba entretejida en su experiencia mexicano-estadounidense, dando a luz una cultura musical completamente nueva, de la cual Jen estaba singularmente preparada para ser su líder. Me identifiqué con este concepto desde un principio, pues crecí con una experiencia cultural similar al ser mexicano-estadounidense. Éramos el equipo perfecto para producir una atmósfera y un sonido que le hablara directamente a nuestra comunidad cultural específica.

Fue en este punto ideal y recién descubierto entre la herencia y el aquí-y-el-ahora que pudimos crear un espacio único en el que Jenni pudiera prosperar artísticamente. Jenni era alguien con quien la gente podía identificarse, era perfectamente imperfecta, tenía el potencial de conectarse con su audiencia a un nivel mucho más personal, y yo esperaba que aprovechara esta posibilidad.

Fue entonces cuando Jenni se convirtió lentamente en esa mujer fuerte e independiente para su público. La mujer que siempre había sido en privado empezó a brillar a través de sus canciones. Y esta diferencia fue inmediatamente notable en su siguiente álbum, *Simplemente la mejor*. Había escuchado mi consejo y prestado realmente atención a su selección de canciones, eligiendo con cuidado unas que le sonaban ciertas, reflejaban quién era ella, y creaban un tema y un mensaje claro para sus fans. Había encontrado su voz y estaba dispuesta a compartirla con el mundo. Esta evolución interior también se puede ver en las imágenes del álbum. Había pasado de ser una mexicana con sombrero a ser una chicana urbana, y luego a ser Jenni Rivera, la mujer glamorosa. Fue un cambio claro en el enfoque y el comienzo de su ascenso al estrellato. Jenni era ahora una mujer que les cantaba a sus semejantes femeninas sobre el amor, la pérdida, la lujuria, la diversión y lo que significa ser mujer. Y esto funcionó. Finalmente estaba cantando desde su corazón y llegando a los corazones de muchas mujeres que podían identificarse con ella mucho más que con alguna de las otras estrellas perfectas y semejantes a modelos que había por ahí. Y al abrir su corazón y dejar que la verdadera Jenni cobrara vida a través de su música, ella también se estaba conectando a un nivel más profundo con su audiencia, creando una base de fans leales que se convertirían en su roca, una de las razones clave por las que ella continuó haciendo lo que hacía, una base de fans que siempre la amaría y la apoyaría a través de la vida, la muerte, y más allá.

Además de conectarse con las mujeres, Jenni estaba rompiendo el techo de cristal de lo que había sido hasta entonces un género musical dominado por hombres: la música banda. Sus letras describían con frecuencia a tipos que se jactaban de ser mujeriegos y sus noches, en las que bebían desaforadamente. La música representaba un cierto sello de machismo festivo que apelaba a un público muy masculino. Entonces, apareció Jenni Rivera y decidió contar el otro lado de la historia, el de la mujer; su historia. Derribó las mesas de la fanfarronería propia de la música banda masculina y la cantó desde el punto de vista femenino, gritándoles a los pinches hijos de puta que eran infieles y llegaban borrachos a casa todas las noches; condenando a los cabrones que abandonaban a sus esposas e hijos; y exigiendo que las mujeres se levantaran y se hicieran cargo de sus vidas. No solo cantaba sobre eso, sino que también lo vivía. Jenni no necesitó la aprobación de la audiencia masculina porque sus fans femeninas se convirtieron en su ejército personal. La banda comenzó a pasar de sus ideales centrados en los hombres a una celebración del empoderamiento y la supervivencia de las mujeres.

De esta manera, Jenni no solo capturó los corazones de la audiencia chicana que se conectó con su ambiente urbano, sino que cautivó también a una nueva generación de fans que se identificaron con sus batallas y se inspiraron en su resiliencia. Se convirtió en el modelo de la latina voluptuosa que quería una voz, de la mujer cansada que no podía encontrar el amor, de la madre soltera que estaba contra el mundo, y de la mujer que había sido abusada, de la mujer que había sido violada, de la mujer a quien le habían mentido. Jenni se convirtió en la voz de todas estas mujeres porque era todas ellas en una, y básicamente las estaba tranquilizando: ¡oigan, nosotras también somos importantes!

Ahora, déjenme ser claro. Esta transformación, el hecho de encontrar su voz y de hacerse oír, estuvo lejos de ser fácil. Íbamos a promociones de radio para «venderles» su CD o su sencillo a los directores musicales, y lo agarraban y luego lo tiraban literalmente a la basura delante de nosotros. Pero Jenni mantuvo la fe. Y esa fe interior en la que se apoyó a lo largo de su vida la empujó hacia delante, incluso cuando tenía que lidiar con degenerados que le hacían propuestas indecentes a cambio de poner su música. «¿Por cuánto tiempo estás hoy en la ciudad?», le preguntaban después de haber arrojado su música al tacho de la basura. «Vamos a comer». Y, por mucho que ella quería entrar en esta industria, tenía los cojones para decir que no. Jen sabía lo que quería y cómo quería lograrlo, y de ninguna manera lo haría acostándose para ascender a la cima.

Esa era la esencia de Jenni. Siempre decía lo que pensaba, sin importar si la gente se enojaba o se sentía incómoda, y ella seguramente no desempeñó el papel de la mujercita delicada que agacha su cabeza y obedece cada deseo y orden de los hombres. Una vez, durante estas reuniones de promociones radiales, nos encontramos con un personaje muy conocido que se negó a invitarla a su programa porque Jen era demasiado escandalosa y les daba un mal ejemplo a las mujeres de la audiencia. ¿Qué? No podíamos creer lo que oímos. De modo que Jen miró a esta persona directamente a los ojos y le dijo: «Está bien, no hay problema. No iré a tu programa ahora. Pero escúchame bien: un día vas a querer que vuelva. Ese día llegará y no voy a olvidar esto». Ese día llegó definitivamente. Después de hacer grandes progresos en su carrera, y cuando ya era muy solicitada, el equipo de esta persona la llamó, suplicándole que fuera al programa, dispuestos a hacer todo lo posible por convencerla de que aceptara. Y ella aceptó. Mientras el programa estaba grabando en vivo, el anfitrión se jactó de haberles traído a sus oyentes a la gran Jenni Rivera, una mujer que luchaba por las mujeres, pero a medida que transcurría la entrevista, la tensión en el aire aumentó. Jen estaba allí, cumpliendo y desempeñando su papel, pero no sin lanzarle dardos a este idiota en cada oportunidad que tenía, y esta vez no había nada que él pudiera hacer aparte de asimilar los golpes. El éxito de Jen había hablado por sí mismo.

Vivimos en una sociedad en la que todo el mundo trata de ser alguien, y creo que cuando Jen entendió que no tenía que ser alguien que no era, finalmente estuvo dispuesta a abrazar su yo perfectamente imperfecto. Después de todo, era una madre soltera y trabajadora, el sostén de su familia, había tenido que rebuscarse la vida para llevar el pan a la mesa, su vida era cualquier cosa menos perfecta, y ya era hora de estar bien con eso.

Tan pronto abrazó su yo perfectamente imperfecto y lo llevó al escenario de su carrera musical, realmente la sacó del estadio. Ya no era solo otra estrella en ascenso, sino que era real, era sincera. Ahora sus fans, su ejército de mujeres, estaban descubriendo que ella también había pasado por un embarazo adolescente, que ella también había sufrido una relación abusiva, que ella también era una madre soltera, y no de uno o dos, sino de cinco hijos. Ella era la fuerza impulsora de su familia, el pegamento que los mantenía a todos juntos, siempre trabajando de más para asegurarse de que todos tuvieran lo que necesitaban, saliendo del servicio de asistencia pública y siguiendo sus pasiones, incluso si eso significaba renunciar a un tiempo precioso con sus amados hijos y salir de gira para que esto sucediera. Jenni sabía que para tener éxito tendría que hacer muchos sacrificios. No estar en casa con sus hijos fue el mayor que hizo por ellos. Le dolía mucho dejarlos y no estar ahí para ellos en sus experiencias cotidianas, pero sabía que era lo que tenía que hacer para mantenerlos y darles una vida mejor. De modo que encontró su voz, abrazó su imperfección perfecta, y se lanzó hacia delante, lista para derribar cualquier obstáculo que encontrara en su camino y hacer sus sueños realidad.

Capítulo 3

La vida en la carretera

Jenni Rivera ✔
@jennirivera

"Si no me hubieran cerrado tantas
puertas, no las tendria que haber
tumbado a patadas...y no estaria
mal de mi rodilla" ;-)

🌐 Translate from Spanish

8/16/12, 4:17 PM

166 RETWEETS **132** LIKES

Cuando empecé a trabajar como mánager de Jenni, no solo necesitaba entender lo que la hacía vibrar, sino que también tenía que ver por mí mismo qué tipo de audiencias atraía ella, quiénes eran sus fans y por qué seguían volviendo por más. Descubrir el ingrediente mágico en esta relación floreciente entre la cantante y sus fans nos ayudaría a llegar eventualmente a más gente y a dar conciertos en lugares más grandes –uno de los principales objetivos de Jenni–, de modo que en 2003 fui a uno de sus conciertos para ver cómo se veía ella en el escenario.

Jenni estaba abriendo el concierto, algo que había hecho por un tiempo con la esperanza de exponer su voz y estilo a un público más amplio. Fue una batalla cuesta arriba. En primer lugar, estaba cantando para audiencias masculinas que iban a ver grupos de banda centrados en los hombres y que celebraban su machismo. No estaban interesados en que una mujer abriera el concierto, y menos aún en alguien que, a primera vista, no parecía tener el *sex-appeal* de la chica tradicional bonita y con aspecto de modelo que estaban acostumbrados a ver en otras cantantes. Comprendí rápidamente que esta sería una multitud difícil de ganar, y finalmente entendí por qué Jen se había concentrado en cantar *covers*. Al menos eran canciones que el público reconocía, lo cual era un primer paso para llamar su atención. De modo que ahora todo se reducía a cómo lo hacía ella. Y vaya si lo hacía bien. Cantaba esas canciones a todo pulmón como si estuviera actuando en el escenario más grande del planeta, sin importar si la audiencia estaba prestando atención o simplemente pasando el tiempo hasta que subiera el grupo principal. Y fue entonces cuando noté el fenómeno de Jenni Rivera sucediendo ante mis ojos.

Tan pronto como las mujeres de la audiencia comenzaron a percibir las letras que Jen cantaba, era como si estuvieran saliendo de un sueño profundo. Empezaron a intercambiar miradas, a observarla, y a prestar más atención a lo que ella tenía que decir. Porque Jen no solo subía al escenario y cantaba canciones; recorría todo el escenario, interactuaba con el público y, al hablar directamente con él, era como si hubiera despertado al lobo. Independientemente de si eran solteras y estaban con amigas, o en parejas y con sus seres queridos, esas mujeres revivían. Se acercaban más al escenario, atraídas por esa cantante que estaba allá arriba, expresando pensamientos que ellas habían querido expresar, pero que no se atrevían a decir en voz alta. Y ahí estaba Jen, guiándolas a través de este despertar, sus canciones como gritos de batalla e himnos de protesta que hacían entrar directamente a las mujeres en el juego. Era algo hermoso de ver.

Así que, sí, estaban escuchando canciones que conocían, pero también estaban descubriendo a esta joven impetuosa que no tenía miedo de decir las cosas como son. En última instancia, lo que las convenció no fue su voz, no fueron los *covers*: fue su carisma, su personalidad, su encanto, sus cojones, su coraje, la fuerza intrépida que mostraba en el escenario en esos conciertos iniciales dominados por hombres. De un momento a otro, ella se estaba convirtiendo en su cabecilla, y la noticia se propagó como un fuego descontrolado. Con cada concierto consecutivo, los números de la audiencia comenzaron a aumentar visiblemente, a veces duplicando literalmente a los de la noche anterior. Pocos conciertos después, cuando miramos a nuestro alrededor, comprendimos de repente que el lugar estaba lleno de una audiencia predominantemente femenina. Estaba circulando el rumor de que había una mujer chingona en el escenario que les cantaba y hablaba a las mujeres, y para ellas. Tenían que ir a verlo por sí mismas, y apenas la vieron en acción, quedaron enganchadas. Fue así como Jen empezó a fraguarse una base fiel de fans, que pasó de diez, veinte y treinta, a cientos, miles y, finalmente, a millones.

Aunque su base de fans estaba compuesta mayoritariamente por mujeres, los hombres también asistían a sus conciertos. Sí, algunos eran los maridos y novios que acompañaban a sus parejas, pero también los hombres solteros descubrieron rápidamente dos cosas sobre los shows de Jenni: que ella tenía un atractivo sexual innegable, y que sus presentaciones eran el lugar perfecto para coquetear con mujeres solteras. Sabían que las probabilidades estarían a su favor, así que asistían con la esperanza de hacer una conexión, y, al ver esto, Jenni se burlaba abiertamente de ellos desde el escenario con su encanto característico. Sí, a ellos les gustaba su música, pero seamos sinceros, es un poco difícil que a alguien le guste realmente un espectáculo cuando la persona que lo ofrece está básicamente hablando babosadas de esa persona toda la noche. Sin embargo, lo disfrutaban y terminaban pasando una gran velada.

Cuando Jen se dio cuenta de que los números de su público estaban aumentando y aumentando, y que lo mismo sucedía con su base de fans, recuerdo que reaccionó del mismo modo en que reaccionaría más tarde, cada vez que lograba un hito personal en su carrera, como cuando agotó los boletos en el Staples Center: siempre estaba agradecida y sorprendida de que la quisieran tanto y la apoyaran sin importar lo que fuera: cada fan era especial para ella. Desde el primer día hasta el último de su vida, nunca los dio por sentados; se sentía consistente y constantemente agradecida, dándoles todo lo que ella tenía, porque comprendió desde el principio que sus fans la ayudaban a alimentar a su familia y le permitían seguir su pasión. Decía con frecuencia: «Agradezco a Dios por haberme dado este público. Ustedes me levantan, me animan, me aman. ¡Gracias por hacerme feliz!».

Al principio de su carrera musical, Jen no contaba con el respaldo total de un sello discográfico, y no era el producto de algún productor: era el resultado del trabajo duro, de la perseverancia, la fe y la lealtad de sus fans. Se ganó su fama, y en el proceso, comenzó un movimiento. Este fenómeno marcó el rumbo y forjó la infraestructura para la persona que más tarde sería conocida como La Diva de la Banda, y finalmente contó con el grupo adecuado de personas para ayudarla a hacer que todo llegara a buen término. Además de mí, el equipo de Jenni incluía a su asistente, Jessie; a su publicista, Yanalté Galván; a su mánager de giras, Gabriel Vázquez; y a su banda norteña de cuatro integrantes.

Al principio, sus fans se acercaban a ella y le daban cartas y pequeños regalos, desde brazaletes hasta medallitas y tarjetas de oración para mantenerla a salvo, y Jenni valoraba tanto cada regalo que reservó un baúl en su garaje solo para estas baratijas. Llevaba las cartas a su oficina, las abría y las leía, pero las cosas llegaron a un punto en el que eran demasiadas cosas de las que podía encargarse ella; fue entonces cuando Jen decidió que necesitaba ayuda y reclutó a Jessie, la esposa de su bajista, para ayudarla a manejar el correo de sus fans. Jessie también se iba de gira con Jenni y estaba encargada de ayudarla con todo lo necesario, incluyendo tomar fotos y ocuparse de los artículos para vender en los conciertos. Después de todo, Jenni era una mujer de negocios y su espíritu emprendedor nunca descansaba, por lo que ella sabía que podía matar dos pájaros de un solo tiro vendiendo artículos en sus conciertos: los aficionados se iban felices a casa y ella hacía lo propio con un poco de dinero extra para seguir manteniendo a su familia.

Luego estaba Yanalté Galván, su publicista, una mujer bajita y decidida, con una pasión que bordeaba en el *bullying*, exactamente lo que Jenni necesitaba al comienzo de su carrera. Si ella quería irrumpir realmente en este mercado difícil, necesitaba a su lado a alguien tan agresiva y llena de iniciativa como Yanalté. Ella fue instrumental para hacer despegar la carrera de Jen, una mujer insistente que hizo nada menos que asegurarse de que Jen recibiera la publicidad que necesitaba. Más tarde se separaron, pero cuando me uní al equipo, iban a toda velocidad, y todos estábamos juntos en esto. Creíamos en Jen y queríamos verla lograr todo lo que se proponía hacer, y no podríamos haberlo hecho sin Gabriel «Gabo» Vázquez, su mánager de giras, que consolidó sus *tours* y la vida en la carretera, y que supo también cómo conseguirle los conciertos que ella necesitaba para entrar en acción y poder alcanzar los hitos tan esperados en su carrera.

Gabo y Jen se conocieron oficialmente en 2001; sin embargo, se habían encontrado inicialmente en 1999 durante un evento en Stockton, California. Muchas bandas se estaban presentando ese día, así que todo era muy agitado, con filas de gente que iban y venían. Sin embargo, Gabo recuerda —como si fuera ayer—, haber visto a Jen en ese evento, junto a la escalera que conducía al escenario, vestida de negro, con el micrófono en la mano, esperando que llegara su turno, completamente sola en medio de la multitud de personas y del ajetreo. Realmente le impactó lo sola que se veía, sin nadie que la acompañara antes de su actuación. Su mánager probablemente estaba buscando al promotor para que le pagaran —quién sabe—, pero Gabo no pudo olvidar esa primera imagen de ella. No se veía ningún seguidor —y esos eventos estaban por lo general atiborrados de ellos porque sabían exactamente dónde encontrar a sus artistas favoritos—; solo estaban Jen y su micrófono contra el mundo. Gabo estaba tan sorprendido por esta escena tan desolada, que decidió acercarse a ella.

—Buenas noches.

—Buenas noches —contestó ella.

—¿Necesitas algo? —preguntó Gabo—. Estamos a la orden.

—Ah, no, gracias. Estoy a punto de subir al escenario, pero gracias de todos modos.

Ella no sabía quién era Gabo, pero fue muy cortés y amable con él. Gabo estaba en el mundo de la música, por lo que sabía que era la hermana de Lupillo Rivera, ese título olvidado de Dios que la atormentaba dondequiera que iba. Cuando Gabo cuenta esta historia, siempre se asombra porque nunca en su vida había imaginado que terminaría trabajando durante la década siguiente para esta mujer que tenía frente a él. Nunca pensó que esta mujer, que parecía relativamente abandonada y sola, y que era conocida únicamente como la hermana de Lupillo, se convertiría en la Diva a la que todos amamos, nuestra legendaria Jenni Rivera.

Pero en aquel entonces todo giraba alrededor de Lupillo. Gabo había oído una de las canciones de Jenni en la radio, pero no era un gran admirador de su voz, que todavía era algo delgada y desafinada. Y él pensó, *Lupillo Rivera, ahora Jenni Rivera, ¿quién vendrá a continuación? ¿Sus hijos y nietos? ¿Quiénes son ellos, los Jackson 5?* Sin embargo, cuando un amigo en común, el popular locutor de radio de L.A., Gerardo «El Carnalillo» Tello, se acercó a Gabo y le dijo que Jenni lo estaba buscando, aceptó que le diera su número telefónico a ella.

En esa época, a Gabo le iba bien, pues trabajaba con varias bandas, incluyendo a Palomo, que tuvo un éxito, «No me conoces aún», que había sido número uno en las listas Billboard por varias semanas, por lo que estaba prosperando en su trabajo. Jenni había tomado nota de dos acontecimientos exitosos, uno de Pablo Montero y otro de Palomo, que habían ocurrido recientemente, y cuando le preguntó a su amigo «El Carnalillo» que quién había traído estos grupos a California, este le dijo que Gabo. Le contó que tenía su propia oficina y que le iba muy bien, por lo que pidió conocerlo. Gabo no sabía por qué ella quería hablar con él; pensó que tenía el equipo de su padre a su disposición, el mismo que le estaba ayudando a Lupillo, así que tenía curiosidad de saber lo que le diría Jen.

Al día siguiente, mientras Gabo revisaba mensajes en su oficina, los teléfonos celulares eran toda una novedad, pero los minutos eran caros, por lo que los teléfonos fijos eran todavía una forma de comunicación habitual: escuchó un mensaje en el que Jenni se presentaba de una manera educada y en buenos términos, pidiéndole una cita para que se reunieran. Gabo quedó impresionado por el mensaje, así que la llamó de inmediato. Intercambiaron saludos y, al igual que lo hizo conmigo cuando nos reunimos un par de años después, ella fue directo al grano: «Estoy desesperada, siento que voy a desperdiciar mi talento». Gabo recuerda esa frase, «voy a desperdiciar» o «desaprovechar» como si fuera ayer, porque ella la repitió una y otra vez en esa primera conversación.

—He estado trabajando con el equipo de mi hermano Lupillo Rivera, pero parece que solo tienen tiempo para él. Estoy lista para trabajar duro y labrarme un camino en esta industria. Por eso te estoy llamando.

—¿Qué esperas de todo esto? ¿Lo ves como una carrera temporal o de toda la vida? —le preguntó Gabo. Había oído a través de la industria que ella acababa de tener su quinto hijo, así que estaba probando el terreno para asegurarse de que ella estuviera hablando en serio.

—Mi carrera es muy importante para mí —dijo ella—. Quiero cantar y ser recordada como Paquita la del Barrio.

Tenía una visión clara de hacia dónde quería ir y de lo que quería lograr. Gabo comprendió rápidamente que Jenni estaba pensando a largo plazo, que ella sentía que tenía un futuro en esto y que estaba dispuesta a tener éxito. Su espíritu emprendedor entró en acción más tarde, pero cuando habló con Gabo, lo único que quería era cantar. Ella sabía que necesitaba más exposición, y fue ahí donde entró Gabo. Una vez que escuchó su convicción y lo duro que estaba dispuesta a trabajar, se unió a ella.

Cuando comenzaron a trabajar juntos, Jen seguía cantando en clubes pequeños y no le llegaba a tanta gente como necesitaba para sobrevivir en este negocio. Tenía unas seguidoras marginales, pero necesitaba una mayor cantidad para poder cantar en lugares más grandes. Gabo pensó que la mejor manera de hacer esto era contratarla para abrir conciertos de grupos que tocaban para multitudes numerosas. Fue entonces cuando ella empezó a presentarse con mayor frecuencia en esos circuitos más grandes dominados por hombres, y poco a poco comenzó a ganarse una multitud femenina gracias a sus presentaciones.

Mientras tanto, cuando comenzó a trabajar con Gabo, ella y su esposo, Juan López, habían abandonado sus empleos diurnos para dedicar todo su tiempo a su carrera. Juan había asumido como su mánager, lo que al final no fue un buen presagio para su relación, sobre todo porque a comienzos de su matrimonio Jen se había enterado de que Juan la había engañado con otras mujeres de su oficina. Unos años más tarde ella me contó la historia de cómo manejó esto, y no pude creerlo.

Juan era un hombre apuesto, y un gran padre con los hijos de Jenni. Parecía ser todo aquello que Jenni había estado buscando en un compañero: un hombre guapo, un buen padre, que la amaba, y que olía increíble todo el tiempo (una observación que ella hacía con frecuencia sobre él). Pero le faltaba la ética laboral que le había inculcado su padre a ella desde que era muy joven. Cuando dejaron sus trabajos para centrarse en su carrera, Jen pasó a cubrir los gastos de la casa. Sí, él ganaba dinero, pero era ella la que le pagaba, así que técnicamente era un dinero que ella se ganaba. Jen dedicó horas interminables para que su carrera despegara mientras él se quedaba en casa tomando baños largos con pepinos en los ojos y una mascarilla facial, más centrado en su apariencia que en su trabajo. De repente, Jen empezó a sentir que ella era el hombre de la relación, algo que no le gustaba en lo más mínimo. Sí, él le compraba regalos y todo eso, pero a pesar de que él tenía buenas intenciones, a ella le costaba aceptarlos porque sabía que eran comprados con su propio dinero, como una vez que él le dio un costoso abrigo de piel y ella le dijo: «Ah, genial, así que mi dinero me compró un abrigo de piel». Sin embargo, antes de que ella hubiera decidido dejar todo a un lado y darle una verdadera oportunidad a su carrera musical, su matrimonio con Juan se enfrentó al mayor de los retos: la traición.

En junio de 1998, Jen descubrió que Juan estaba teniendo aventuras con algunas mujeres de su oficina; sin embargo, en lugar de explotar «a la Jenni», se lo guardó todo y no dijo nada. Planeó cuidadosamente su venganza y la puso en acción, pasando los dos meses siguientes poniéndose en forma y ganándoselo, haciéndolo enamorarse de ella otra vez, y comportándose como la esposa perfecta. Al parecer, las cosas iban mejor entre ellos, pero poco sabía Juan que todo era parte del plan de Jen. Todo se consumó una mañana de agosto en 1998, después de que ella le hiciera el amor la noche anterior como a él le gustaba, y luego de despertarse y de prepararle su desayuno favorito. Mientras Juan disfrutaba lo bien que la había pasado y le decía que la amaba, ella sonrió, le preparó el almuerzo y le dio un beso de despedida. Sin embargo, horas después, le pidió a una amiga que la llevara a la oficina de él; irrumpió y lo confrontó con sus aventuras románticas, humillándolo delante de sus compañeros de trabajo y diciéndole que su relación había terminado. Sin embargo, ella no había terminado por completo con su plan. Jen había visto recientemente la película *Waiting to Exhale*, que resultó ser la inspiración que necesitaba para lo que vendría después. Volvió a casa, agarró todas las pertenencias valiosas de Juan y las quemó en el camino de entrada. Mientras ella me contaba todo esto, me parecía como si fuera sacado directamente de una película. «Eres una mujer loca y peligrosa», le dije. Parecía que ese era el final, pero no lo fue.

Un año después, él regresó arrastrándose, y ella lo recibió, esperando que les fuera mejor esta segunda vez. Ya tenían a su hija Jenicka, que había nacido en 1997 (un año antes de que ella le aplicara la estrategia que había visto en *Waiting to Exhale*), y mientras trataban de hacer que las cosas funcionaran, ella quedó embarazada de Johnny, su segundo hijo con él y su quinto en total, quien nació en 2001. Y es ahí donde Gabo entra en escena como gerente de giras. No tenía ni idea de por qué había aceptado, y quedó atrapado en medio del fuego cruzado en su primera semana de su trabajo, durante su primera gira de promoción en Miami.

Telemundo había invitado a Jenni a Miami con tiquetes aéreos y todo, para asistir a uno de sus programas matutinos. Gabo, Jenni y Juan llegaron al hotel de Miami la noche anterior al programa, se registraron en sus habitaciones y se fueron directamente a la cama. Ya era tarde y tenían que despertarse temprano al día siguiente. Acordaron reunirse en el vestíbulo del hotel a las siete de la mañana, a fin de tener tiempo suficiente para tomar un desayuno o un café rápido y abordar el carro del canal que los recogería y los llevaría al programa.

Así que, a las siete en punto de la mañana siguiente, Gabo estaba en el vestíbulo esperando a que Jenni y Juan bajaran. Se había servido una taza de té y seguido esperando pacientemente mientras pasaban los minutos. Alrededor de las 7:20 de la mañana, las puertas del ascensor se abrieron y Jenni salió; estaba retrasada, y un poco desaliñada. Gabo me dijo posteriormente que se había imaginado que los dos bajarían juntos, tomados de la mano, listos para el programa y su taza de café, pero no sabía lo que le esperaba. Jen se dirigió a Gabo, suplicándole: «¡Gabo, ayúdame, por favor, este hombre va a destruir mis cosas! ¡Por favor!». En ese instante, las puertas del otro ascensor se abrieron y salió Juan, tratando de alcanzarla; llevaba pantalones cortos y una camisa, y tampoco estaba listo para el programa. Gabo no supo qué hacer. Simplemente miró a Jen, y luego a Juan, esperando que resolvieran este asunto sin involucrarlo. Una vez más, él estaba recién llegado al equipo y había terminado en medio de la pelea de esta pareja de un momento a otro. Ella decidió pedir ayuda, temiendo que él quemara todas sus cosas, así como lo había hecho un par de años atrás, pero Gabo no sabía de dónde provenía este miedo, no conocía la historia, así que se sintió completamente desconcertado.

Mientras tanto, el carro que estaba programado para recogerlos ya había llegado, por lo que Gabo tuvo que encontrar la manera de asumir el control de la situación en el vestíbulo y llevar a Jenni a su entrevista programada lo antes posible. Ella sabía que el carro había llegado y que ya estaban retrasados, por lo que le insistió de nuevo a Gabo: «Por favor, ayúdame. Todo saldrá bien en el canal. Puedes encontrarte conmigo más tarde, pero por favor quédate y asegúrate de que no destruya ninguna de mis cosas».

Gabo me dijo posteriormente: «Vi que estaba muy ansiosa y angustiada, pero también pensé que si me ponía de parte de ella, Juan podría enojarse conmigo. Yo no lo conocía muy bien todavía, pues era nuestro primer viaje juntos. Por un segundo, pensé incluso, *¿Se trata de una broma? ¿Me están haciendo una broma, o qué?* Simplemente no sabía qué hacer. De todas las situaciones con las que tuve que lidiar en las giras, esta fue la primera, y definitivamente no la última. Más tarde supe que estas peleas explosivas eran normales entre ellos, ¡pero por supuesto que me hubiera gustado saber esto cuando estaba en Miami!».

Gabo accedió finalmente, llamó al productor para asegurarse de que se hubieran hecho todos los preparativos para Jenni, y le explicó que se le había presentado un «inconveniente» y que iría más tarde. Ella recogió sus cosas y se fue a Telemundo, mientras Gabo se quedó para afrontar los estertores de la pelea entre ellos, sin saber cómo reaccionaría Juan ni qué podría hacer él para asumir el control de la situación.

«¡Pinche vieja, *she's* loca!», dijo Juan en el instante en que Jenni se marchó. «Se enojó por otra mujer, pero le dije una y otra vez que no había pasado nada, que yo no había hecho nada». Juan siguió diciéndole que se habían arrojado cosas, una plancha para el pelo, cualquier cosa que pudieran agarrar, algo que era común en sus peleas. Siempre volaban cosas por el aire cuando discutían acaloradamente. Gabo, asombrado por toda la situación, finalmente consiguió razonar con Juan, recordándole que este era el primer día de un viaje promocional de una semana que concluiría con ellos volando directamente a uno de los conciertos de Jenni el viernes por la noche. Entonces Juan se calmó y prometió que no tocaría las cosas de ella. ¡Se evitó una crisis! Una menos, pero faltaban muchas más.

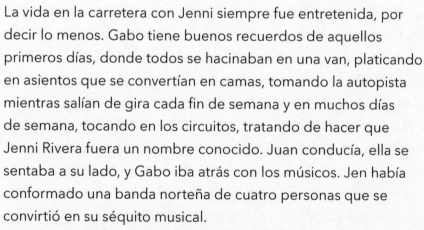

La vida en la carretera con Jenni siempre fue entretenida, por decir lo menos. Gabo tiene buenos recuerdos de aquellos primeros días, donde todos se hacinaban en una van, platicando en asientos que se convertían en camas, tomando la autopista mientras salían de gira cada fin de semana y en muchos días de semana, tocando en los circuitos, tratando de hacer que Jenni Rivera fuera un nombre conocido. Juan conducía, ella se sentaba a su lado, y Gabo iba atrás con los músicos. Jen había conformado una banda norteña de cuatro personas que se convirtió en su séquito musical.

Sí, ella grabó música estilo banda con muchos otros músicos, pero al comienzo le era más rentable cantar con una banda norteña más pequeña. Este fue un gran paso para ella; significaba que ya no trabajaba con músicos locales en cada ciudad, sino que cantaba con un equipo de camaradas que estaban ahí para respaldar las actuaciones de La Diva. Dos de ellos eran sus amigos: El Gordo, el director musical; y Gil, el líder de la banda. Eran muy talentosos y conocían a Jen como la palma de su mano. Ella viajó, salió de gira, vivió y creó con estos hombres.

Los otros dos músicos se rotaban porque al principio no había suficientes conciertos para mantenerlos a tiempo completo.

El Gordo y Gil permanecieron con Jenni hasta el álbum *Parrandera, rebelde y atrevida*, lanzado en 2005. Después de eso nos convertimos en una banda completa. Para crédito de Gabo, fue él quien le dijo: «Si quieres cobrar más dinero, tienes que tener tu propia banda. La única manera de ganar más dinero es cantar con una banda». Y fue difícil. Ella ahorró dinero con la banda norteña, por lo que fue duro decidir arriesgarse y aumentar sus gastos, pero dio resultado. De ahí en adelante, ella siguió utilizando al Gordo cuando grababa. Él la guiaba mientras ella afinaba las pistas vocales. Sin embargo, en aquel entonces, Jen realmente no necesitaba mucha guía en ese campo. Creo que siguió aceptando su ayuda para mantenerlo presente en su carrera. Jenni era una persona tan leal que si eras leal con ella, encontraba una manera para que siguieras trabajando con ella. Nunca se olvidó de la gente que estuvo ahí para ella cuando no era nadie. Así era Jenni con las personas.

En cualquier caso, cuando salían de gira Jen solía ser la única mujer de esa cuadrilla, pero sabía cómo comportarse. Desde el comienzo, Jen siempre dejó en claro que era un hombre más. Había crecido en un hogar con cuatro hermanos, su hermana menor nació después, por lo que pasar el tiempo con hombres no era nada nuevo para ella, incluso ahora, cuando estaba en medio de ellos, apretujada entre músicos corpulentos en la van; la clase de tipos que siempre tenían una cerveza en una mano y un porro en la otra. Era una experiencia de crecimiento para ella, no porque fuera la única mujer, sino porque era la líder. No se trataba de ser mujer, sino de ser la jefa.

Posteriormente, Jen contrató a Jessie, la esposa del bajista, como su asistente, y ella también salió de gira con ellos, vendiendo mercancía y fotos al creciente número de fans. Como recuerda Gabo, «Todos estábamos arrimando el hombro para ayudarla a triunfar. Recuerdo que parábamos en un ampm o en un 7-Eleven antes de tomar la autopista para cargar la van con comida para el viaje, que por lo general duraba de cuatro a cinco horas incluyendo las paradas. Comprábamos un montón de comida chatarra, Doritos, Fritos, Gatorade, cacahuates, y agua. Un típico fin de semana significaba conducir a Bakersfield el viernes, a San José el sábado, y a Fresno o Stockton el domingo, y luego regresar a Los Ángeles. Una vez que comenzamos a expandir nuestro territorio y a dar conciertos en otros estados, fuimos en la misma van a Arizona, Nevada, Oregón y Washington».

Juan solo estuvo disponible al comienzo de estos viajes; su relación con Jen había llegado a su fin cuando ella empezó a viajar con más frecuencia. Sabía que estar casada con su mánager sería difícil, especialmente con un hombre apuesto que estaba haciendo de las suyas entre el público, llamando la atención de la multitud, mientras ella estaba en el escenario viendo lo que le parecía el colmo de su coquetería. Y, teniendo en cuenta los antecedentes, sus celos estaban lejos de ser infundados, y eran increíblemente difíciles de manejar mientras cantaba.

Una vez, recuerda Gabo, habían viajado a San Antonio, Texas para un concierto, y sus celos repentinamente se salieron de control cuando él menos lo esperaba. Jenni estaba cantando en el escenario, haciendo un trabajo fantástico como siempre, la multitud la animaba y la pasaba padrísimo, cuando Juan se volvió a Gabo y le dijo: «Volveré enseguida, voy al baño». Se alejó y, a lo largo del camino, una joven lo detuvo para preguntarle algo sobre Jenni, al menos esa era la versión que tenía Juan de la historia. Gabo ni siquiera se dio cuenta de lo que estaba sucediendo hasta segundos después, cuando escuchó a Jenni decir sobre el micrófono, «Te estoy viendo cabrón, te estoy viendo…». Algunas personas en la audiencia comenzaron a mirar por encima de sus hombros tratando de saber de qué demonios hablaba, porque no tenía nada que ver con la canción que estaba cantando; lo que había dicho les parecía totalmente incomprensible. Antes de que Gabo tuviera oportunidad de reaccionar, la oyó decir: «Ahorita vengo. Espérenme», y Jen dejó de cantar en medio de una canción, soltó el micrófono y salió del escenario mientras los músicos de la banda seguían tocando, mirándose unos a otros y preguntándose qué se proponía Jenni ahora.

Bajó por las escaleras, pasó volando a un lado de Gabo y se dirigió directamente a Juan, que seguía charlando con aquella mujer, sin saber lo que acababa de suceder detrás de él. Y Jen le dijo: «¿Qué crees que estás haciendo, pendejo? ¿Crees que soy ciega? ¿Piensas por un segundo que no puedo ver a quién estás mirando? ¡Tengo ojos por todas partes! ¡Solo espera hasta que regresemos al hotel! ¡Se va a desatar un verdadero infierno!». Juan quedó tan sorprendido que no pudo hablar. Gabo recuerda: «Apenas vi lo que estaba sucediendo, corrí detrás de Jenni. ¡Había dejado el escenario en medio de una canción y tenía que volver y terminarla! Fue solo cuestión de minutos, y cuando me acerqué a ella, ya estaba terminando y regresando al escenario, pero nunca supe cómo terminarían ese tipo de situaciones y cuánto tiempo podrían durar». Afortunadamente, después de hacerle saber a Juan lo que pensaba, ella se dio vuelta, volvió al escenario, terminó la maldita canción, y continuó su show como si no hubiera pasado nada. «Realmente no creo que Juan sea tan desvergonzado como para hacer algo así delante de Jenni», dice

Gabo, «pero cuando hay infidelidades y celos, todo puede ser posible».

Cuando Jenni dejó a Juan, contrató a un chofer que ocupó su lugar en las giras y la ayudó con lo que necesitaba. Las cosas fueron más tranquilas para Gabo después de eso, porque este tipo había asumido el papel del marido de Jenni en la carretera, pero ella no dormía con él, por lo que no había ningún pinche drama. Fue ahí cuando Jenni y Gabo realmente comenzaron a establecer un vínculo y a consolidar su amistad. Durante esos largos viajes, comenzaron a abrirse el uno al otro, más allá de los temas relacionados con el trabajo, platicando de cosas más personales, hasta que finalmente se hicieron tan cercanos como si fueran hermanos. Después de trabajar de día o de noche, todos compartían algunas cervezas o unos tequilas y contaban chistes, y se morían de risa. Entonces, la sonrisa de Jenni se transformaba repentinamente en un sauce llorón y ella se lamentaba, «¡Extraño a mi marido!», y luego agregaba entre sollozos: «¡Extraño a mis hijos!», Gabo, que ya estaba acostumbrado a estas explosiones repentinas de emotividad, le decía «Relájate, *mija*, no te preocupes, podrás verlos en un día más o menos». Jen esperaba poder arreglar las cosas con Juan, pero ya era demasiado tarde. Había pasado demasiada agua bajo el puente. Hasta que un día ella dijo finalmente: «No puedo soportarlo más» y terminó con él para siempre. Fue por esa misma época que empezó a descargar sus emociones en sus presentaciones, derramando lágrimas en el escenario, abrumada por el dolor que le había causado el final de su segundo matrimonio y el tiempo que tenía que estar alejada de sus hijos.

Jen siempre fue increíblemente abierta y clara con sus hijos sobre lo que hacía y por qué tenía que dejarlos mientras se iba de gira. Aunque los protegía, siempre era sincera y honesta con ellos. Ellos sabían lo que hacía mamá. Comprendieron que si no estaba a su lado era porque estaba trabajando para ellos, para cubrir sus necesidades, para darles una vida mejor, de modo que nunca les faltara nada… pero eso no quería decir que a ella le doliera menos. Era un gran sacrificio para ella, el más grande que tenía que hacer; realmente la mataba por dentro, pero lo hacía todo por ellos, por sus princesas y príncipes, por los verdaderos amores de su vida.

Antes de que Jenni falleciera, durante una de nuestras muchas conversaciones sobre este tema, expresó que lo único que quería realmente era estar cerca de sus hijos, no perderse más sus cumpleaños, asistir a sus eventos escolares, y estar cerca de ellos cuando más la necesitaran. Y le dije: «Mira a Shakira. Fue increíblemente exitosa, logró incluso entrar en el mercado estadounidense, pero cuando se casó y tuvo hijos, puso su carrera en espera para estar con su familia». Y luego añadí que ella había hecho lo contrario. Había empezado como madre, y luego decidió trabajar duro en su carrera por el bien de sus hijos. Definitivamente era un acto maternal, pero no del tipo tradicional de estar en casa, y le había funcionado. Ella había hecho que funcionara. Incluso cuando viajaba, siempre hacía todo lo que estaba a su alcance para estar en contacto con sus hijos, para llamarlos entre conciertos, ver cómo estaban, y hacerlos partícipes en la medida de lo posible de su vida tan ajetreada. Era una mamá que tenía que salir de gira para ganarse la vida, pero, sin embargo, era una mamá sumamente protectora.

Mientras ella se debatía con estas separaciones, Gabo luchaba por conseguirle conciertos, especialmente cuando empezó a trabajar con ella. «Fue muy difícil al principio», recuerda. «Yo trataba de venderla a los promotores de conciertos que conocía, pero ellos solo querían a Lupillo. Creían que contratar a Jenni era una pérdida de tiempo y de dinero. Y yo insistía en que ella tenía sus Malandrinas, su ejército de mujeres que la seguían fielmente a todas partes. Ellos seguían dudando, así que yo les decía: "Escuchen, denle una oportunidad, y si no quedan contentos, pues no la vuelven a contratar". Poco a poco, pude convencerlos de que nos dieran una oportunidad; tener una buena relación con ellos desde el comienzo también ayudó». Fue así como Gabo logró hacer eso.

Los promotores acordaron contratarla por una tarifa muy baja que dependía de la multitud que atrajera. Cuanta más gente llevara, más le pagarían. La escalera que llevaba al estrellato era larga, pero ellos habían subido al menos los primeros peldaños. Sin embargo, no hubo absolutamente nada que sucediera de la noche a la mañana. Tuvimos que trabajar de manera incansable, soportar muchos rechazos, convencer a los escépticos, pero al final lo logramos. Piensen en ello: Si es difícil para los hombres entrar en el mundo de la música, imagínense lo difícil que es para una mujer. Como dijo Gabo en una de nuestras pláticas: «El problema con las artistas femeninas en la música regional mexicana es que por lo general se ven muy bien en los carteles, pero no venden boletos. ¿Por qué? Porque las fans son muy, muy celosas. No quieren llevar a sus maridos a ver a una mujer que es más sexy que ellas. Ellos pueden escuchar sus canciones, pero está más que seguro que no van a sus conciertos. Pero con Jenni fue diferente. No parecía una modelo, se parecía a ellas, y cantaba para ellas y para ellos con su carácter y carisma característicos. No era una amenaza, era su mejor amiga, su aliada, su campeona. Jenni podía vender muchísimas entradas, y yo lo sabía. Ahora solo tenía que convencer a los promotores para que le dieran una oportunidad».

Eventualmente, ella empezó a sonar más y más, y de repente fueron los promotores quienes llamaron a nuestra puerta pidiéndole que por favor cantara en sus lugares. Las mujeres realmente no tenían una voz en el género musical mexicano hasta que apareció Jen. Y con el tiempo y el trabajo duro, su creciente número de aficionados le ayudó a Jen a empezar a verse a sí misma bajo esta nueva luz. Con cada espectáculo, ella notaba el enorme impacto que tenía en su público, y esto solo la empujó a darles más y más de sí misma. Decía con frecuencia: «Tengo que dar lo mejor de mí en cada espectáculo, sin importar lo grande o pequeño que sea, como si fuera el primero, o como si fuera el último». Y eso fue exactamente lo que hizo. Sin importar el escenario en que estuviera, siempre lo daba todo, incluso si eso significaba desmoronarse y llorar en el escenario porque la línea entre la expresión de su arte y su vida personal era muy delgada. Cuanto más cantaba, más quería la gente conocer los detalles de su historia de vida, y desde el comienzo, ella fue un libro abierto.

Capítulo 4

Amor y música

Jenni Rivera ✓
@jennirivera

"Ayyyy PELON!!"...

12/3/12, 9:09 PM

1,631 RETWEETS **1,207** LIKES

↩ ⇄ ♥ •••

Cada vez que Jenni subía al escenario había una transformación. Tan pronto agarraba el micrófono, se desconectaba de la realidad y se conectaba con un mundo diferente. Era un mundo donde ella estaba a cargo, donde podía expresar abiertamente su talento musical; también era un refugio de sus problemas, un lugar donde todo lo que sentía era el amor de sus fans y la alegría de sus presentaciones. El escenario le servía de respiro, y en aquellas pocas horas allá arriba, podía respirar y reírse y olvidarse de lo que pudiera estar agobiándola. No había responsabilidades; era un lugar para expresar sus emociones hasta el punto de las lágrimas y las risas, y simplemente pasarla bien. Nadie tenía el poder de interrumpirla durante esos momentos en el escenario. Sin embargo, tan pronto como salía del centro de atención, volvía a entrar a su realidad, que cuando me uní a su equipo, estaba centrada en su divorcio de Juan López.

EL SEGUNDO MATRIMONIO DE JENNI CON JUAN LÓPEZ TERMINA EN DIVORCIO

Jenni pidió el divorcio en abril de 2003, justo en la época en que comencé a trabajar con ella, por lo que fue el primer pleito de Jenni Rivera que tuve que manejar con los medios de comunicación. El divorcio en sí era difícil porque sus dos hijos más pequeños, Jenicka y Johnny, amaban a su papá y Jen no quería que los problemas con su esposo afectaran la relación que ellos tenían con Juan. También fue difícil para Jenni porque había trabajado muy duro para que las cosas funcionaran para sus hijos y para ella. Juan era un hombre guapo y un cabrón que no permitía que nadie se metiera con él, el tipo de hombre que Jen creía que la mantendría a salvo. Sin embargo, a medida que pasaron los años, las cosas empeoraron en su relación y no estaban yendo a ninguna parte. Sus peleas se intensificaron, al igual que la frustración de Jen por sentir que ella era el hombre de la casa, el sostén de su familia, la ambiciosa, la que se enrollaba las mangas y hacía lo que fuera necesario para hacer el trabajo. Sí, Juan era su mánager, pero esto era difícil; no había una línea clara entre lo que hacía él y lo que aportaba al hogar, por lo que eso se convirtió en otra lucha constante. Y luego estaban sus infidelidades, que solo empeoraron la situación. Los celos de Jen aumentaron por las nubes luego de descubrir las primeras aventuras de Juan, y nunca pudo volver a confiar plenamente en él. Así que mientras su carrera musical finalmente estaba empezando a despegar, su matrimonio se estaba yendo a pique, y todos los caminos conducían a un divorcio inevitable.

Hasta aquí, esto suena como la conocida historia de divorcio que todos hemos escuchado una y otra vez; infidelidades, diferencias irreconciliables, etc., pero el hecho es que Juan lanzó una bola curva que dejó trastabillando a Jen. Juan no solo estaba solicitando pensión alimenticia, quería incluir una cláusula de caducidad en el pago de su cónyuge para poder seguir recibiendo un porcentaje de las ganancias de Jen a lo largo de su carrera. ¿Cómo podía este hombre fuerte y macho pedir de un momento a otro una pensión alimenticia así nomás? Esto era inaudito entre los mexicanos que conocíamos, pero lo que realmente le molestó a ella fue que él también comenzó a reclamar la propiedad de su carrera. Ella estaba sorprendida y furiosa, «No puedo creer que ese hijo de puta tenga el coraje de pedirme esto», me dijo. «Estoy criando a los niños, haciéndome cargo de todo, lo apoyé cuando estuvo en la cárcel, me casé con él para que no lo deportaran, tuve que lidiar con sus infidelidades, ¿y ahora tiene la osadía de reclamar el hecho de ser dueño de mi carrera?».

Sí, eso era exactamente lo que él estaba haciendo. Creía que ella le debía un porcentaje de dinero de por vida, porque aseguraba haber iniciado e invertido en la carrera de Jen. Esto realmente le sacó el tapón a Jenni. Nadie la había hecho. Ella se había hecho a sí misma. Pero él había llevado un cierto estilo de vida bajo el ala de Jenni y ahora sentía que tenía derecho a mantenerlo. Se había acostumbrado a vivir cómodamente y a darse gusto, y no estaba dispuesto a renunciar a todo eso sin oponer resistencia. Pero casó una pelea con la mujer equivocada. Jen no soportaba a las personas que se sentían con derechos de buenas a primeras. Se había ganado cada centavo con sangre, sudor y lágrimas, y creía que todos a su alrededor —empleados, amigos y familiares—, deberían hacer lo mismo. Que las personas tenían que salir, darlo todo, y ganarse su lugar en un equipo en este mundo, y que a nadie le regalaban nada. A Jen nunca le dieron nada, y por nada del mundo le daría algo a este tipo.

El divorcio, que Jen esperaba que transcurriera en silencio y se concretara en un año, se convirtió en una batalla pública larga y ardua que duró tres años, y finalmente lo obtuvo en junio de 2006. Mi estrategia inicial consistió en controlar lo que salía a la luz pública, decidir con cautela lo que compartiríamos con los medios de comunicación, pero Jen tenía otra idea en mente: quería utilizar los medios de comunicación para publicitar su batalla, algo que me parecía muy arriesgado. Los medios de comunicación son como una serpiente: tienes que manejarlos con mucho cuidado, pues fácilmente pueden darse vuelta y morderte y envenenarte cuando menos lo esperas. Eso fue más o menos lo que le dije a Jen cuando debatimos sobre la publicidad que debíamos darle a su divorcio, pero Yanalté, su publicista en esa época, quien trataba de llamar la atención sin importar si era prensa positiva o negativa, no estuvo de acuerdo conmigo y continuó alimentando el fuego de Jenni, que era fácil de avivar.

Jen tenía un alma sensible y no pensaba las cosas cuando estaba herida, sino que reaccionaba de inmediato, movida por sus emociones. Levantaba la guardia y se ponía en modo de ataque, lanzando golpes a diestra y siniestra hasta derribar al culpable. Si no le gustaba algo, no se tomaba el tiempo para averiguar la mejor manera de manejar la situación; simplemente agarraba un teléfono, iba a un programa de televisión, abría Twitter y confrontaba abiertamente a quienquiera que la hubiera lastimado. Por lo que mi enfoque razonable sobre cómo manejar a los medios de comunicación salió volando rápidamente por la ventana esta primera vez. Fue solo más adelante en su vida que aprendió a procesar la información y a reaccionar en consecuencia, pero nunca estuvo en su naturaleza; iba en contra de su esencia, y siempre tuvo que hacer un gran esfuerzo para no saltar como una tigresa cuando se sentía amenazada.

Al final, tuvo que pagar la manutención conyugal mientras transcurría el divorcio, hasta que el juez de su caso en la Corte de Familia finalmente falló a su favor en junio de 2006. Solo tuvo que pagar los honorarios de su abogado y ya no tendría que pasarle pensión alimenticia a Juan. Una vez que él dejó de recibir su cheque mensual, comprendió rápidamente que no podía mantener su estilo de vida, por lo que recurrió al narcotráfico para cubrir sus gastos, y un año más tarde, en octubre de 2007, fue capturado y condenado a diez años de prisión.

Para entonces, Jen suavizó su postura con Juan por el bien de sus hijos. Durante el proceso de divorcio, trató de mantener un equilibrio justo, luchando por lo que era legítimamente suyo sin manchar la imagen del padre delante de sus hijos. En verdad, él siempre había sido un gran padre con sus dos hijos, y Jenni quería animarlos a seguir teniendo una relación con él. No fue fácil, pero ella era muy sincera y honesta con sus hijos, y cuando pidió el divorcio, se sentó y les dijo: «Me estoy divorciando. Él sigue siendo su papá y es muy bueno con ustedes. Mamá lo quiere, pero no podemos estar juntos». Directo y al grano; así fue siempre con sus hijos. Y mantuvo su palabra.

Hizo todo lo que estaba a su alcance para no permitir que la animosidad y la decepción que sentía por Juan durante el divorcio afectaran a sus hijos ni a la relación que tenían con su padre. Incluso cuando sus abogados peleaban cara a cara, y ella estaba hirviendo por dentro ante la audacia y los derechos que se atribuía Juan, seguía siendo cortés y lo saludaba con un beso en la mejilla delante de los niños para darles un cierto sentido de unidad familiar. Y un año después, cuando Juan fue arrestado, condenado y sentenciado a prisión, Jen llevaba a sus hijos a la cárcel para ver a su padre. No fue una niñera, una abuela ni una tía quien los llevó, sino Jen. No le importaba ser una estrella naciente ni que la gente la reconociera en la sala de espera; simplemente aceptó la situación e hizo lo que había que hacer. ¿Por qué? Por sus hijos. Ellos eran la razón y la motivación detrás de todo lo que ella hizo y logró en la vida.

Al mismo tiempo, y mientras lidiaba con ese divorcio desagradable, Jen se enamoró de alguien, del hombre que eventualmente se convertiría en su alma gemela, en su mayor amor y mejor amigo hasta el día en que ella abandonó esta tierra.

Poco después de unirme al equipo de Jen, además de hacerme apresurar su carrera y su divorcio, Jen también me dijo que había conocido recientemente a alguien y que estaba perdidamente enamorada. Se llamaba Fernando. Trabajaba en el departamento de promociones de Que Buena, una estación de radio local, y ayudaba a organizar eventos para el departamento de marketing y promoción de la estación. Jen lo conoció en un evento organizado en su honor por Que Buena en una bodega de calzado en abril de 2003. Además de organizar el evento, Fernando también tuvo que ocuparse de Jen, acompañarla a la zona de espera antes de reunirse con sus fans, y asegurarse de que tuviera todo lo necesario. Se enamoraron de inmediato.

Fernando era un mexicano apuesto, más joven que ella, y más bien tosco. Por otro lado, Jen era muy coqueta y muchas veces hacía que los hombres se sintieran incómodos con sus avances directos. Tendía a tomar la iniciativa y muchos hombres no sabían cómo manejar esto; se sentían intimidados con frecuencia y sin palabras en su presencia. Esto hacía que ella jugueteara aún más con ellos; sin embargo, si el tipo con el que estaba coqueteando era lo suficientemente despabilado como para tomar el control de la situación y coquetearle de vuelta sin ningún escrúpulo, eso definitivamente la hacía frenar en seco y prestar más atención. Y Fernando era esa clase de hombre.

No empezaron a salir de inmediato. Ella estaba empezando apenas su proceso de divorcio y las cosas se estaban poniendo más desagradables a cada minuto, así que tenía su mente en otra parte. Se encontraron de nuevo un día de julio, tuvieron su primera cita, y comenzaron a salir oficialmente en agosto de 2003. Puedo recordar su cara como si fuera ayer. Cada vez que hablaba de él, se comportaba como una estudiante de escuela secundaria con mariposas en el estómago, riéndose mientras compartía sus aventuras y me contaba cómo la hacía sentir él. Fue hermoso ser testigo de esto. Después de haber sido derribada tantas veces, fue maravilloso verla realmente feliz y enamorada, aunque en calidad de mánager yo tuviera otras preocupaciones.

Como estábamos en medio de una batalla de divorcio tan pública, era crucial mantener este romance en privado. Si se propagaba la noticia de que Jen estaba saliendo con alguien, podría ser utilizado en su contra en el divorcio. Esto no era fácil, Jen tenía el corazón a flor de piel, estaba muy enamorada de este hombre que quería mostrarle al mundo, y ese tipo de química y conexión no ocurre todos los días. Definitivamente fue un reto para ella y para nosotros, pero nos las arreglamos. El mismo Fernando también fue un buen presagio para nosotros. No estaba con Jenni debido a su celebridad en ascenso. En realidad, se mantenía alejado de la atención pública, no quería tener nada que ver con esto, por lo que no tuvo ningún problema en mantener su relación en secreto durante un tiempo. Si le hubiera gustado llamar la atención de los medios de comunicación, yo estaría contando una historia muy diferente, pero este hombre realmente amaba a Jen y estaba con ella por las razones correctas. Ferni era el tipo de hombre que agarraba una bicicleta o tomaba un autobús solo para ver a Jen, insistía en pagar la cena, aunque ella ganara mucho más que él y estuviera en el apogeo de su carrera, y aunque él tenía un trabajo normal, escucharla en la radio lo hacía sonreír de oreja a oreja.

Este era el famoso *pelón* de Jenni, el término que usaba ella para describir a este tipo sencillo, normal y calvo que la hacía sentir como una mujer de verdad. Él le enseñó que era atractiva y sexy así como era, y le mostró un lado despreocupado y refrescante del amor y de la vida que ella no había experimentado antes. Fue mágico. Fernando fue el libertador en su vida. Jen no había tenido la oportunidad de vivir su adolescencia en toda su gloria porque había quedado embarazada a los quince años, y tenido que madurar y convertirse en una adulta responsable, en esposa y madre, en cuestión de meses. Luego sufrió abusos por parte de Trino; finalmente lo dejó después de tener tres hijos, solo para casarse con Juan, tener dos hijos más, y seguir añadiendo más responsabilidades a su vida, así como dificultades financieras y personales. De modo que nunca había tenido la oportunidad de desatarse. Nunca se había emborrachado, nunca había fumado un porro, y tampoco había tenido la oportunidad de alcanzar su madurez sexual. Pero llegó Fernando y cambió todo eso. No solo le permitió experimentar esos años despreocupados de la adolescencia, sino que tampoco le importaba un pepino la creciente celebridad de Jen. «Eres mi chica, y eso es lo único que importa»; así era su actitud hacia Jen. Era justo lo que ella necesitaba. Era el enamorado de la escuela secundaria que ella nunca había podido tener.

A medida que pasó el tiempo, su relación floreció y se enamoraron más y más. No se trataba de lujuria, no se trataba del trabajo, no se trataba de satisfacer una necesidad: lo que los mantenía juntos era una amistad eterna, profunda y conectada. Ese era su secreto. Eran almas gemelas, estoy seguro de ello. Y su amor mutuo era tan apasionado como sus peleas, porque cuando comenzaban a pelear, ¡diablos!, eran peores que Ike y Tina.

Una noche, cuando llevaban un par de años juntos, recuerdo que recibí una llamada de Jen a la una de la mañana, preguntándome si podía ir a buscarla a la casa de Ferni porque acababan de tener una fuerte discusión. Subí a mi carro y conduje sin saber qué esperar, solo para llegar y encontrarla fuera en su sudadera Adidas blanca con manchas de hierba. ¿Qué chingados?, pensé mientras bajaba del carro. Eran como dos chicos de escuela secundaria y tuve que desempeñar el papel del hermano mayor de Jen. «Vamos, Jen; sube al carro. ¡Vámonos!».

Ahora, recuerden que Jen era una mujer adulta que ya se había hecho un nombre en la industria de la música y los medios de comunicación, y yo tenía que asegurarme de que su imagen no se viera empañada por este comportamiento infantil. La regañé cuando subimos al carro, «¿Qué chingados estabas pensando? ¿Qué estás haciendo?». Ella me salió con una disculpa floja, pero este tipo de escenas generalmente se reducían a un tema: los celos. Cuando Jen conoció a Fernando, acababa de terminar su relación con Juan, en la que había sufrido infidelidades que habían despertado sus ataques de celos. Y aquí estaba Ferni, un hombre guapo que era más joven que ella, y aunque había elegido estar con ella, eso no impidió que Jen explotara y desconfiara de él. Pero no era la única en hacerlo.

Ferni reaccionaba súbitamente con unos celos extremos cuando ella menos lo esperaba. Era una pareja perfecta… o imperfecta, dependiendo del momento y del estado de ánimo. Una vez, Ferni apareció en una estación de televisión donde sabía que Jen estaría grabando un programa y permaneció fuera, amenazando a cualquiera que se interpusiera en su camino. Necesitaba ver a Jenni. Estaba como un loco y todo el mundo se sentía aterrorizado; ni los escoltas de Jen sabían qué hacer con él. Jen, que ya estaba acostumbrada a este tipo de escenas apasionadas, se volvió hacia mí y me dijo: «Pete, Fernando está fuera causando una gran conmoción. ¿Puedes ir a hablar con él?». Ella sabía que yo era una de las pocas personas que podía calmarlo. Entonces salí y le dije: «Oye, Fernando, ¿qué pasa? estamos trabajando». Y encontré la manera de convencerlo y de razonar con él, explicándole que esto era importante para la carrera de Jenni, y pidiéndole que se pusiera por un minuto en sus zapatos. «No te gustaría que alguien apareciera en tu trabajo y empezara a buscarte problemas, ¿verdad?». Él entendió finalmente y se marchó. Sin embargo, pocas horas después, estaban juntos de nuevo, como un par de tortolitos felices, agarrados de la mano como si no hubiera pasado nada. Su amor terminaba siempre por prevalecer.

El deseo y la pasión que compartían mutuamente estaban presentes en ella a cada paso del camino, sin importar si estaban juntos o no. Se trataba del famoso «pelón» al que ella se refería con frecuencia en el escenario, por el que lloraba, por el que cantaba; era su inspiración musical. Mientras la carrera de Jen despegaba, Ferni fue su testigo, permaneciendo a su lado, soñando despierto con ella, sin incomodarse nunca por lo popular que ella se hacía, pero siempre inspirándola y estimulándola musicalmente. Le mostraba canciones, le cantaba viejas melodías, le daba sugerencias, compartía ideas y también la abría a diferentes géneros musicales. Era un hombre que abarcaba esa creatividad que inspiró a Jen para hacer mejores elecciones de canciones y de imágenes a lo largo del camino, mientras compartían un profundo amor y respeto por la música.

Jen podía cantar con un grupo de música norteña o de banda tanto como podía rapear las canciones de Tupac, aunque sus habilidades en este género dejaban mucho que desear. También le encantaba el R&B y Beyoncé, tanto así que una vez fui a una reunión en su casa ¡y la encontré en sudadera y tacones altos ejercitándose en su caminadora! «Chica, ¿qué estás haciendo?», le pregunté. «Ah, oí que Beyoncé hace esto para mantener su trasero firme. Dice también que es bueno para las pantorrillas», y siguió ejercitándose. Yo no podía dejar de sonreír en momentos como este. Definitivamente ella era una chica de la costa oeste con influencias de la costa oeste, pero tenía un gusto diverso en la música. Era tan fanática de Carrie Underwood –nunca olvidaré lo emocionada que estaba cuando se enteró de que iba a conocerla–, como de Chayito Valdez y Lupita D'Alessio, para no mencionar siquiera a Marisela y Joan Sebastián, este último, un compositor e intérprete prolífico a quien ella consideraba una de sus influencias más grandes a lo largo de su carrera musical. Lo que ella escuchaba dependía de lo que estuviera sucediendo en ese momento. La música era la banda sonora de su vida.

Una vez que comenzó a explorar más géneros musicales e ideas con Fernando, su inspiración musical; una vez que tuvo a su propio equipo en su lugar, una vez que entendió el mensaje que quería compartir con su público, aquel que reflejaba sus historias de vida, Jen empezó a tomar mejores decisiones, y Jenni Rivera, la artista que llegamos a conocer y amar, empezó a tomar forma ante nuestros ojos.

Después de *Homenaje a las grandes*, hubo un cambio en la selección de canciones de Jenni. Ahora tenía un mensaje claro que quería compartir con su audiencia, así que todo se redujo a las canciones que escogía para cantar. Fernando le ayudó con sugerencias concretas porque conocía el corazón y el alma de Jenni, y ella también comenzó a hacer lo que le correspondía. Cuando empezó a labrarse un nombre para sí misma en la industria, un montón de gente, incluyendo compositores, empezaron a enviarle canciones con la esperanza de que ella eligiera una y la convirtiera en uno de sus éxitos futuros. Pero ahora era más selecta. Quería mantenerse fiel a lo que era, así que si las letras no la conmovían, si no podía identificarse con ellas en algún sentido, entonces simplemente las dejaba pasar, aunque fueran melodías fantásticas. Le ofrecieron éxitos que probablemente debutarían en la parte superior de las listas, pero si no le sonaban verdaderas, seguía diciendo que no, y no se arrepentía después. Simplemente sabía que no podía hacerlo porque si no podía conectarse con la canción, no conseguiría imprimirle su firma emocional, y esto la perjudicaría a ella y a sus fans.

El proceso empezó a cambiar en los álbumes siguientes. Jen estaba más segura de sí misma, y era por lo tanto mucho más pragmática. Platicábamos, y ella nos decía adónde quería llegar con su próximo álbum; luego pensábamos en una idea y elaborábamos el concepto hasta tener un tema y un mensaje claros. Después de esto, Jen seleccionaba cada canción y se ponía a trabajar. Muchas de las canciones eran *covers* que ahora sabía cómo apropiarse de ellas, pero le gustaba incluir también algunas melodías originales para hacer hincapié en el tema del álbum. Algunos de estos originales fueron escritos para ella y estaban listos para que los grabara, mientras que otros tenían una estructura que le gustaba, de modo que trabajaba en ellos y afinaba las letras para adaptarlas a su historia. También le gustaba el hecho de tratar de escribir una o dos canciones. Pero no era como si ella se despertara y se sentara en un estudio y dedicara tiempo a crear estas melodías. No, Jen siempre estaba en movimiento, por lo que su proceso de escritura también sucedía en el camino, por lo general con su agenda en la mano.

Sí, Jen era anticuada en la relación con la tecnología. Incluso cuando los calendarios y las agendas en línea hicieron furor, ella seguía recorriendo la ciudad con su agenda y su pluma en la mano. Era allí donde anotaba todo, desde citas hasta reuniones,

letras de canciones e ideas para su propio libro; realmente
me refiero a todo. No salía de casa sin esa libreta pequeña y
raída. Esas agendas eran su vida, y en ese sentido, siempre
se aseguraba de tener copias de respaldo. Del mismo modo
que un disco duro externo en el que copias todos los archivos
de tu computadora, Jen hacía que su asistente pasara toda la
información de su agenda a otras dos que tenía de respaldo. De
esta manera, si Jen perdía una en el camino, la dejaba en una
reunión, o la olvidaba en un evento, siempre tenía una agenda de
reserva con la cual reemplazarla; esto no era muy práctico, pero
sí absolutamente necesario, pues Jen era famosa por perderlas. Y
fue en ellas donde nacieron sus canciones originales.

Cuando llegaba el momento de grabar las canciones, Jen
se dedicaba de lleno a su trabajo. No era el tipo de artista que
disfrutara de vivir en el estudio, experimentando, probando
cosas nuevas o improvisando canciones sobre la marcha. Por
el contrario, entraba al estudio solo cuando había llegado el
momento de grabar las pistas vocales. La música se grababa
generalmente en Mazatlán, Sinaloa, por un grupo de músicos de
banda. Una vez que terminaban, enviaban sus pistas musicales
al estudio de L.A., donde eran sometidas al último toque mágico
de Jen. Cuando ponía los pies en el estudio, estaba preparada
para hacer el trabajo. Sabía exactamente lo que quería de modo
que escuchaba la música, le hacía sugerencias al productor si le
parecía que había que hacer algún ajuste, y luego entraba a la
cabina de sonido y grababa todas las canciones de una sola vez.

Jen sabía lo que necesitaba hacer, y lo hacía. Y tengan
en cuenta que, desde el principio, no se trataba tanto de su
voz sino de su entrega. Lo he dicho antes y lo diré de nuevo:
cuando empezó su carrera de cantante, su voz realmente no era
extraordinaria; era débil y carecía de profundidad. La voz es un
instrumento musical, y como tal, requiere afinación y práctica

para llegar al lugar ideal. Jen tenía las bases, cantaba afinada y tenía ritmo, por lo que tenía el potencial para dominar este arte, y estaba dispuesta a trabajar para hacer que sucediera. Sin embargo, no tenía tiempo ni dinero para contratar entrenadores vocales o tomar clases de música, por lo que el escenario fue su aula. Daba muchos conciertos —hubo un año en que tocó en trescientos lugares—, y utilizaba las dos horas que duraba cada presentación para practicar, perfeccionar y dominar su arte. Y aparte de eso fumaba puros. ¿Por qué? Porque había leído en algún lugar que podían ayudar a madurar su voz, y ella realmente quería tener un timbre más carrasposo y una gama tonal más amplia. Estaba ansiosa por alcanzar ese punto ideal en términos vocales. No estoy seguro de si fue gracias a los puros o simplemente a toda su experiencia en el escenario, pero finalmente llegó allí, y al final de su vida y su carrera se había convertido en un monstruo vocal, con una voz increíble que hacía aclamar y llorar a su público.

El siguiente paso fue su imagen. Cuando me uní por primera vez al equipo de Jen, ella estaba empezando a encontrar su esencia lentamente; se deshizo del sombrero de vaquero y comenzó a recuperar sus raíces. Se estaba convirtiendo literalmente en una mariposa guapísima ante nuestros ojos. Con la ayuda de Fernando y gracias a la forma en que la amaba y valoraba, ella aprendió a aceptar y a amar su cuerpo. Descubrió que era sexy y empezó a apropiarse de esto, algo que se manifestó en la forma de presentarse a sí misma en el escenario y en las portadas de sus discos. Los días de los sombreros de vaquero ya eran cosa del pasado. Ahora se trataba de incorporar sus influencias de la costa oeste, y esto comenzó con el emblemático sombrero de fieltro.

El sombrero de fieltro característico de Jen apareció por primera vez en una exhibición de automóviles en Long

Beach. Las bandas mexicanas de la región eran contratadas generalmente para rodeos, y no para exhibiciones de automóviles, por lo que Jen no sabía qué ropa usar para una multitud chicana a la cual le encantaban los carros modificados. Quería algo que la ayudara a conectarse con su audiencia, así que la puse en contacto con un amigo que tenía una tienda de ropa de estilo pachuco y estaba dispuesto a patrocinarle un atuendo personalizado para esa ocasión. Cuando lo recibió, no se puso muy contenta al ver que venía con un sombrero. Recientemente había dejado de usar sombreros de vaquero y no estaba dispuesta a llevar otro en el espectáculo, pero le pedí que se lo probara, y lo hizo. Lo siguiente que supe fue que lo llevaba en sesiones de fotos y en otros conciertos. Se enamoró de su aspecto, porque le parecía que era único y la ayudaba a representar su herencia mixta, equilibrando sus mundos mexicano y estadounidense. Era un ejemplo perfecto de quién era ella y de por qué era tan auténtica. Estaba llegando a personas como yo, a quienes algunos llaman Pochos, nacidos en este lado de la frontera, pero igualmente orgullosos de nuestra herencia mexicana.

Jen se convirtió en nuestro estandarte; fue la primera persona con la que pudimos identificarnos completamente porque hablaba nuestro idioma. Y eso se ve claramente en su video de «Amiga si lo ves». Fue su primer video latino filmado por Jessy Terrero, un director de video dominicano que estaba trabajando con todos los raperos de la costa este en esa época; acababa de hacer un video para 50 Cent, y estaba buscando entrar al mercado latino. Fue fantástico; ella se veía increíble. Fue también el primer video en el que Jenni rompió con la tradición. Si observan el video y silencian la música, podrán concentrarse en la imagen y comprender plenamente cómo logramos perfeccionar la combinación de estos dos mundos, que también representaba perfectamente a Jen. Nunca fingió quién era; era así como se veía en la vida real, así era ella.

Y su autenticidad se reflejó aún mejor en el escenario. Era una comunicadora increíble, y eso fue lo que hizo que su música fuera tan atractiva y emotiva. Interiorizaba cada una de las letras, de modo que cuando cantaba acerca del dolor o la angustia, por lo general tenía en mente a alguien en concreto. Canalizó sus emociones a través de esas letras y eso fue lo que impulsó sus actuaciones, produciendo esas poderosas actuaciones en cada canción que nos conmovían en lo más profundo de nuestras almas. Y es por eso que algunos de los éxitos más grandes de Jenni no eran originales. Por ejemplo, cuando grabó «Ya lo sé», el tema ya había sido lanzado como una canción de banda por otro grupo, por lo que Jenni lo convirtió en una ranchera y lo hizo suyo. Después de un tiempo, incluso los mariachis pensaron que era un original de Jenni, lo que solo demuestra el alcance de sus poderosas interpretaciones. Ella hizo que cada historia cobrara vida y sonara como si fuera una de sus propias experiencias.

Jen era una comunicadora y una intérprete increíble, y estaba lista y preparada para cantar en escenarios más grandes. Ya era hora. Se había presentado en el Ford Theatre en L.A., pero sus sueños y aspiraciones iban mucho más allá de ese escenario: quería presentarse en el Gibson Theatre, el lugar por excelencia en L.A., pero aún no había llegado allá. Yo creía en Jen y necesitaba que Que Buena, la mayor autoridad en la música regional mexicana que había en la radio de Los Ángeles, creyera también en ella y le diera el apoyo que merecía y necesitaba para hacer sus sueños realidad. Llamé a un amigo que me puso en contacto con Eddie León, uno de los principales directores de programación de Que Buena. Yo tenía influencias, y ahora tenía que convencerlos de que le dieran una oportunidad a Jenni. Su hermano Lupillo los había criticado en público recientemente acerca de un acuerdo que tenía con ellos; sin embargo, yo estaba listo para demostrarles que Jenni valdría la pena su tiempo y apoyo. Yo sabía que ella estaba a un paso de volverse enorme, y esperaba que subieran a bordo del «tren Jenni» y nos ayudaran a llevarlo a buen puerto.

Finalmente nos reunimos con los directores de la estación, y llevé a Jen porque quería que la oyeran personalmente. Pepe Garza, el director del programa, quien se convirtió en una parte importante de su vida y de su carrera, había dudado en darle su apoyo total, sin pensar nunca que la mujer a quien conocía como la hermana de Lupillo Rivera le daría un vuelco a la situación y saltaría a unas alturas impensables del estrellato. Sin embargo, finalmente accedió a darle una oportunidad, no sin antes advertirle: «Jenni, puedo hacerte famosa, pero no puedo quitarte la fama una vez que haga mi trabajo. Así que lo que hagas con eso realmente dependerá de ti». Si ella lo manejaba bien, él dijo que podría ser una inversión inestimable en su carrera y en su vida. Ella nunca olvidó esas palabras, y él nunca se olvidó de ella. A partir de ese día, se convirtió en su mentor, en una de las pocas personas a las que Jen acudía para obtener una respuesta sincera. Tomaba sus álbumes antes de ser lanzados y le cantaba cada una de las canciones, tomando notas de su críticas y sugerencias. Y él lo hizo con mucho gusto, al ver que ella estaba poniendo su corazón y su alma en su música y su carrera, y rápidamente se dio cuenta de que ella iba a lograrlo independientemente de los obstáculos que tuviera que superar para llegar allá.

¡Genial! Que Buena estaba apoyando finalmente a Jenni, pero sabían que ella no tenía suficientes fans como para cantar en el Gibson Theatre todavía, y entonces nos sugirieron que lo hiciéramos primero en el Kodak Theatre. Era un poco más manejable, con 3.500 asientos, y apropiado para el lugar donde Jen se encontraba en su carrera, al mismo tiempo que seguía siendo un escenario prestigioso. Siendo la mujer ambiciosa que era, Jenni no estaba muy segura de este acuerdo a medias, pero ellos dijeron las palabras mágicas: «Serás la primera artista regional mexicana en celebrar un concierto allí». Si Jen sabía que iba a ser la primera en algo, eso era todo, lo aceptaba y seguía adelante.

El Kodak Theatre era un lugar relativamente nuevo, los Oscars se celebraban allí, pero no era exactamente amistoso con los latinos; sin embargo, Jen confiaba en que haríamos que funcionara. Así que fijamos la fecha: el 14 de octubre de 2005. Sin importar cuántas veces la hubieran derribado, Jen siempre estaba llena de fe. Era una mujer muy espiritual y siempre tenía fe y esperanza acompañándola a cada paso del camino. Eso incluía también todas sus presentaciones. Nunca cantaba en un escenario sin una oración, y en cada concierto, ya fuera en un bar o en un estadio, siempre dedicaba un momento de silencio para visualizar el escenario y lo que estaba a punto de hacer, un poco como lo hace un mariscal de campo justo antes de salir al terreno para un juego importante. Ella siempre sentía mariposas en el estómago, siempre estaba preocupada y se preguntaba si le iba a gustar al público, así que este momento de oración y de visualización le ayudaba a concentrarse y a darle el estado de ánimo adecuado para subir al escenario y dar todo de sí. Y eso fue exactamente lo que hizo en esa noche en el Kodak Theatre antes de subir al escenario y cantar ante un teatro repleto.

Sí, lo logramos, ¡nuestro primer concierto repleto en el Kodak Theatre! Todos estábamos por las nubes. Ella había llenado anfiteatros al aire libre más pequeños, pero nunca algo como esto. Se trataba de una producción completa con accesorios en el escenario y luces, todo lo que uno podía desear, y ella estaba involucrada en cada detalle del espectáculo: desde la coreografía, hasta ver cómo entraba y salía del escenario, pasando por la iluminación fuerte y la suave. Y funcionó. Jen se apropió de ese concierto como si hubiera estado tocando en ese tipo de locales durante años. Era dueña de ese escenario. ¡Todos estábamos muy orgullosos! Era como ver a nuestro pequeño hijo graduarse del jardín infantil. Desde el punto de vista gerencial, tener como referencia a un lugar como ese en L.A., nos ayudó a reservarla en otros lugares, y dio inicio a las giras nacionales. Después de verla manejar ese concierto, supe que íbamos por un buen camino.

Años más tarde, yo estaba hablando con uno de los jefes de seguridad del Kodak Theatre y le pregunté por algunos de los momentos más locos que habían experimentado en el teatro, y me dijo, sin saber que yo había sido parte de él: «Un año, tuvimos a una dama mexicana; todo el público estaba conformado por mujeres, todas estaban borrachas, y no solo vendimos todas las entradas, sino también todo el licor. ¡Nunca he visto tantas mujeres bebiendo tanto como las fans de esa mujer!». Sonreí porque sabía exactamente a qué se refería: Jen no solo había sido la primera artista regional mexicana en actuar en el Kodak Theatre, nada menos que ante un auditorio repleto, pero su concierto también posee el récord de más alcohol vendido. Esa noche de octubre de 2005 fue un hito realmente fantástico: fue el comienzo de una carrera de conciertos repletos en lugares prestigiosos, y de su lanzamiento al estrellato. Como si no hubiera bastado con esa noche, ese mismo mes su álbum *Parrandera, rebelde y atrevida* debutó en el número 20 en las listas *Billboard* para álbumes latinos, ocupando el puesto número 10 solo una semana después. Jen estaba en racha con su carrera musical, estaba enamorada, y después de tanto dolor y de épocas difíciles, las cosas finalmente empezaban a pintar bien. Tal vez el 2005 fue la manera de Dios de darle un respiro y dejar que ella adquiriera la fuerza y la alegría a las que tendría que recurrir al año siguiente, un año que estaría lleno de pruebas y tribulaciones. ¿Quién sabe? Todo lo que sabíamos entonces era que estábamos en un máximo histórico, y que el tiempo para conquistar México finalmente había llegado.

Capítulo 5

La Gran Señora conquista México

jennirivera
@jennirivera

Aun en Tijuana...intentando cruzar la frontera. Recordando el evento de anoche pienso: Que hermosa manera de celebrar su aniversario 123!! Mis respetos para los organizadores. El Sr Carlos Bustamante y funcionarios prepararon una fiesta en orden para su lindo Tijuana. Estoy honrada de que me hayan invitado! Dios los bendiga....siempre!! Los quiero!

2012-08-06

Si triunfar en los Estados Unidos había sido difícil para Jenni, México resultaría ser una batalla aún más dura, pero ella estaba lista para llegar a la cima y no aceptaba el no como respuesta. Fijó su mirada en México, la patria de sus padres, un lugar arraigado en las tradiciones que había aprendido a conocer y amar mientras crecía en Long Beach. Y ahora quería representar a la mujer perfectamente imperfecta en este mundo machista que exigía a las mujeres alcanzar unos estándares irreales de perfección. En los Estados Unidos, poco a poco se estaba convirtiendo en la embajadora femenina de decir las cosas como son y de mantenerlo real, y era inflexible acerca de llevar su música y mensaje a la cada vez más escurridiza audiencia mexicana, que era difícil de conquistar para ella como artista mexicano-estadounidense del otro lado de la frontera, pero Jen estaba dispuesta: era capaz y estaba lista para hacer que esto sucediera.

Gabriel Vázquez, su mánager de giras, tenía conexiones en México, así que empezó a tocar algunas puertas para ver qué podía ocurrir; sin embargo, se encontró con renuencia y escepticismo. Era como empezar de cero otra vez. Lupillo Rivera ya se había hecho un nombre en México, por lo que Jen volvió a ser vista como la hermana de Lupillo, sin importar los avances que había hecho en los Estados Unidos. Eso no contó para nada en México. Sin embargo, Gabo fue persistente y finalmente pudo reservar unas cuantas presentaciones en Nogales, Sonora, una ciudad fronteriza con Arizona, donde la música de Jen ya había logrado cruzar, por lo que estaban ansiosos de presentarse allá. Fue entonces cuando a Gabo se le ocurrió que podrían combinar conciertos en Arizona con este en Nogales para sacar el máximo provecho del viaje, y él podría hacer lo mismo con otras ciudades a lo largo de la frontera. Era su oportunidad, y era así cómo irían avanzando lentamente hacia México, cruzando literalmente la frontera y presentándose en ambos lados.

Los conciertos en México eran pequeños al principio, lo que significaba que el presupuesto no le permitía a Jen llevar su propia banda, pero Gabo estaba listo, y tenía un plan. Podía contratar una banda local que aprendiera la música de Jen y la acompañara en sus conciertos, pero tendrían que llegar un día antes para ensayar, lo que significaba un día menos en casa. Sin embargo, ella sabía que era el precio que tenía que pagar, por lo que aceptó. Tenía su mirada puesta en México, y nada iba a impedir que Jen se hiciera amiga de esta audiencia, sin importar lo difícil que fuera. Como cuando estaba preparada para dar uno de sus primeros pequeños conciertos en Tijuana, y casi nadie asistió.

Gabo la había reservado en un lugar llamado El Rodeo, y había logrado que una estación de radio local patrocinara el concierto. Pero cuando las puertas se abrieron, el lugar permaneció prácticamente vacío. Solo unos pocos seguidores leales merodeaban por el club, pero eso fue todo. Sin embargo, y fiel a su estilo, Jenni dejó su corazón y su alma en ese escenario, porque aunque solo hubiera un puñado de personas, ella quería mostrarles lo agradecida que estaba por su lealtad y su presencia, y quería asegurarse de que la pasaran bien. Al igual que en los Estados Unidos, se trataba de mantener a sus seguidores felices para que ayudaran a correr la voz y traer más amigos a su siguiente aparición. Gabo se sentía incómodo con la emisora radial por la poca asistencia, pero esto solo hizo que Jen y él quisieran trabajar más duro; era un desafío que estaban dispuestos a asumir, pero para poder salir adelante, necesitaban más aficionados que siguieran su ejemplo. Al final de la noche, Gabo se volvió hacia Jenni y le dijo: «Ya verás, la próxima vez que volvamos a Tijuana, será una historia muy diferente».

Gabo sabía que Jen necesitaba más exposición en México para reunir más fans, por lo que decidió hacer sus conciertos en eventos gratuitos organizados por estaciones de radio, llamados *macro eventos*, que contaban con bandas de renombre como La Arrolladora, Valentín Elizalde, El Recodo, e incluso Lupillo Rivera, que atraían más gente, con un promedio de diez a quince mil personas en un solo día. Las bandas menos conocidas eran contratadas para abrir los conciertos; sin embargo, mientras más tarde tocaran, mayor exposición tendrían. Gabo logró que Jen fuera contratada para tres de estos *macro eventos*: en Mexicali el viernes, en Ensenada el sábado, y en Tijuana el domingo. Aunque se trataba de eventos que duraban todo el día, el calor era insoportable en esas ciudades durante el día, por lo que la mayoría de los lugareños esperaban hasta el atardecer para asistir a estos conciertos al aire libre, sabiendo también que sus bandas favoritas por lo general cerraban los espectáculos. Gabo estaba familiarizado con su manera de pensar, así que siguió insistiendo para conseguirle a Jenni una oportunidad en uno de esos codiciados espacios nocturnos. Sin embargo, Antonio Zermeño Naranjo, alias El Pony, una personalidad de la radio local y también el productor de estos tres eventos, se mostró reacio a darle a Jenni un espacio mejor porque no estaba seguro de que el público quisiera ver a una artista relativamente desconocida entre sus bandas favoritas. Quería mantener feliz a su gente, pero Gabo sabía que Jen sería capaz de ganárselos; simplemente necesitaba una oportunidad.

Finalmente, esta oportunidad llegó el domingo nada menos que en Tijuana. Jen ya se había presentado más temprano ese día, pero Gabo le había preguntado a El Pony si podían quedarse detrás del escenario en caso de que se abriera un espacio. El Pony aceptó, pero dijo que no podía prometer nada. Así que esa noche, mientras les echaban un vistazo a las otras bandas y esperaban, El Pony se acercó a Gabo y le preguntó: «¿Está lista para volver al escenario ahora?». Resulta que uno de los artistas estaba retrasado, así que de repente hubo un espacio y tenían que hacerlo a toda prisa. Gabo dijo que sí, le dejó saber rápidamente a Jen, y en un abrir y cerrar de ojos, ella estaba abajo de las escaleras, lista para subir al escenario. El locutor preparó al público y pidió una fuerte ronda de aplausos para… «La hermana de Lupillo, Jenni Rivera». Jen se dio vuelta y le lanzó a Gabo una mirada glacial, y luego continuó e hizo lo suyo. Gabo dice con frecuencia: «Si eso hubiera sido una pistola cargada, yo no estaría aquí para contar la historia». Ella no podía creer que tuviera que volver a lidiar de nuevo con ese calificativo –la hermana de Lupillo–, pero en lugar de darse por vencida, esto solo alimentó el fuego de su deseo de hacerse un nombre para sí misma en México de una vez por todas.

Como era de esperarse, Jen se adueñó del escenario como nadie. Con solo las tres o cuatro canciones que le asignaron para este evento, no solo logró llamar la atención de su audiencia, sino que logró mantenerlos cautivados durante su presentación, ganándoselos en última instancia porque ella era una maestra en el arte de la comunicación. Independientemente de lo grande o pequeño que fuera el escenario o el público, ella siempre logró contagiarlos con su autenticidad, con su toque mágico. Y El Pony, que estaba al lado de Gabo observándola en acción, inmediatamente se dio cuenta de esto y le dijo a Gabo: «Vas a tener una gran carrera con ella, ya verás». «Oh, ya lo sé», dijo Gabo. «Un día ella triunfará en grande, un día verás que toda esta gente estará aquí para verla a ella y solo a ella en el escenario». Jen tuvo una presentación tan maravillosa y estaba tan extasiada, que cuando salió del escenario, se había olvidado de haber sido anunciada como la hermana de Lupillo. Gabo recuerda ese día como si fuera ayer por el trabajo increíble que había hecho ella, y también porque marcó el comienzo de su ascenso lento y constante en México. Sin embargo, aún faltaba mucho por hacer para que su carrera despegara en grande.

Para conseguir más aficionados mexicanos, Jen necesitaba mayor difusión a nivel local, y para que esto sucediera, necesitábamos un fuerte impulso de su sello discográfico, por lo que acordamos una reunión con José Behar, el entonces presidente y CEO de Univisión Music Group. Mientras nos sentábamos en su enorme oficina en una esquina del edificio y admirábamos las paredes llenas de placas de artistas que habían sido nuestra inspiración durante años, José entró, nos saludó y empezó a elogiar a Jenni por su carrera ascendente, pero ella lo interrumpió y fue directo al grano, como siempre: «José, necesito entrar a México». Él sonrió y explicó que era un mercado difícil, diferente al estadounidense. Entonces ella respondió: «Si no entro a México, tendré que convertirme en *stripper*, y no quieres que tu artista sea una *stripper*, ¿verdad?». Ella continuó hablando, mostrando ese encanto que hacía que fuera tan difícil decirle que no. Como tantos otros, José cedió. Hasta el día de hoy, cuando me tomo un cafecito con José, él dice todavía: «Esa mujer simplemente no aceptaba un no como respuesta. Te miraba con esos ojos de niña, y era simplemente imposible decirle que no». Así que prometió apoyarla en México y pedirle a su equipo que empezara a promocionarla allí, pero eso no significaba que fuera fácil. Para que todo esto valiera la pena, ella tendría que hacer una gira promocional por México, visitar cada estación radial, ir a programas de televisión locales, y hacer lo que fuera necesario para ayudar a promover su trabajo en persona. José apostó por Jenni, realmente necesitábamos su apoyo y lo conseguimos, y ahora era el turno de Jen para aprovechar esta oportunidad y convertirla en otro éxito.

En aquel entonces, también teníamos a Arturo Rivera en nuestro equipo, quien reemplazó a Yanalté Galván una vez que su relación comercial llegó a su fin. Arturo, que vivía en México, era el hombre de la música regional mexicana que había manejado a todos los grandes artistas, y tenía todas las conexiones importantes y la influencia en los medios para crear la historia de fondo de Jenni y asegurarse de que fuera conocida por sus canciones y su mensaje, y no por ser la hermana de Lupillo. Ingresar en este mercado sexista no sería fácil, y menos aún como una mujer que trataba de hacerlo a través de un género cargado de machismo, pero Jen había lidiado toda su vida con el machismo profundamente arraigado en nuestra cultura latina, por lo que sabía ser sexy y firme, y tenía los cojones para manejar esto como toda una profesional.

A semejanza del rock and roll, la competitividad en la música banda es palpable, y era aún más difícil para una mujer. Todo el mundo miraba a Jenni y pensaba: *Sí, claro, ¿qué vas a hacer? ¿Desnudarte para llamar la atención?* Y Jen decía: «No, mírenme. Miren lo que hago». Jen no quería ningún privilegio especial, solo quería que la trataran como a uno de los chicos. Podía beber como ellos y mantenerse firme en su presencia gracias a su ingenio, su encanto y su forma directa de ser, y sabía que podía competir de igual a igual con ellos en este género musical, porque ella tenía piel gruesa y un público con el que ninguno de ellos podía competir: las mujeres. Sus canciones, su historia y su mensaje eran por y para las mujeres, un público desatendido que estaba listo para acoger con entusiasmo todo lo que ella tenía para ofrecer porque no era solo una celebridad, sino también una de ellas. Esa capacidad de comunicarse con las mujeres en un nivel tan personal había sido crucial para su éxito en los Estados Unidos, y también resultaría crucial en México, porque con las mujeres de su lado, ella también se ganaría inevitablemente a todos los maridos, padres y novios machistas, y eso fue exactamente lo que pasó.

Gabo y Jen emprendieron su primera gran gira promocional en México, empezando por Tijuana, Baja California, y pasando luego a Sonora, Sinaloa, Jalisco, Guadalajara, hasta que finalmente aterrizaron en Ciudad de México. Y esto no era una broma: estaban conduciendo de ciudad en ciudad y visitando cada estación de radio y televisión durante su ofensiva promocional. Necesitaban que los medios de comunicación y el público vieran el ingenio y el talento de Jen, y la única manera de hacerlo era en persona y dejarlos cautivados.

Mientras tanto, en casa, Jen estaba en medio de su divorcio de Juan López, haciendo todo lo posible para equilibrar su vida laboral y familiar y estar lo más presente posible para sus hijos, por lo que decidió llevar a Johnny —su hijo menor—, a esta gira promocional, para estar a su lado, consolarlo y pasar tiempo con él. Johnny tenía apenas unos tres o cuatro años, estaba lleno de vida y era inquieto, como cualquier otro niño de esa edad, y no había nanas ni niñeras a la vista, así que fue un reto para Gabo, por decir poco. Mientras Jenni hacía sus entrevistas promocionales, Gabo asumía el papel de niñera, pero a veces Johnny se le escapaba y entraba a la sala, interrumpiendo la entrevista, y a veces incluso acaparando la atención de los anfitriones. No tenía miedo del micrófono ni de ser el centro de atención, tanto que a veces los anfitriones trataban de entrevistarlo directamente, pero su español no era lo suficientemente bueno para mantener una conversación, lo que no significaba que no lo intentaran. Gabo recuerda que la única manera en que Jen podía controlarlo, era diciéndole: «Si no te comportas, tendré que ir a comprarte un nuevo papá». Y él respondía: «No, Mamá, por favor, ¡no!». Eso lo tranquilizaba de inmediato porque adoraba a su padre.

Juntos, Gabo y Jen tocaron las puertas de cada estación radial y promovieron como nadie su trasfondo y su música. Trabajaban como un frente unido y eran imparables; eran ellos contra el mundo en México. Gabo asumía el papel de niñera mientras Jen hacía sus entrevistas, luego salía y hacía relaciones públicas para ella, y si el conductor no estaba disponible para la gira, Gabo se sentaba detrás del volante y los llevaba a su destino, sin quejas, recelos ni reservas. Sabían que tenían que enrollarse las mangas y trabajar duro, y eso fue exactamente lo que hicieron. Sus días comenzaban muy temprano y terminaban muy tarde, pero tenían que seguir adelante.

Como recuerda Gabo, había dos canciones que estaban promoviendo en esta gira promocional. La primera era «Qué me vas a dar si vuelvo», que gustaba mucho, pero en esa época La Arrolladora estaba promocionando su versión de esa misma canción. La Arrolladora era una banda muy conocida en México, por lo que, si la estación de radio tenía que elegir entre las dos, ya que no podían promocionar ambas canciones, muchos prefirieron hacerlo con La Arrolladora. Aun así, la versión de Jenni se estaba volviendo popular. Sí, era una versión Banda de la canción al igual que La Arrolladora, pero la novedad era oír a una mujer cantarla. Sin embargo, La Arrolladora era más fuerte que Jenni, así que Gabo decidió que su mejor opción era promover otra de sus canciones del álbum *Parrandera, rebelde y atrevida*, «De contrabando», una canción de Joan Sebastián. Ese fue el cambio en el juego que habíamos estado buscando. «De contrabando» fue un gran éxito y se convirtió en su primer sencillo fuerte tanto en Estados Unidos como en México. Jenni había conseguido finalmente un bastión en el mercado mexicano, y ya no había forma de detenerla. El apelativo de «la hermana de Lupillo» quedó finalmente en el pasado y el teléfono comenzó a sonar a todas horas. No solo nos estaban reservando en lugares más grandes en los Estados Unidos, sino que ahora México también quería a Jenni.

Con el apoyo de José Behar, las conexiones de Arturo Rivera y la dirección de Gabriel Vázquez en México, Jen estaba siendo reservada como la atracción principal en ferias de condado y palenques, que son una especie de rodeos y están en todo su furor en México. Esto nunca había sido hecho por una mujer y nadie esperaba que recibiera una respuesta tan cálida como la que tuvo. El público mexicano se apartaba generalmente de una multitud mayor que escuchaba música ranchera y se constituía en un público más joven que escuchaba pop, donde el sexo vende, así que cuando Jenni vino, ayudó a unir a estos dos públicos con su sonido, su encanto y su historia de vida. Como madre de cinco hijos, era considerada una *señora*, pero también era increíblemente joven de corazón y sabía cómo comunicarse con las nuevas generaciones a través de su música. Para rematar, sus espectáculos estaban a la altura de cualquier otro gran artista mexicano; ya había acumulado una gran experiencia en los Estados Unidos, por lo que había dominado su oficio y sabía cómo manejar a su público como un titiritero profesional, y este había quedado cautivado. Luego, en la primavera de 2006, fue contratada para cantar en un gran palenque en Guadalajara, que fue un éxito enorme, y entonces todos supimos que lo había logrado. Con la combinación de su talento, encanto, experiencia y el equipo adecuado, ahora México era suyo para siempre.

Los conciertos más grandes y más frecuentes significaron más viajes hacia y desde México, lo que significó también más días en el camino con giros inesperados. Gabo se mantuvo pendiente de Jen para asegurarse de que llegara a tiempo a todos sus compromisos, pero no fue fácil, ya que Jen era famosa por llegar siempre tarde, y él lo sabía. Si tenían que salir de un hotel a las 6:00 de la mañana para tomar un vuelo, Gabo comenzaba a llamarla a las 5:30 para asegurarse de que estuviera lista, y luego iba a su habitación, solo para encontrarla corriendo frenéticamente de un lado al otro con su ayudante arrojando cosas en las maletas abiertas y a medio llenar.

Eventualmente se las arreglaban para salir a las carreras y, sin importar lo temprano que comenzaran su día, siempre llegaban tarde al aeropuerto, abordando al avión justo en el último minuto. Gabo hablaba con alguien en el mostrador de la aerolínea o en la línea de seguridad, explicando que estaban retrasados, y que, si no se apresuraban, el avión dejaría a Jenni Rivera y no llegaría a su próximo concierto. A veces esto funcionaba, a veces no, pero de alguna manera, siempre se las arreglaban para viajar. Cuando finalmente abordaban el avión, Gabo recuerda que Jen aprovechaba el tiempo de vuelo para recuperar el sueño perdido o leer. Le encantaba leer libros espirituales o de autoayuda, cualquier cosa que pudiera inspirarla y ayudarla a mejorar su vida.

Una vez que llegaban a su destino, se registraban en el hotel y luego, si ella tenía hambre, Gabo siempre buscaba un restaurante que sirviera el plato clásico de la ciudad o del pueblo. Eso era lo que le encantaba a Jenni. Así que, si estaban en Guadalajara, le daban ganas de comer *carne en su jugo*; si estaban en Monterrey, pedía *cabrito asado*. Después de comer, regresaban al hotel, donde Jen descansaba y se preparaba para su espectáculo. Por supuesto, siempre tenían que salir corriendo en el último minuto para llegar a tiempo. Cuando estaban retrasados, ella se arreglaba en el carro y salía con su micrófono en la mano y empezaba con el espectáculo, caminando directamente al escenario para vérselas con la multitud ansiosa. La audiencia a veces se molestaba por su demora, pero se olvidaba de esto tan pronto la veían en el escenario. Esa era una parte de la magia de Jenni. Sabía cómo conquistar a su audiencia sin importar las circunstancias. Ellos quedaban cautivados por su encanto y su autenticidad. Gabo recuerda con frecuencia que a veces, después de pasar mucho tiempo cantando y bebiendo con sus fans en el escenario, ella sentía necesidad de ir al baño, pero en vez de hacer una pausa calculada de antemano, simplemente les decía a sus oyentes: «Esperen, tengo que ir a orinar, ya vuelvo», y abandonaba literalmente el escenario, iba al baño y regresaba y seguía cantando como si fuera la cosa más normal. El público la amaba por eso. La amaban por ser esa mujer perfectamente imperfecta con la que podían identificarse.

Una vez que el show terminaba, si Jen tenía hambre, Gabo se aseguraba de tenerle algo para comer, o paraban en algún lugar para comprar un bocado, y luego regresaban al hotel, donde Jen se iba directamente a la cama. Como me dijo Gabo: «Ella cruzaba la puerta de la habitación de su hotel, se iba directamente a la cama, se metía bajo las sábanas y se dormía al instante. Ni siquiera se tomaba el tiempo de ponerse el pijama. Todos podríamos estar charlando en la habitación, y ella dormía plácidamente a nuestro lado». Ese era un típico día de gira con Jen y con Gabo.

Como dije antes, la vida en la carretera, ya fuera en los Estados Unidos o en México, significaba sacrificar tiempo con sus hijos, así que ella sacaba cada momento libre que tenía para llamar a sus hijos y ver cómo estaban. Se aseguraba de estar siempre en contacto con ellos, aunque estuviera en otro país. Los echaba de menos. Sí, quería seguir su pasión y hacer lo que amaba, pero el precio que tenía que pagar, el sacrificio de no estar con sus hijos, le dolía mucho, aunque sabía que su éxito les daría una vida mejor. Por esta misma razón, aunque se retorciera con los calambres menstruales o se sintiera mal, ella sabía que el espectáculo debía continuar. Si iba a sacrificar tiempo con sus hijos, no había la menor duda de que ella se presentaría en todos los espectáculos y asistiría a todos los eventos y reuniones para justificar su ausencia de casa. Sí, ella podría llegar tarde, pero siempre lo hizo. Su ética de trabajo era impecable. Sabía que era el sustento de su familia y que dependían de ella para llevar comida a la mesa y nada iba a detenerla, a menos que se tratara de una emergencia médica, algo que Gabo experimentó de primera mano en Guadalajara en 2007.

Era un sábado y Gabo y Jenni viajaban desde León, Guanajuato, a Guadalajara, donde ella debía presentarse el domingo en una ciudad cercana. Cuando llegaron a Guadalajara, Jen tenía un dolor de estómago realmente fuerte, pero eso no la detuvo. Como de costumbre, se registraron en el hotel, luego fueron a almorzar algo, y regresaron al hotel para descansar antes de viajar a la ciudad donde se presentaría al día siguiente. Gabo le preguntó si necesitaba algo, si quería que llamara a un médico para tratar sus problemas de estómago, pero ella dijo que no. Había tomado algunos calmantes para el dolor y esperaba que surtieran efecto mientras descansaba esa tarde. Así que acordaron reunirse a las 9:00 de la noche para continuar su viaje; sin embargo, dos horas después, Gabo recibió una llamada de Jen en su celular. Cuando respondió, ella le dijo desesperada: «Gabo, llévame al hospital, por favor, no aguanto más el dolor, ¡por favor, llévame al hospital!». Gabo la calmó, colgó, llamó a algunos amigos para preguntarles qué hospital sería el mejor para ella, luego llamó a su ayudante, la recogió y se dirigió directamente al Hospital Jardines de Guadalupe. Apenas entraron a la sala de emergencias, Jen fue hospitalizada. Debido a sus síntomas, el personal médico creyó que se le había reventado el apéndice y que había que operarla de inmediato; era una situación de vida o muerte. Gabo recuerda que ella lloraba debido al dolor, que era insoportable. Mientras la preparaban para la cirugía, ella le entregó sus pertenencias, y en ese instante sonó su teléfono. Gabo contestó; era Jacqie, y tuve que darle la noticia.

—Tu mamá no se siente bien, parece que tiene problemas en el apéndice y la están llevando a la sala de cirugías.

Jacqie lo escuchó y luego dijo:

—¿Puedo hablar con ella?

Jenni oyó la conversación de Gabo y, en medio de sus lágrimas de dolor, le dijo que le pasara el teléfono. Mientras tanto, ya estaba en la camilla que se dirigía hacia el quirófano. Jacqie había cumplido dieciocho años ese día y estaba llamando para decirle a su mamá que ahora que tenía la edad legal, había decidido que era hora de irse de la casa. Quería ser una mujer independiente y ganarse la vida por sí misma.

—Princesa, por favor, espera hasta que vuelva a casa —suplicó Jenni mientras iba en la camilla.

—No, mamá, mis cosas ya están en el carro y ya casi me voy.

Jen no podía creer lo que escuchaba. No tuvo más remedio que colgar el teléfono porque había que operarla de urgencia. Mientras le pasaba el teléfono a Gabo, empezó a llorar, no solo por el dolor físico, sino también por el dolor de no poder estar en casa para platicar con su hija adolescente. Gabo hizo todo lo posible para calmarla hasta que la llevaron a la sala de cirugías y tuvo que esperar afuera.

Esa fue la personificación de Jenni. Sin importar lo que le estuviera pasando, sin importar cuánto dolor pudiera sentir, sin importar lo difíciles que fueran las circunstancias, sin importar dónde estuviera en el mundo, ella siempre trataba de ayudar a su familia. Y esto no se aplicaba únicamente para sus hijos, sino también para sus padres, hermanos y familiares. Si la llamaban para pedirle dinero, se los daba sin hacer preguntas, incluso cuando las sumas ascendían a diez, veinte o treinta mil dólares. Sentía que era su obligación retribuirles, especialmente cuando comenzó a tener éxito. Y en cuanto a sus hijos, aunque nunca tuvieron que pedirle dinero, ella siempre hizo todo lo posible para estar ahí para ellos, sin importar lo demás, aunque esto significara recibir una llamada de su hija rebelde y adolescente mientras era conducida a cirugía de vida o muerte. Su amor por ellos no tenía límites ni fronteras.

Afortunadamente, la cirugía salió bien. Gabo tuvo que cancelar su espectáculo del domingo, la madre de Jen viajó a Guadalajara para estar a su lado, y tan pronto el médico le dio la luz verde, regresaron a Los Ángeles.

Mientras tanto, su popularidad siguió aumentando. Para su último disco, *Mi vida loca*, Rocío Sandoval, conocida como «La Peligrosa», quien era una locutora radial de Los Ángeles, le

Chiquis, Gloria Solis, Jenni y Jaylah.

Chiquis, Jacob Yebale, el maquillista de Jenni, y Jenni.

Edward James Olmos, Jenni y Chris Perez.

Pete con el elenco de *Filly Brown*: Chrissie Fit, Lou Diamond Phillips, Jenni y Gina Rodríguez.

Gabo y Jenni.

Gabo y Jenni.

Sesión fotográfica para *I Love Jenni*: Jaylah, Mikey, Esteban, Jenicka y Johnny.

Jacob Yebale dándole los últimos retoques a Jenni la Diva de la Banda, antes de una presentación.

Jenni y Pete, con su Premio Lo Nuestro 2008 en la categoría de Artista Femenina del Año de Música Regional.

El 40 cumpleaños de Jenni. De izquierda a derecha: Elena Jiménez, Delia Hauser, Jacob Yebale, Pete, Gloria Solis y Gabo.

Jenni después de un concierto con entradas agotadas en el Nokia Live.

Jenni en la celebración del grado de Jenicka.

Jenni en entrevista con Mario López.

Jenni en su oficina
en casa.

Jenni en el sello discográfico, lista para empezar a trabajar.

Una de las muchas donaciones de Jenni al Children's Hospital de Los Ángeles.

había mencionado una canción a Jen que había sido un gran éxito en México y que pensaba que sería perfecto para ella. Jen la escuchó, le gustó, y decidió incluirla en este álbum, haciendo su propia versión al estilo banda. Esa canción fue «Mírame», y también ascendió en las listas y alcanzó el número uno en Estados Unidos y México. Eso fue todo, ese fue el comienzo del resto de su carrera llena de éxitos. Ella hizo que estos continuaran sucediendo, su popularidad siguió creciendo, y recibió innumerables oportunidades de trabajo; sin embargo, su vida personal estaba en ruinas.

Capítulo 6

Pruebas y tribulaciones

 **Jenni Rivera** ✔
@jennirivera

"I'm infamous for falling...but I'm notorious for getting back up"....Jenni Rivera

10/7/12, 12:12 PM

241 RETWEETS **151** LIKES

↩ ⇄ ♥ •••

En la primavera de 2006, Jenni estaba próxima a convertirse en una estrella en los Estados Unidos y México. Se había presentado en el Kodak Theatre y finalmente había tenido su primer gran éxito en México con la canción «De contrabando». Esto fue abriendo nuevas puertas que le permitieron cantar en un *palenque importante* en Guadalajara, que fue el comienzo de muchas más giras y de escenarios más grandes en México. Como si eso fuera poco, su álbum *Parrandera, rebelde y atrevida* no solo había entrado en la lista de los 20 mejores álbumes latinos de *Billboard*, sino que también había sido disco de oro en México, y de oro y platino en Estados Unidos. Por fin, su carrera iba por buen camino y ella estaba cumpliendo sus metas y haciendo sus sueños realidad. Sin embargo, no se podía decir lo mismo de su vida personal.

En abril de 2006, su primer esposo, José Trinidad «Trino» Marín, que había estado huyendo de la justicia desde que ella lo acusara por agredir sexualmente a su hermana e hijas, finalmente fue detenido por el FBI. Así, mientras su divorcio de su segundo esposo, Juan López, fue decretado finalmente el 9 de junio de 2006, en lugar de poder celebrar el cierre de este capítulo en su vida y seguir adelante, la horrible batalla en la corte contra Trino fue tomando forma lentamente, un juicio que comenzó en abril y duró catorce meses, y que ocupó rápidamente el centro del escenario en su vida y en los medios de comunicación.

EL EXMARIDO DE JENNI RIVERA ENCONTRADO CULPABLE DE ABUSO SEXUAL

Cuando comenzó este juicio, yo conocía mejor a Jenni. Ella siempre hablaba sin rodeos, lo que la hacía genuina y entrañable para sus fans, pero también le causaba problemas cuando se trataba de proyectarla con los medios de comunicación. Mi instinto siempre había sido mantener sus asuntos privados en la mayor privacidad posible, para mantener bajo un control cuidadoso aquello que saliera a la luz pública, pero Jen veía las cosas de un modo diferente. Ella había decidido que quería hacer pública esta historia con la esperanza no solo de llevar justicia a su familia, sino también de ayudar a otras víctimas que habían sufrido los mismos actos criminales, pero que tenían demasiado miedo para manifestarse y dejar que sus voces fueran escuchadas. Aunque el abuso sexual desafortunadamente no es tan raro como pudiéramos pensar, definitivamente era poco común hablar de ello abiertamente en nuestra comunidad latina, especialmente si eras una celebridad. Sin embargo, Jen no era la típica figura pública. No le importaba hablar de temas tabúes porque era una luchadora y quería hacer lo que estuviera en el mejor interés de todos, aunque eso significara ser examinada minuciosamente por los medios.

Fue un juicio largo y angustioso. Ella y su familia tuvieron que ir a la corte una vez al mes durante catorce meses, y muchos medios de comunicación criticaron a Jenni por someter a Rosie y a Chiquis a una batalla pública, afirmando que esto era solo un truco publicitario para conseguir más atención. Algunos incluso les decían mentirosas, pero Jen no les prestó importancia a esas acusaciones y siguió adelante. Yo no estaba de acuerdo con su método al principio, pero tampoco trabajaba con ella en ese momento, así que no tenía mucho que decir en calidad de mánager.

Jen y yo habíamos tenido una discusión ese año con respecto a unos boletos para asistir a un evento de premiación. Ella pensaba ir con su familia y también con Gabriel, y yo me enojé al ver esto como un asunto de favoritismo. Sin embargo, más tarde supe que Gabo había adquirido sus propios boletos. Probablemente debí haberme olvidado de eso, pero seguí discutiendo con ella y terminamos peleando. No era un asunto lo suficientemente serio como para terminar con nuestra relación, pero estaba claro que ambos necesitábamos una pausa, así que Jen sugirió que me fuera a trabajar un tiempo con su hermano Lupillo para ver si podía ayudarlo a relanzar su carrera, que había decaído recientemente. Acepté, apreciando la oportunidad y viéndola como un desafío y una manera de demostrarle el valor de mi trabajo. Sin embargo, Jen era mi hermana en todos los sentidos de la palabra, nuestro vínculo era fuerte y profundo, y aunque estábamos enojados y tomamos caminos separados durante un año, no por ello estuvimos alejados. Nos extrañamos inmensamente y nos propusimos mantenernos en contacto, estando ahí el uno para el otro cuando necesitábamos apoyo. Por ejemplo, en el juicio de Trino. Estuve ahí para ella en la medida de lo posible durante todo el juicio, asistí a muchas sesiones de la corte, estando a su lado y dispuesto a hablar y ayudar según fuera necesario. Y, como siempre, seguí hablándole con claridad y diciendo las cosas como eran, con la esperanza de que mis pensamientos o sugerencias pudieran ser de ayuda.

—Jen, no estoy tan seguro de que este sea un tema adecuado en este momento. Tu carrera va muy bien, y bueno, todo esto puede tener un gran costo.

—Pete; ¡es algo que tengo que hacer como madre, no como artista! —dijo con firmeza—. No se trata de mi carrera, sino de una madre que busca justicia para sus hijas y hermana.

Yo entendía sus motivos y comprendía su situación, pero tenía mis dudas porque esto no solo la involucraba a ella. Ahora su hermana e hijas tendrían que confrontar su pasado mortificante y a su abusador directamente ante la opinión pública, obligadas a revivir momentos aterradores que habían intentado enterrar en lo más profundo de su interior. Así que hablé en defensa de ellas.

—Jen, se trata de sus vidas, no de la tuya.

—Sabes, Pete, si no hablo de eso, sería un motivo más para justificar por qué nuestra gente y nuestra comunidad no habla de esto, aunque les haya sucedido a muchas personas.

Ella comprendió que les esperaban días angustiosos, pero también se negó a acurrucarse en silencio en un rincón y dejar que este cabrón se saliera con la suya. Había llegado el momento de enfrentarse a él de una vez por todas, y también de ayudar a otras personas a hacer lo mismo. Y fue entonces que entendí. Finalmente me di cuenta de que yo había estado reaccionando a la situación como todos los miembros conservadores y anticuados de nuestra comunidad, tratando de mantener este tema tabú en silencio y en la intimidad de las vidas de las víctimas, barriéndolo bajo la alfombra, sin saber cómo lidiar con una situación tan impensable.

Ojos que no ven, corazón que no siente. Pero Jen tenía toda la razón. Alguien necesitaba plantear los problemas incómodos y abordarlos de frente, alguien tenía que salir y decir que el abuso sexual no estaba bien, que era inaceptable, y que si llegaba a ocurrir, las consecuencias serían nefastas, y que ese alguien en este caso era Jenni. Ella estaba derribando paredes.

—Tenemos que hablar de esto en público porque solo así podremos sanar y asegurarnos de que otras niñas y víctimas futuras no sientan que la culpa es suya. Quiero que todos sepan que está bien hablar. Nadie debería tolerar nunca semejantes abusos —dijo ella con firmeza.

Lo que siguió fue una prueba dura, terrible y emocionalmente agotadora. Jen se vio obligada a desarrollar una piel más gruesa y a volverse tan dura como el hierro. No podía darse el lujo de detenerse; sabía que debía presionar para que su familia pudiera sellar el asunto y poder avanzar y perdonarse a sí misma por todo lo que había sucedido. El abuso había comenzado casi dos décadas atrás, y había llegado el momento de ponerle punto final de una vez por todas.

Jen conoció a Trino y empezó a salir con él en 1984. Ella tenía quince años y él veintitantos, y el día en que perdió la virginidad con él, quedó embarazada. Así nomás. Como venía de una familia tradicional, hizo lo que se esperaba de ella y se fue a vivir con él, se casó y asumió su responsabilidad como esposa y madre, mientras trataba de graduarse de la escuela secundaria, a pesar de que él le insistía en que su nuevo papel era permanecer en la casa y olvidarse de la escuela por completo. Luego, comenzó a ser víctima de violencia doméstica. Él le daba cachetadas y la golpeaba, hasta que un día, en el verano de 1992, ella tuvo finalmente el valor de dejarlo para siempre. En ese momento, ya tenía tres hijos con él. Sin embargo, este no fue el fin de su drama. Cinco años más tarde, se enteró de que Trino no solo la había golpeado a ella, sino que también había abusado sexualmente de su hermana Rosie y de sus hijas, Chiquis y Jacqie. Jen estaba absolutamente devastada. Poco sabía ella que esta sería la cruz que cargaría por el resto de su vida, sin perdonarse nunca por no poder prevenir esto ni proteger a su hermana e hijas de semejante trauma.

Fue por esto que el juicio era tan importante para Jenni. No solo quería un final para todas ellas, sino que también quería hablar en público y tratar de ayudar para darles a otras víctimas el valor o la voz para recibir la ayuda que merecían. Creo firmemente que esta fue una de las razones por las que Jen se convirtió en una voz tan fuerte para las latinas. No se trataba solo de su música, sino de su postura y de las medidas que tomó para expresar sus problemas y preocupaciones y combatir la discriminación, el abuso y las innumerables injusticias que estas mujeres estaban sufriendo en silencio. Esa fue exactamente la razón por la que había mujeres latinas mayores que eran dominicanas o cubanas o puertorriqueñas a quienes no podían importarle menos la música banda, pero que eran fans incondicionales de Jenni Rivera. Aunque nunca la oyeron cantar, habían oído su historia en los programas de Don Francisco o Cristina, y podían identificarse con ella, al igual que las madres solteras y quienes sufrían abuso o traición. Jen fue su representante, y se convirtió por lo tanto en la voz de una multitud de mujeres de diferentes generaciones y países. Cuando Jenni les compartió este juicio a través de los medios de comunicación, su mensaje era claro: había llegado el momento de dejar de sonreír tímidamente y de aguantar abusos; había llegado el momento de hablar y romper con ese silencio anticuado que las estaba carcomiendo por dentro; era hora de buscar justicia.

Así, mientras estaba de gira por los Estados Unidos, conquistando el escenario mexicano y subiendo a la cima de las listas por primera vez en su carrera, Jen programó todas sus reuniones y eventos laborales en torno a las sesiones de la corte. Ya fuera que viajara a México o se presentara a nivel local, se aseguró de suspender sus actividades justo a tiempo para asistir a todas y a cada una de esas sesiones durante los siguientes catorce meses, acompañada siempre de su familia, y apoyándose mutuamente a cada paso del camino. Estuve allí muchos de esos días, viendo cómo transcurrían las cosas, y recuerdo que se me hizo extremadamente difícil ver a Rosie, Chiquis y Jacqie revivir esos traumas dolorosos de su pasado. Muchas noches después de las sesiones de la corte, Jen se desahogaba y me expresaba sus preocupaciones en una de nuestras pláticas sinceras. Estaba especialmente preocupada por Chiquis, que parecía ser la más afectada por todo esto. Jen quería consolarla, pero tuvo muchísimas dificultades para hacerlo. A Chiquis le costaba mucho aceptar el hecho de que el hombre que debería haber sido su figura paterna saludable, quien supuestamente la protegería de todo daño, fuera el culpable de su trauma insoportable.

En mayo de 2007, el jurado le dio a Jenni el regalo que esperaba recibir en el Día de la Madre: Trino fue declarado culpable de seis de nueve cargos de agresión sexual y violación. Y en junio fue condenado a treinta y un años de prisión. Yo estaba en la sala cuando se leyó el veredicto y nunca olvidaré la reacción de Trino. Su fría cara de piedra no reveló ninguna emoción ni remordimiento: nada. Fue algo increíblemente escalofriante. Mientras tanto, en el lado de la corte donde estaban los Rivera, sus ojos se llenaron de alivio, y Jenni finalmente se desmoronó y dejó que las lágrimas resbalaran libremente por sus mejillas. Había pasado los últimos catorce meses como la columna que sostenía a su familia, absorbiendo todos los golpes y críticas, firme y con la mirada fija en el objetivo final: poner a este monstruo tras las rejas. No había nada que hiciera claudicar a esta madre protectora; había luchado con todas sus fuerzas y ahora estaba recibiendo por fin el cierre emocional que ella y sus hijas merecían.

El juicio supuso definitivamente un final concreto a este período infernal en sus vidas, pero sus consecuencias tuvieron efectos duraderos en todas ellas. Jacqie seguía preguntando por qué Trino había hecho algo semejante. Era demasiado joven para recordar el abuso que había sufrido, pero aún quería darle sentido a todo esto. Mientras tanto, Chiquis ansiaba poder perdonarlo. Esperaba tener la oportunidad de visitarlo un día, tener una plática abierta y honesta, y decirle finalmente en la cara: «Te perdono». Sin embargo, también se sentía conflictuada, más aún con la reacción de su padre, así como con la forma en que la familia de este había manejado toda la situación. Nunca dejaron de decirles mentirosas a ella, a Jen y a Rosie, acusándolas de mentir para perjudicar a Trino. Era debilitante para el alma, por decir poco.

Sin embargo, también hubo un consuelo inesperado después del juicio: más víctimas reunieron el coraje para hablar. Esto comenzó cuando otros miembros de la familia Marín hablaron en contra de Trino y dijeron que habían sido víctimas también de sus abusos. Y luego se produjo una avalancha de cartas de personas que, después de ver el juicio en los medios de comunicación, se sintieron obligadas a compartir sus historias de abuso y violación, algunas incluso pidiendo ayuda. Fue doloroso, revelador, y de alguna manera reconfortante sacar finalmente todo a la superficie y darse cuenta de que no estaban solas.

EL AMOR NO PUEDE CONQUISTAR TODO

Entretanto, la vida siguió transcurriendo, y mientras Jen lidiaba con esta secuencia tormentosa de acontecimientos, logró otro sueño: finalmente fue contratada para cantar en el Gibson Theatre el 5 de agosto de 2006, y lo hizo ante un escenario repleto. A pesar de haber trabajado incansablemente para lograr este sueño, seguía sin creer que tanta gente siguiera asistiendo para ver a esta chica de Long Beach hacer lo suyo en el escenario. Ella estaba absolutamente en las nubes de tanta alegría. Pero el éxito siempre fue agridulce para Jen. Aparte de la prueba desgarradora que estaba viviendo, su vida amorosa también se estaba haciendo pedazos.

Jen y Fernando habían tenido una relación intermitente durante los últimos tres años. A veces era tumultuosa, pero su amor mutuo parecía prevalecer siempre, hasta el verano de 2006. Esa fue la primera vez que se dejaron por mucho tiempo, tomándose un respiro de seis meses para averiguar lo que querían y cómo abordar mejor sus situaciones. El momento no podía haber sido peor para Jen. Le habría encantado estar con su alma gemela para celebrar sus triunfos y apoyarla en los momentos difíciles. Por fin, cuando terminó el 2006, Jen cedió y acudió a Ferni en busca de apoyo, con la esperanza de volver a estar juntos, sin imaginarse que esta vez encontraría a un hombre muy cambiado.

Fernando es un gran tipo, pero en esa época estaba luchando contra la adicción. Jenni lo sabía y permaneció a su lado, ofreciéndose siempre a cuidarlo, pero él era orgulloso. En todo el tiempo que estuvieron juntos, Ferni nunca dependió de Jenni, y no estaba dispuesto a hacerlo ahora. Siempre trataba de encontrar un camino; sin embargo, cuando se trata de drogas fuertes, a veces no puedes hacerlo solo.

Todos tenemos demonios que queremos superar al momento de enfrentarlos, y creo que la adicción a las drogas de Fernando fue básicamente un escape de sus inseguridades y una forma de relajarse de las tensiones de la vida. Él fumaba hierba cuando Jen lo conoció, y sus adicciones empeoraron a medida que pasaron los años, consumiendo drogas más fuertes que empezaron a enturbiar su personalidad y su relación. Sin embargo, aunque estuvieran en una de sus famosas pausas, Jen siempre estaba ahí para él, a una llamada telefónica de distancia. Si la mamá de Fernando la llamaba para pedirle ayuda, ella subía a su carro, lo recogía y lo llevaba a casa o a un centro de rehabilitación. Nunca envió a nadie; lo hizo ella misma. Y también iba a los proyectos donde vivían ellos, y lo visitaba en los días siguientes para asegurarse de que estaba bien.

Sin embargo, cuando ella se acercó a él a finales de 2006 y trataron de darle otra oportunidad a su relación, Jen comprendió rápidamente que Fernando se había vuelto adicto a la metanfetamina cristalizada. Se trataba de algo que estaba totalmente fuera del alcance de Jen o de cualquier persona. Se despertaba a medianoche gritando, paranoico, pensando que ella quería matarlo, alucinando y diciendo que él sabía que ella había llamado a sus hermanos y les había pedido que lo mataran. Jen lo acariciaba con ternura y le explicaba con paciencia que estaba siendo presa del pánico y que todo estaba bien, que nadie iba a matarlo y que debía tratar de descansar un poco. Verlo así era desgarrador para Jen. Todo lo que quiso en la vida era alguien que la cuidara y la hiciera sentir segura, y pensaba honestamente que Fernando sería esa persona. Estaba cansada de ser la que siempre cuidaba a sus hombres, que dependieran de ella; era un papel que ya no quería desempeñar en sus relaciones. Esta fue una de las razones por las que su relación con Fernando se había vuelto tan volátil. Ella sabía en el fondo que sus adicciones eran un obstáculo y que no era el tipo de hombre con el que quería que sus hijos crecieran como un modelo a seguir. Él tenía muchas cualidades sorprendentes que la hacían sentirse completa, feliz y comprendida, pero este asunto era demasiado importante para ignorarlo.

Imagina que finalmente encuentras a tu alma gemela solo para descubrir que no podrás estar con él. Una telenovela no tiene nada que ver con esta historia. Fernando era el amor en la vida de Jen, el hombre de sus sueños en muchos aspectos, su inspiración musical y su mejor amigo, pero ella aceptó finalmente el hecho de que tenía que terminar con él para siempre. Su adicción a la metanfetamina cristalizada era incontrolable. Necesitaba ayuda profesional, pero nada funcionaría a menos que tomara esa decisión por sí mismo, y permanecer a su lado y consentirlo solo sería un perjuicio para su recuperación. Por lo tanto, a principios de 2007, Jen tomó una de las decisiones más difíciles de su vida: dejó a Fernando para siempre. Se acabaron los ires y venires, las rupturas y las reconciliaciones; todo eso terminó. Hizo esto para protegerse a sí misma, para proteger a sus hijos y, en última instancia, para protegerlo a él. Si sus seres queridos no hubieran tenido la fuerza necesaria para hacerse a un lado y dejar que él tocara fondo, probablemente Fernando no estaría vivo hoy.

Terminar su relación romántica fue desgarrador, pero su vínculo era demasiado fuerte como para cortar todos los lazos por completo, y lograron seguir siendo amigos. Si Fernando estaba en problemas, era Jen quien lo sacaba de la cárcel. Lo llevó varias veces a rehabilitación, puso todos sus recursos a su disposición con la esperanza de que se recuperara. Era un buen tipo con un buen corazón y Jen lo sabía; fue por eso que, a pesar de que tuvo que renunciar a su amor, ella se negó a renunciar a él.

Por lo tanto, y a medida que transcurría el 2007, Jen no solo tuvo que romper con su alma gemela, sino que tuvo que verlo evolucionar ante sus ojos hasta que finalmente decidió tomar el asunto en sus propias manos y buscar ayuda profesional. Mientras tanto, Trino fue encontrado culpable y sentenciado a treinta y un años de cárcel, lo que trajo un poco de alivio a su agitación interna; pero justo cuando parecía que las cosas se estaban calmando, su ex marido Juan López se vio atrapado en el tráfico de drogas, y en octubre de 2007 fue sentenciado a diez años de prisión. Sin embargo, y de alguna manera, a través de esta montaña rusa que llevó a Jenni a la cima en su vida profesional solo para conducirla al fondo a nivel personal, siguió manteniendo la cabeza en alto y dando un paso adelante. Ella era la definición de la resiliencia, y sé que no podría haberlo logrado sin su fe; sin sus hijos, que eran su razón de vivir; y sin su trabajo. Mientras la vida seguía dándole unos cuantos golpes, Jen se las arregló para avanzar contra viento y marea y con más fortaleza, haciéndose un nombre para sí misma, subiendo a la cima, y dejando que su espíritu emprendedor se elevara.

Capítulo 7

¡La que manda! Una magnate empresarial en ciernes

jennirivera
@jennirivera

"I've never done anything worth doing by "accident"...nor did any of my accomplishments happen by accident...they occured through hard work".....;-)

2012-08-15

Sin importar lo que sucediera en su vida personal, el espíritu emprendedor de Jen no descansaba nunca. Cuando las cosas se ponían difíciles a nivel personal, su trabajo se convertía en su refugio seguro, un lugar donde sentía que tenía todo bajo control, con un grupo de personas en las que sabía que podía confiar. Allí podía respirar, olvidarse de lo que le preocupaba en ese momento y concentrarse en su pasión: hacer que sucedieran cosas. Desde el comienzo de su vida, Jen vio a sus padres trabajar incansablemente y se inspiró en la ética de trabajo y el espíritu emprendedor de su padre. Cuando llegó a los primeros años de su adolescencia, empezó a rebuscarse la vida con su padre y sus hermanos, vendiendo casetes y CDs en el *swap meet* local y vendiendo artículos para eventos cuando se presentaba la oportunidad, como los Juegos Olímpicos de 1984 o durante la manía de Menudo, donde hizo botones y los vendió a sus compañeras de clase en la escuela secundaria. Poco sabía ella que todo este entrenamiento serviría a un propósito más adelante en su carrera.

A medida que pasaban los años, su vida dura hizo que la personalidad emprendedora que tenía Jen saliera a flote, y cuando finalmente decidió darle una oportunidad real a su carrera musical, canalizó toda esta energía y experiencia en su trayectoria recién descubierta, dominando eventualmente el arte de venderse a sí misma como una marca. Comenzó en pequeña escala y ascendió, pasando de vender artículos en conciertos y su propia línea de cosméticos, a los *realities* televisivos y a su propio programa de radio. No había nada que detuviera a Jen; se dedicaba a su trabajo, creaba constantemente, tenía nuevas ideas de negocios, ansiosa de llevarlas a cabo, una verdadera magnate de los negocios en ciernes.

Toda persona exitosa tiene un trasfondo que alimenta sus metas y ambiciones. El principal incentivo de Jen eran sus hijos, pero el verdadero fuego que la hacía trabajar de manera incansable era el temor de caer de nuevo por debajo de la línea de pobreza. El pavor de revivir esa incertidumbre un día tras otro preguntándose si el cheque de bienestar sería suficiente para pagar el alquiler y llevar comida a la mesa mantuvo a Jenni funcionando hasta el día en que falleció. Nunca quiso someter de nuevo a ninguno de sus hijos a esas terribles circunstancias. Esas condiciones de vida eran cosa del pasado, y ella trabajó duro para asegurarse de que permanecieran allá.

La energía de Jen era tan contundente que yo ni siquiera podía seguirle el ritmo a veces, y eso que me considero todo un adicto al trabajo. Esta mujer no paraba nunca, tanto que finalmente la palabra agotamiento en mi vocabulario fue reemplazada por *aguantar*, porque era realmente la única manera en que podía seguir el ritmo de Jen. Estoy hablando de una mujer que se despertaba al amanecer y se dormía después de medianoche, cuidando a su familia y trabajando sin parar haciendo apenas una pausa de cuatro a seis horas por la noche para descansar un poco.

Un día típico en la vida de Jen cuando no estaba de gira, comenzaba a las 5:00 a.m., con un poco de tiempo devocional leyendo pasajes de la Biblia, luego se ejercitaba, y más tarde iba a la cocina para prepararles el desayuno a sus hijos. Yo recibía sin falta un mensaje de ella a las siete en punto de la mañana, listo para comenzar la jornada laboral a toda velocidad. Siempre creí que ella quería asegurarse parcialmente de que yo estuviera despierto y listo para trabajar, porque una vez que ella comenzaba, no había manera de pararla. Ese primer mensaje o BBM –en esa época los dos teníamos Blackberrys–, iba de un simple «Buenos días» a un esquema de lo que teníamos preparado para el día. La única razón por la que yo no recibía este saludo matinal era cuando ella estaba de gira o volando, porque me enviaba incluso mensajes de texto desde México, y los fines de semana tampoco eran una excepción.

Cuando empezaba la jornada laboral, Jen ya había llevado a sus hijos a la escuela y había respondido a todos sus correos electrónicos. A medida que avanzaba el día, si yo no estaba con ella, nos comunicábamos al menos diez veces al día, mientras ella hacía un seguimiento de los asuntos pendientes, hacía llamadas telefónicas, se dirigía a entrevistas, reuniones, y a cualquier cosa que fuera necesaria para desarrollar y promocionar su carrera. Y sí, era conocida por llegar tarde, pero siempre llegaba. Podría haberse disculpado por ser madre soltera y sacar muchas otras excusas para cancelar reuniones o entrevistas o eventos, pero tenía sus prioridades en orden. Estas eran sus obligaciones, era lo que le ayudaba a llevar comida a la mesa, por lo que echarse para atrás estaba fuera de discusión. Eso era lo que hacía de ella una emprendedora antes que nada.

Su dedicación era tal que sus jornadas de trabajo nunca terminaban a una hora fija, y a veces llegaba a su casa a las 11:00 de la noche, pero eso no le impedía mantenerse al día con sus deberes maternales. Jen llamaba a sus hijos todo el día y disfrutaba cada segundo que pasaba con ellos, ya fuera por la mañana, cuando les preparaba el desayuno y los llevaba a la escuela, o por la noche, cuando compartía un tiempo valioso con ellos antes darles las buenas noches. Ahora, solo porque ella los acompañara a la cama no significaba que también se fuera a descansar. Sus noches no tenían ninguna rutina establecida. No era como si ella pusiera su teléfono a un lado y dejara de trabajar. A veces me enviaba mensajes a la una, a las dos o a las tres de la mañana. Su mente no parecía descansar nunca. Mientras estaba acostada en la cama, mirando al techo, instándose a desconectarse y a quedarse dormida, era precisamente cuando su creatividad alcanzaba su apogeo. Yo recibía a medianoche los mensajes de texto más inusuales con alguna idea que ella no quería olvidar, para pedir mis comentarios sobre algo, o para recordarme lo que necesitábamos hacer al día siguiente. Cuando finalmente sentía los ojos pesados, ponía su teléfono en su mesa de noche y se dormía, solo para levantarse y retomarlos a las cinco de la mañana del día siguiente.

Así era Jen, una persona muy trabajadora con una mente creativa y emprendedora que estaba pensando constantemente en nuevos proyectos y negocios. Era increíble. Siempre estaba escribiendo en su agenda anticuada, escribiendo notas sobre su vida, anotando ideas, dibujando *jeans* y vestidos para su futura línea de ropa, siempre en modo de producción, no solo creando, sino tratando de encontrar una manera de hacer realidad estas ideas. Era una parte de su esencia que ella no sabía cómo disipar. Incluso cuando estaba de vacaciones, seguía maquinando nuevos emprendimientos, sin desconectarse nunca por completo ni tomar un verdadero descanso de todo. Esto se volvía una carga en ciertas ocasiones, porque ella terminaba teniendo problemas debido a su actitud incansable con respecto a la vida y el trabajo, pero sentía la necesidad de hacer todo lo que se proponía.

Jen comprendió desde el principio que para emular las historias de éxito que tanto admiraba, como la carrera de Jennifer López, tenía que estar muy atenta a lo que ocurría a su alrededor. Tal vez no era ella quien negociaba los acuerdos -que normalmente era mi papel-, pero todo lo que estaba sobre la mesa había sido revisado o pedido por Jenni. Si su firma era necesaria, más vale creer que ella sabía lo que estaba pasando. No había nada que sucediera sin su autorización final. Ella hacía diligentemente sus tareas en el negocio particular que estuviera poniendo en marcha, por lo que podía asistir a reuniones posteriores bien informada y lista para empezar a trabajar de inmediato.

El objetivo de Jen era expandir su marca más allá de la música y ofrecerles a sus fans de México productos y artículos que habían estado disponibles para el mercado general de Estados Unidos, pero no para ellos. Por lo tanto, estaba dispuesta a ser la primera en hacer este tipo de cosas en su género musical. Se mantuvo al tanto de lo que sucedía en la cultura popular y observó de cerca el éxito emprendedor de las Kardashian y la manera en que artistas como Beyoncé se aventuraron fuera de la música y se dedicaron a otros negocios, y sabía también que tenía lo que se necesitaba para seguirles los pasos. No olvidemos que antes de convertirse en artista, Jen era una mujer de negocios con formación universitaria. Comprendía cómo funcionaba el comercio y poseía los conocimientos y la habilidad natural en términos de negocios para traducir sus ideas en hechos, y eso fue exactamente lo que hizo.

Jen ya había lanzado su primer negocio -su línea de artículos para conciertos- cuando empecé a trabajar con ella. De niña había visto a su padre tomar una cámara Polaroid al final de su jornada de trabajo y salir a las discotecas para tomar fotos a los clientes a cambio de algunos dólares. Este recuerdo permaneció con ella, y cuando lanzó su carrera musical, lo aplicó a sí misma con la esperanza de ganar un poco de dinero adicional en cada uno de sus conciertos, y le funcionó. Ella se reunía con su creciente número de fans después de cada actuación, se tomaba una foto Polaroid con ellos, y la ofrecía como un recuerdo por veinte dólares. Tuvo tanto éxito con esto que algunos promotores y equipos de seguridad en ciertos lugares comenzaron a prohibir estas fotos porque no tenían los recursos necesarios para manejar las crecientes multitudes, pero eso no detuvo a Jen. Simplemente les decía a sus fans: «Nos encontramos en la gasolinera de la esquina», o les pedía que se encontraran con ella en el camión de tacos más cercano, y así lo hacían. Cientos de fans hacían fila para tener la oportunidad de tomarse una foto con su ídolo, y ella permanecía allí y le sonreía a cada uno de ellos, haciendo que su sueño de reunirse e interactuar con ella fuera una realidad, generando ingresos adicionales entre cinco y siete mil dólares por noche. Después de percatarse de la popularidad de las fotos Polaroid, Jen decidió desarrollar su propia línea de artículos para conciertos, dando inicio a su primer negocio aparte de cantar y grabar.

A medida que se hizo más exitosa en su carrera musical y comenzó a desarrollar nuevas líneas de negocios, una cosa estaba clara: Jen nunca visualizó estas empresas únicamente con el fin de ganar dinero. Por lo general, surgieron de las ideas que, en última instancia, apoyaban, atendían o les brindaban una oportunidad a los miembros de su comunidad. Por supuesto que se benefició de todo lo que hizo, pero si podía encontrar una manera de ofrecer trabajo o retribuir a su comunidad, a sus fans, amigos, o familia, no lo pensaba dos veces. Así lo hizo con su primera línea de cosméticos y con la empresa de bienes raíces.

Cuando Jen lanzó Divina Cosmetics, no solo quería vender productos a su gente; también quería darles la oportunidad de que estuvieran empoderados por estos productos y a ser parte de este negocio. Ella visualizó una línea que seguía un plan de *marketing* en varios niveles, como el modelo de negocios de Avon o Mary Kay. Cuando era niña, Jen había visto a su mamá vender productos Avon con el fin de obtener ingresos adicionales para su familia; ella sabía la diferencia que podía hacer esto en el sustento de una familia que tenía dificultades económicas, y quiso extender esta posibilidad a otros que estaban pasando por circunstancias similares. Por desgracia, los mánagers que contrató no tuvieron éxito, por lo que tuvo que cerrar operaciones y hacer una pausa con Divina Cosmetics, pero su visión y su corazón estaban en el lugar correcto.

Y entonces se presentó otra oportunidad interesante. Una de las amigas cercanas de Jen en la escuela secundaria, que trabajaba en bienes raíces, le pidió su apoyo para poner en marcha una firma inmobiliaria. En este caso, Jen no tuvo que invertir capital, sino prestar simplemente su condición de celebridad a la empresa a cambio de una cuota de regalías. Jen no solo veía esto como una buena oportunidad en un negocio de bajo riesgo para ella, pero también sabía que podría prestar un gran servicio a sus compañeros latinos. Había trabajado en bienes raíces, conocía el mercado y sabía muy bien lo intimidante que era para los latinos ir a un banco y pedir un préstamo hipotecario. Prestar su imagen y marca a una empresa que ayudara a hacer que el proceso de préstamo y compra fuera amable con los latinos tenía mucho sentido para ella, y fue así como nació Divina Realty. Las intenciones eran buenas y el acuerdo era sólido, pero nadie pudo prever el terrible desplome del mercado de la vivienda en 2008. Cuando Jen se dio cuenta de que algunos de los préstamos manejados en esta empresa eran cuestionables, decidió retirarse del negocio y dejar de promover esta firma, aunque dejó que utilizaran su nombre.

Mientras tanto Jen, que siempre estaba al tanto de la cultura popular y urbana, tuvo una nueva idea: era hora de crear su propio perfume. Artistas como Beyoncé y Britney Spears estaban lanzando sus propias líneas de fragancia, y Jen quería hacer lo mismo. Elaboró un plan y puso a trabajar a su hija Chiquis, quien fue instrumental en el desarrollo de la línea de fragancias de Jen. Mientras Jen continuaba sus giras, actuaciones, grabaciones y apariciones en los medios, Chiquis viajó a China para hacer las investigaciones necesarias y reunir la información que necesitaban para hacer este sueño realidad. Dedicó muchas horas a esto y, finalmente, ayudó a Jen a lanzar una línea de perfumes que hasta el día de hoy se encuentra en el mercado, convirtiéndose en uno de los primeros negocios exitosos y de larga duración de Jen.

Otro de sus emprendimientos exitosos en materia de negocios, que sigue vigente y próspero, es el Tequila Jenni Rivera, ¡aunque tuvimos que sortear algunos obstáculos antes de poder sacarlo adelante! Uno de los actos habituales de Jen durante sus conciertos era tomar *shots* de tequila con su público. La amaban por eso, y a ella le encantaba crear un ambiente muy íntimo para ellos, sin importar lo grande que fuera el lugar. Una vez que su carrera despegó y su base de fans seguía creciendo sin parar, nos pareció apenas natural buscar un acuerdo de patrocinio de tequila para ella, pero nunca pensamos que fuera una batalla tan difícil. Hablé con todos los embajadores de marcas, pero nadie estuvo dispuesto a aceptar. ¿Por qué dejarían pasar una oportunidad tan lucrativa? No tenía sentido. Ella se presentaba en conciertos repletos en los que los espectadores tomaban tequila como si fuera agua –¡no olvidemos el consumo de alcohol sin precedentes en el Kodak Theatre!–, pero los ejecutivos de la compañía simplemente no entendieron esto.

Jen, que siempre fue una genio en términos creativos, decidió persuadirlos aún más. Grabó una canción llamada «Chuper Amigos» donde mencionaba prácticamente todas las marcas de tequila, luego colocamos algunas imágenes con ella y las marcas y volvimos a intentar posibles asociaciones… pero fue en vano. Todos conocíamos el atractivo de Jenni y la facilidad con que aumentaría las ventas de cualquier marca que pudiera avalarla, pero ninguna se atrevió a dar el salto. Frustrado por su falta de visión, luego de analizar la situación, me di cuenta de que la mayoría de estas compañías estaban controladas por agencias ubicadas en la costa este, y que no sabían que Jenni Rivera era tan conocida en la costa oeste y en México. No habían oído hablar de ella todavía, por lo que no estaban dispuestos a asumir un riesgo con alguien que creían que aún no había logrado un estatus de celebridad semejante al de Shakira.

También notamos otro problema subyacente: el machismo. Mientras que las marcas de tequila nos decían no, no y no, empezamos a recibir muchas contraofertas de varias marcas de vino. Estaba claro que estos ejecutivos creían que era más apropiado y femenino que Jen apareciera en una etiqueta de vino que en una de tequila, pero no la conocían. Claro, ella tomaba una copa de vino con una comida de vez en cuando, pero realmente no tomaba vino. Lo suyo era el licor fuerte, especialmente en el escenario. Representaba su música, su actuación y su mensaje a sus fans, por lo que no estaba dispuesta a venderse y firmar el endoso de un vino. Decidió permanecer fiel a sí misma y esperar simplemente, lo que terminó por dar sus frutos.

Verónica Nava, una buena amiga de Jen, consiguió un acuerdo de respaldo con Nuvo Vodka. Es cierto que no era tequila, el primer amor de Jen en el mundo del licor, pero al menos lo mantuvimos en familia, así que ella aceptó. El acuerdo inicial requería que Jen mostrara esta marca de vodka en uno de sus videos musicales; sin embargo, cuando vimos la manera en que esto había aumentado las ventas de Nuvo Vodka, acordamos extender el acuerdo para incluir la aprobación de la marca en sus espectáculos durante todo un año. La empresa obtuvo unos resultados tan buenos que fue vendida por varios millones de dólares a Diageo Spirits, el mayor productor mundial de licores y, sin embargo, Jen no recibió un solo centavo porque no había negociado para recibir un porcentaje de las ventas. Definitivamente, solo se aprende viviendo. Fue entonces cuando Jen decidió encargarse personalmente de las cosas, eliminar los intermediarios, y crear su propia marca de tequila, aprobando el diseño de la etiqueta, el tequila, y todo lo demás. El tequila Jenni Rivera Tequila ya estaba en marcha cuando ella falleció. Salió al mercado después de su accidente y está disponible hasta el día de hoy. Otro movimiento empresarial exitoso, otra gran visión, otro paso más cerca de convertirse en una renombrada magnate empresarial.

Después de estos primeros emprendimientos, finalmente recibimos oportunidades de licencias. Hasta este punto, Jen participaba en todo porque quería poder controlar los productos que llevaban su nombre, pero era hora de abrirse a otras oportunidades de negocios. BH Cosmetics, una marca establecida, expresó su interés en trabajar con Jen y resultó ser un buen socio y una elección inteligente para ella. Si ella no hubiera dejado este mundo tan pronto, esta empresa rentable con su línea de cosméticos y aparatos para el cabello probablemente habría tenido una vida más larga.

Mientras tanto, paralelo a estos esfuerzos estaba el sueño de Jen de ofrecer una línea de ropa que ayudaría a vestir bien a sus fans, y así nació su línea de prendas de vestir. Su objetivo final era que las mujeres latinas finalmente se sintieran bien consigo mismas, para finalmente aprender cómo aceptar las curvas que les había dado Dios, y sentirse sexys por dentro y por fuera. No creo haber aprendido tanto sobre los tipos de cuerpos femeninos como en las reuniones iniciales cuando Jen empezó a planear su línea de *jeans*, con cuerpos que tenían forma de *muffins*, peras, manzanas y bananas. ¿Quién sabía que las frutas podían describirlos de manera tan perfecta? Una cosa estaba clara desde el principio: Jen no quería que sus compañeras latinas sintieran la necesidad de cambiar sus cuerpos; simplemente anhelaba que se sintieran cómodas en su propia piel.

Lo genial de este emprendimiento es que Jen lo logró. Ella entendía las dificultades a nivel personal, y con frecuencia hacía agotadoras sesiones de compras en busca de unos jeans sencillos y bien ajustados. Había observado y celebrado el lanzamiento de la línea de ropa con Kohl's de Jennifer López, esperando que esta pudiera ser la solución que ella y sus compañeras latinas necesitaban a toda costa, pero se sintió decepcionada con rapidez. Las piezas parecían caras, pero la calidad no era buena, y Jen insistía mucho en la calidad. Tenía un presentimiento de que esta línea no duraría debido a este asunto importante, y tenía razón. Fue entonces cuando decidió encargarse personalmente del asunto.

Jen hacía las cosas a partir de la experiencia, era muy meticulosa, y siempre se propuso aprender de los errores de otras personas. Así que contrató a un diseñador de modas y se propuso crear una línea de jeans de alta calidad que le quedara bien a sus compañeras latinas, jeans que celebrarían sus curvas y las harían verse y sentirse despampanantes. Fue tan diligente en esta empresa como en cualquier otra o más, participando en la selección de materiales, etiquetas, cremalleras, botones, y checando de cerca el control de calidad de los jeans, tratando de asegurarse de que el producto final reflejara fielmente su visión. Era un proyecto muy cercano a ella y uno de sus preferidos, pero lamentablemente falleció sin ver el lanzamiento oficial de la línea, que sucedió después de su accidente, así como otro gran sueño suyo: abrir su propia boutique. Este último plan estaba en pleno movimiento antes de que falleciera. Sería un lugar donde vendería no solo sus jeans, sino también otras prendas de vestir, como sudaderas –su ropa preferida cuando estaba de gira y en su casa– y vestidos, así como sus fragancias y, finalmente, su propia línea de zapatos. El cielo era el límite para ella.

La Jenni Rivera Boutique estaba programada para abrir en Panorama City, una comunidad predominantemente latina, perfecta para su mercancía, y a solo quince minutos de su casa. Como con todos los negocios, Jen también se dedicó de lleno a este proyecto, que contó con los incansables esfuerzos y el apoyo de Chiquis. Cuando Jen falleció antes de la apertura de la boutique, todo me pareció un poco extraño. No pude evitar compararlo con la historia de Selena, la cantante mexicano-estadounidense que había sido asesinada poco después de abrir su propia boutique. Esta fue otra de las grandes ideas de Jen que nunca llegó a ver florecer, pero su familia siguió adelante y la Boutique Jenni Rivera sigue abierta hasta el día de hoy.

EL FLORECIENTE IMPERIO DE LOS MEDIOS DE LA DIVA

Jen ya se había aventurado a lanzar perfumes y cosméticos, y tenía su propio tequila, su línea de ropa y una boutique en proceso. ¡Había llegado el momento de construir su imperio mediático, de expandir su encanto y su magia a la televisión, la radio, el cine, los libros y más!

I LOVE JENNI

La primera vez que pensamos entrar al mundo de la televisión fue cuando Latin World Entertainment, la misma compañía que maneja a Sofía Vergara, se acercó a nosotros para hacer un *reality show*. La propuesta despertó la curiosidad de Jen, así que seguimos adelante con la idea, asistiendo a reuniones para proponerla a diferentes canales por cable; sin embargo, los ejecutivos no sabían qué hacer con nuestra propuesta. No estaban seguros de cómo una latina que tenía cinco hijos, con la historia de Jen podía reproducirse en la televisión, de modo que, aunque habían expresado su interés inicial, todas las personas con las que hablamos nos rechazaron educadamente. Desalentada por el rechazo, Jen decidió dejar a un lado el mundo de la televisión y seguir concentrándose en sus muchas otras empresas.

Sin embargo, unos meses más tarde, le di otra oportunidad a la idea, abordándola desde un ángulo que no habíamos considerado previamente: como productores ejecutivos. Esto era muy poco riesgoso para Jen. Si el programa fracasaba, como productora ejecutiva era menos probable que su nombre fuera publicado por todos los medios, y a ella le pareció conveniente esta opción. No quería exponer su carrera a una gran incertidumbre, pero definitivamente estaba interesada en explorar esta nueva opción, así que me pidió mi opinión. «¿Qué tal si lanzamos a Chiquis y a sus amigas para representar a las latinas en L.A.?» Jenni dudó al principio. Como la madre protectora que había sido siempre, me pidió que primero compartiera el concepto con Chiquis para ver cómo reaccionaba y luego comenzaríamos desde allí. Chiquis no estaba demasiado convencida, y dijo que se sentía cómoda trabajando detrás de bastidores en casa, pero le insistí en que le diera una oportunidad. Yo sabía que ella tenía algo especial, solo necesitaba persuadirla para salir de su caparazón. Chiquis era un poco tímida, la típica chica de al lado, así que se la presenté a mi amiga RaqC, que en esa época era presentadora de radio en Los Ángeles. Era una salvadoreña pelirroja con una personalidad explosiva que se complementaría bien con Chiquis y tenía experiencia en la radio, lo que significaba que le iría bien y sabía cómo interactuar con los demás y tener un buen desempeño, por lo que aceptamos.

Una vez que todas las partes estuvieron de acuerdo, visité a mis amigos en Mun2, el canal bilingüe de Telemundo, y les propuse el programa. Les expresé mi concepto y añadí que Chiquis y una de sus amigas conducirían el espectáculo, y que Jen prestaría su nombre como productora ejecutiva. Les gustó lo que escucharon y nos dieron la luz verde para hacer una prueba piloto, que salió bien, de modo que dimos el paso siguiente: filmar la primera temporada de *Chiquis and RaqC*. Estábamos listos para rodar, y todo transcurría normalmente, pero RaqC comenzó a tener problemas con el equipo de producción. Hicimos todo lo posible para aliviar la tensión, pero la situación empeoró tanto que tuvimos que dejarla ir a mediados de la temporada, dejándonos un agujero enorme para llenar en los episodios restantes. Fue entonces cuando Jen vino al rescate. Llegó para solucionar el problema, pero su presencia en el programa se convirtió en una parte tan crucial de su éxito que finalmente se transformó en *I Love Jenni*, el primer *reality* con una latina y su familia, otro hito en la carrera de Jen, en el que ella sacó la pelota del estadio.

Cuando *I Love Jenni* despegó, Lieberman Broadcasting, que también era propietario de la estación radial Que Buena, se acercó a Jenni en 2011 con la idea de presentar su propio programa de entrevistas para su canal Estrella Network. ¡Esto fue música para sus oídos! Ella estaba interesada en la idea de convertirse en la Oprah Winfrey mexicana y esto parecía ser la plataforma perfecta para incursionar en este campo. Dijeron que podían conseguirle un productor y que construirían un set especial para el programa. No le pagaban mucho, pero era una oportunidad difícil de desaprovechar, por lo que ella aceptó sin pensarlo dos veces. Sin embargo, tan pronto comenzó la producción, Jen comprendió rápidamente que no tenía el control creativo que le habían prometido, y luego todo dejó de funcionar. Jen simplemente se negó a seguir trabajando en algo que no sentía en su corazón, y abandonó el proyecto. Tuvimos una discusión con los dueños de la compañía y los productores del programa, que terminó en un enfrentamiento y en última instancia en un pleito contra Jen por incumplir el contrato que había firmado al negarse a grabar más episodios. Sin embargo, después de muchos intercambios tensos, finalmente aceptamos llegar a un acuerdo con ellos. Jen no tenía que conducir el programa de entrevistas, pero tenía que aceptar ser juez en *Tengo talento*, uno de los programas de talentos del canal. Trato hecho. Ella grabó trece episodios de *Tengo talento*, cumplió con sus obligaciones y luego se dedicó a trabajos más agradables. Mientras tanto, su meta en ciernes para convertirse en la Oprah Winfrey mexicana encontró un nuevo hogar: la radio.

CONTACTO DIRECTO CON JENNI RIVERA

Cuando *Contacto Directo con Jenni Rivera* salió al aire, Jen se convirtió en la reina de todos los medios de comunicación:

artista de grabación de sonido, la televisión, y ahora la radio. Las ofertas anteriores para trabajar en la radio habían fracasado hasta que Gabo y uno de los buenos amigos de Jen, Nestor «Pato», sugirieron que fuéramos a Entravision Communications. Lo bueno les llega a quienes saben esperar, y ahora era el turno de Jen. Llegaron a un acuerdo y así nació su programa de radio.

Como siempre, ella participó en todo, desde la elección de los temas hasta llevar a su hermana Rosie como copresentadora, y a Diablito -su amigo de muchos años-, como uno de los productores. Funcionó a la perfección porque había una familiaridad en el aire entre ellos que hizo que el programa fuera relacionable, auténtico, y simplemente divertido. El programa de Jen se emitió una vez por semana y abarcaba varios temas, incluyendo moda, relaciones, cultura popular y más. Ella lo amaba. El programa era su forma de mantenerse en contacto con sus fans, de apoyar a sus colegas en la industria musical, y de poner la música que le gustaba. Además, era la primera vez que una mujer tenía un programa sindicado a nivel nacional con más de un millón de dólares en publicidad durante el primer año, algo inaudito en la industria, otro gran hito en la próspera carrera de Jen, otra plataforma mediática bajo su ala. Poco imaginaba ella que la industria del cine sería su próxima oportunidad.

FILLY BROWN

Anteriormente, a Jen nunca se le había pasado por la mente actuar. Tenía un montón de ideas y proyectos de negocios, y era indudable que tenía alguna experiencia frente a las cámaras con su *reality*, pero nunca pensó que la actuación fuera una posibilidad para ella, hasta que recibió una llamada de nada menos que de Edward James Olmos. Edward había aceptado trabajar en un proyecto titulado *Filly Brown*. Era una pequeña película independiente con actores relativamente desconocidos, con la excepción de él y de Lou Diamond Philips. Lisa Ríos, una de las productoras ejecutivas de la película y amiga de Jen en el circuito radial, propuso a Jenni para el papel de María Tenorio, y fue entonces cuando Edward se animó e intervino. Sabía quién era Jenni y recordó que su hija iba a la misma escuela que los hijos de Jen en Encino, por lo que se ofreció a contactarla.

Jen nunca se había imaginado que el renombrado actor Edward James Olmos sabía de su existencia, de modo que cuando recibió su llamada, se sintió completamente sorprendida y halagada. Mientras hablaban, él mencionó la película y le preguntó si estaría interesada en hacer parte del reparto. Jen no tenía experiencia en la actuación, por lo que dudó, pero él la tranquilizó: «No te preocupes, me aseguraré de que estés bien y que recibas cualquier tipo de capacitación y clases que necesites». Jen, que estaba anonadada, siguió pensando, ¿Será cierto esto, está sucediendo realmente? ¿Edward James Olmos me está invitando personalmente a participar en esta película y ofreciéndose a ser mi guía mientras me aventuro en mi primer papel en una película? Era una oferta que simplemente no podía rechazar, por lo que finalmente decidió aceptar con un «¡Sí!» rotundo.

Jen, que siempre había sido una buena estudiante, se matriculó en algunas clases privadas de actuación y, para su asombro, descubrió que esto se le daba con naturalidad. Fue un gran alivio, pero el verdadero obstáculo aún estaba frente a ella. Fue elegida para interpretar a María Tenorio, la madre de Majo Tenorio, una mujer abusiva y manipuladora que se aprovecha de su hija responsable y cariñosa. Cuando Jen empezó a leer el guion, las dudas comenzaron a proyectar sombras en su mente; no estaba segura de que pudiera hacer esto con éxito. Esta mujer era una criminal y una madre ausente que se aprovechaba de su hija, mientras que Jen vivía y respiraba por sus hijos. No tenía nada que ver con quién era ella en la vida real, por lo que tuvo dificultades para saber de dónde obtener su inspiración. Cuando hablamos de eso, le dije: «Jen, solo tienes que ser todo lo que no eres». Y eso fue exactamente lo que hizo.

Jen asistió a esos dos días de filmación preparada por sus clases y bombeada por el desafío, ¡y lo hizo a la perfección! De repente, se abrió otra puerta en la carrera de Jen, una que implicaba actuar; un papel que habríamos visto con un mayor desarrollo si ella hubiera llegado al 2013. El 4 de diciembre de 2012, unos días antes del accidente fatal de Jen, anunciamos un gran acuerdo con ABC proclamando a Jen como la primera protagonista latina en su propia comedia. Otro inicio, otro hito, otro objetivo truncado por su muerte.

Otros proyectos que también se vieron interrumpidos por el fallecimiento de Jen incluían su papel como juez en la segunda temporada de *La voz… México*; su sueño de tener su propio sello discográfico, donde podría servir como productora y mentora de nuevos y emergentes artistas talentosos; y su objetivo de terminar y publicar sus memorias.

INQUEBRANTABLE

Jen había empezado a escribir su autobiografía unos años antes de su muerte, de manera desordenada, en pedazos de papel o en su agenda, anotando sus pensamientos cuando se inspiraba, ya fuera que estuviera en un avión, en el autobús durante una gira, conmutando, o en una habitación de hotel. Me enviaba correos electrónicos y mensajes de texto con sus reflexiones, con cosas que no quería olvidar, y yo me aseguraba de guardar estos fragmentos para ella, actuando como un disco duro para sus recuerdos.

Después de un tiempo, vi que tenía mucho material, y entonces le dije: «Jen, estamos listos. Terminemos este libro». Le presenté a Jeff Silberman, que ahora es mi agente, y comenzamos de inmediato. Sabíamos que Jen tenía una historia increíble que le robaría el corazón a cualquiera, sin importar si era fan o no de Jenni Rivera. Afortunadamente, Jeff reconoció este potencial, y organizó reuniones con los editores para que los tres presentáramos el libro con nuestro entusiasmo contagioso… pero una vez más, nos encontramos con otro grupo de altos ejecutivos que simplemente no entendieron. Fueron reacios a darle una oportunidad a Jenni, dudando de lo bien que podría irle en el mercado, incapaces de ver el poder y la atracción de Jenni y los millones de fans que habrían comprado ansiosamente sus memorias. Y permanecieron ciegos a su magia… hasta que ella falleció. Tan pronto los medios de comunicación explotaron en un frenesí cubriendo su accidente y a los fans innumerables que compartían su devastación y adoración por la Gran Diva, el teléfono comenzó a replicar. De repente, cada editor en la ciudad quería una parte de la acción, dispuestos a pagar cuantiosas sumas para transmitir su historia al mundo tan pronto como fuera posible.

Yo tenía el manuscrito, la colección de notas y pensamientos que, una vez entretejidos, narrarían la asombrosa historia de Jenni, pero ya no podía decir qué hacer con esto porque, después del fallecimiento de Jen, todo quedó bajo propiedad de la herencia de Jenni, que fue manejada por su hermana Rosie. Lo único que me pidieron fue entregarles todo lo que tenía y hacer las presentaciones necesarias. Rosie y la familia Rivera se hicieron cargo a partir de allí.

No es ningún secreto que tengo mis reservas con respecto a lo que finalmente publicaron como la autobiografía oficial de Jenni Rivera, *Inquebrantable: mi historia, a mi manera*. Era su historia, pero no a su manera. Había muchas partes que faltaban, muchas historias que no se contaron, muchas personas clave en su vida que apenas se mencionaban, si es que acaso se mencionaban. Está claro para mí que la familia tuvo una gran influencia en la edición de este libro porque recuerdo las ideas originales de Jen; están frescas en mi mente y no describía a sus hermanos de una manera tan prominentemente como en la versión oficial publicada porque ellos tampoco habían estado ahí en la vida real. Su familia y su vida laboral eran dos mundos diferentes. La familia no participó realmente en su desarrollo profesional, con la excepción de Chiquis que era su roca, porque Jen no los abrumó con todas las dificultades que tuvo que superar para poder triunfar. Para eso era su familia laboral. Ella protegía, mantenía y cuidaba a su familia, y cuando las circunstancias estaban en su contra, recurría a su familia laboral en busca de apoyo, pero su libro describía un panorama algo diferente.

Es por eso que estoy aquí, compartiendo su historia, la que vi con mis propios ojos, la que muestra lo apasionada que era Jen por sus hijos y su trabajo. Era una fuerza a tener en cuenta, libró una batalla difícil para poder triunfar, y cuando finalmente logró su éxito ganado duramente, rápidamente se dio cuenta de que nada era ni sería una situación gana-gana en su vida. Pronto, ella tendría que aceptar el hecho de que ser una magnate empresarial y una estrella también acarreaba su propia serie de sacrificios y de trampas.

Capítulo 8

El éxito tiene un precio

 **Jenni Rivera** ✔
@jennirivera

"I'm a woman all the time...I'm a
Diva sometime's....and I'm a bitch
when you ask for it."....#jenniFACT

8/15/12, 2:10 AM

304 RETWEETS **180** LIKES

Muchas personas creen que una vez que lo has logrado,
todo está bien, tus preocupaciones han desaparecido
y tu vida es todo sonrisas. Pero en muchos casos, los
grandes logros implican sacrificios y las grandes historias de
éxito tienen un precio. El precio más alto que tuvo que pagar
Jen fue estar lejos de sus hijos. Eso fue lo que le causó el dolor
más profundo, lo que más le preocupaba cada vez que tenía que
salir de gira y dejarlos. Pero ese no fue el único precio que pagó.
Sin importar de dónde vengas, cuando tienes éxito, muchas
personas a tu alrededor se sienten de repente con derecho a
recibir una parte del negocio, ya sea la familia, los amigos, los
colegas, los aficionados… o los carteles mexicanos.

Es difícil encontrar un equilibrio entre el sentimiento de deuda con las personas que te han ayudado en los momentos difíciles y las necesidades y naturaleza de tu negocio. En nuestra comunidad latina, la mayoría de nosotros hemos sido criados para creer que si alguien nos da una mano, especialmente desde el principio, ya sea cuando llegas a Estados Unidos, cuando tienes mala suerte o cuando te dispones a perseguir un sueño que requiere mucho trabajo y sacrificio, estamos eternamente en deuda con ellos por su apoyo. Y Jen no era la excepción a esta regla tácita. No podía darle la espalda a aquellos que la habían ayudado en su difícil camino hacia el éxito. Su lealtad era su sello personal y esto siguió siendo cierto incluso después de triunfar en grande.

Intenté hacerla entrar en razón, explicándole que esas deudas y ese sentimiento de gratitud son recompensados eventualmente, que no tienen por qué ser una cosa de toda la vida, porque eso puede ser muy difícil. Después de un tiempo, algunas personas pueden ver estos gestos de deuda de gratitud como algo a lo que tienen derecho. Empiezan a esperar dinero y ayuda sin importar lo mucho o lo poco que hicieron para ayudarte cuando no te acompañaba la suerte. Hay ciertas personas en nuestras vidas que simplemente pudieron darnos una comida cuando realmente la necesitábamos, pero se aprovechan de esto para recordarnos continuamente esa comida y ese gesto generoso, siempre y cuando puedan seguir sacando provecho del favor por el resto de sus días. Son como sanguijuelas. Todos conocemos al menos a una persona como esta, que se beneficia del éxito de otras personas. Sin embargo, Jen a veces parecía ser ingenua cuando se trataba de ver la verdadera condición de la gente. Y yo quería asegurarme de que fuera consciente de las intenciones de las personas. No quería que se aprovecharan de su generosidad, pero también entendía perfectamente las razones de Jen.

En nuestra comunidad latina nos inculcan un sentido de lealtad desde el nacimiento. Aprendemos a ir a un banco específico porque era ese al que iban nuestros padres cuando éramos pequeños, a diferencia de los estadounidenses de segunda o tercera generación que hacen sus compras según la mejor oferta. No, nos enseñan a ser leales a una institución porque trató bien a nuestra familia y eso significa más que cualquier otro trato mejor que nos puedan ofrecer. Comprendí esta naturaleza en nuestra cultura cuando fui a la escuela de negocios y aprendí que estaba bien cambiar de banco o ir a otro mercado. Sin embargo, también descubrí que nuestra cultura está inevitablemente arraigada en nuestras prácticas de negocios, haciendo que la línea entre lo que es mejor para nosotros y nuestra lealtad ciega sea bastante difusa.

A pesar de la habilidad de Jen para los negocios, esas brechas culturales le resultaban difíciles de comprender desde un punto de vista empresarial ya que sin importar lo lejos que hubiera llegado, era firme en nunca olvidar sus raíces y sus humildes comienzos y ayudar a los que estuvieron ahí para ella en el pasado. Tengo que ser honesto, no siempre me gustó esta forma de actuar. Le dije que estaba bien ser un poco egoísta. A veces, cuando tratas de resolver constantemente los problemas de otras personas, no te das cuenta de que realmente puedes obstaculizar su progreso. Llegan a depender de ti y solo tú puedes salvarlos, cuando en realidad lo que necesitan es aprender a salvarse por sí mismos. Pero así era Jen; era todo corazón, incluso en los negocios, y aunque esto a veces la abrumaba mucho, también era parte de su magia.

Sin embargo, y en calidad de su mánager, se trataba de una situación paradójica. Quería que se diera cuenta de cómo eran las cosas, pero tampoco quería cambiar su esencia, ese lado accesible de ella que todos conocían y amaban. Podías encontrarla en un 7-Eleven o en un camión de tacos en cualquier día de la semana porque ella nunca olvidó sus orígenes. Su barrio y sus raíces la hacían mantener los pies en la tierra. Sin embargo, yo no podía ignorar a la multitud de personas que vivieron a costa de su éxito, y eso me molestaba mucho, pero no podía hacer gran cosa porque era algo que provenía básicamente de su familia.

Cuando Lupillo tuvo más éxito, la familia estableció una manera muy particular de apoyarse mutuamente: el cincuenta por ciento de lo que ganara como músico sería para él, y el otro cincuenta por ciento iría para la familia. De modo que cuando él tuvo éxito en la industria –el primero de los Riveras en hacer realidad este sueño de la música– también se convirtió en el mayor contribuyente familiar y, por lo tanto, en el sostén y dios por excelencia. Como solía decir Jenni, «La familia estaba a la sombra de Lupillo». Ella observaba desde lejos mientras seguía trabajando duro por su cuenta para hacerse un nombre para sí misma, y una vez que lo hizo, las cosas cambiaron de repente.

A medida que Jen subía las escaleras del estrellato, no solo estaba manteniendo a sus hijos, sino que también se estaba convirtiendo en la mayor contribuyente de su familia. Había superado a Lupillo, y ya era una nueva diosa y el sostén de su familia. Y cuando tenían alguna dificultad o necesitaban dinero por cualquier otra razón, todos recurrían a Jen. Y no estoy hablando solo de su familia inmediata. Estoy hablando de tías, tíos, sobrinas, sobrinos, incluso de amigos y empleados. Todos acudían a ella para pedirle miles de dólares, cinco mil aquí, diez mil allá. Yo no podía creer que fueran tan atrevidos, pero tía Jenni siempre estaba ahí para ellos. En todos los años que trabajé con Jen, muy pocas veces la vi decir que no, especialmente si la persona era de su familia. Nunca les daba la espalda, incluso cuando era obvio que se estaban sobrepasando y pidiéndole demasiado. Tenía un corazón de oro y nunca hizo nada sin antes considerar cómo afectaría a los que la rodeaban, incluyendo a sus empleados.

Cuando se convirtió en una estrella, Jen tenía treinta y tres empleados trabajando para ella, incluyendo su banda, choferes en México, empleados de oficina en California, y más, y se tomó muy en serio su papel como su empleadora. Jen sabía que el pago que ellos recibían les ayudaban a sostener a sus familias, así que no podía fallarles. Si ella no ganaba dinero, ellos tampoco lo hacían, y si no les pagaba, ellos no podrían sostener a sus familias. Ella veía este efecto expansivo con tanta claridad que, además de todas las responsabilidades para con su familia, cargaba con el peso de ser también la que proveía a sus empleados. Se esforzó en hacer suficiente dinero para asegurar el sustento de ellos y también de su propia familia; se aseguró de que así fueran las cosas. Ella era increíble. Y sí, en muchos sentidos Jen era la Mujer Maravilla, pero lo que muchos olvidaron a lo largo del camino es que ella también era un ser humano y había momentos en los que el peso de sentirse responsable de tantas vidas era demasiado para ella.

Una vez, cuando se derrumbó completamente exhausta delante de mí, me volví hacia ella y le dije: «Jen, tienes que parar. Mira, necesitas entender esto, si no puedes seguir y tienes que tomar un descanso, entonces descansa. Todos nos las arreglaremos, incluido yo». Pero ella no estaba dispuesta a hacer esto. No se permitía tomar un descanso. No podía hacerles eso a sus empleados, y menos aún a su familia. No podía defraudarlos y no había ninguna posibilidad sobre la faz de la Tierra de que se atreviera a hacer algo para arriesgarse a perder todo y caer de nuevo en ese agujero oscuro por el que había trabajado tan incansablemente para salir. Estar arruinada de nuevo era absolutamente inconcebible en su mente. El sabor amargo de aquellos días pasados estaba siempre presente en su vida, animándola a seguir adelante. Incluso después de ser multimillonaria, seguía trabajando tan duro como si estuviera viviendo con sus últimos veinte dólares. Así que tomarse un descanso estaba fuera de toda discusión, sin importar cuánto clamaran su cuerpo y su mente por un descanso muy necesario.

Pero esperen un minuto. Necesito dejar una cosa en claro; Jen era amable y generosa, pero estaba lejos de ser una presa fácil. Claro, siempre ayudaba a su familia y a los necesitados dándoles dinero o empleos para asegurarse de que estuvieran bien, pero si cruzabas esa línea con Jen, si la empujabas más allá de su límite, y aunque ella detestaba ese tipo de confrontaciones, de todos modos te apartaba de su vida en un abrir y cerrar de ojos. Esto ocurrió con una de sus primeras publicistas, Yanalté Galván, cuando decidió cambiar de rumbo y trabajar con Graciela Beltrán. Al principio, Yanalté trató de hacer malabarismos para que las dos fueran clientas suyas, algo que no fue de todo el agrado de Jen, teniendo en cuenta su historia y su rivalidad con Graciela, y también su objetivo de tener un equipo que trabajara exclusivamente para ella. Sin embargo, despidió a Yanalté, sabiendo que necesitaba el trabajo, y Jen no podía darse el lujo de contratarla de tiempo completo. Eventualmente, los conflictos de interés se hicieron demasiado grandes y Jen dijo: «*Ya basta*, se acabó».

Este es el factor decisivo, donde entra en juego el corazón de oro de Jen. Independientemente de lo que sucedió entre ellas, Jen le permitió a Yanalté quedarse con una SUV que técnicamente le pertenecía a ella. Para ella Yanalté era como familia y no le iba a quitar el vehículo que necesitaba para transportar a su hijo con necesidades especiales. De modo que sí; habían tenido una discusión acalorada y ella finalmente la despidió, pero siguió haciendo los pagos por la SUV de Yanalté por uno o dos años más. Esa era la Jen que conocí. Permítanme ahora retroceder un minuto. Para entender el peso de este asunto y por qué fue una decepción para Jen, debemos profundizar en una de las peleas más publicitadas de Jen, y una de nuestras mayores discusiones mediáticas hasta el día de hoy.

JENNI RIVERA VS. GRACIELA BELTRÁN

Graciela Beltrán era una de las artistas discográficas que habían firmado con Cintas Acuario, el sello discográfico del padre de Jen. Él estaba asombrado con Graciela, presumiendo siempre de su *niña*, dándole toda su atención a su música y apoyándola en todo. Jen observó esto desde la distancia y tuvo dificultades para aceptar y digerir esta relación, especialmente cuando ella estaba tratando de entrar en la industria de la música con tan poco apoyo familiar. Pero en lugar de luchar por la atención de su padre, Jen se mantuvo enfocada y perseveró. Cuando Jen decidió tomarse en serio su carrera de cantante y convertirse en una artista de grabación e intérprete de tiempo completo, Graciela, en lugar de ayudarle, empezó a hacerle la vida difícil.

De un momento a otro, si Jen y Graciela estaban programadas para el mismo evento, nos daban la noticia de que ella no quería que Jen estuviera cerca de la zona del *backstage* hasta que terminara con su presentación. Soy un testigo de la manera en que hablaba mal de Jen a todas horas, mirándola con desprecio, evitándola en los eventos, y esto era totalmente innecesario. Jen apenas estaba empezando su carrera, mientras que Graciela ya era una artista consolidada. Tenía un nombre, estaba en la cima de su carrera, y no había necesidad de tratarla de esta manera, pero era claramente un asunto de poder, y Graciela se regodeó en esto. Fue exactamente por esto que Yanalté decidió trabajar con Graciela, algo que no le agradó mucho a Jen.

Sin embargo, con el paso del tiempo y luego de trabajar duramente, el equilibrio de poderes comenzó a cambiar. A medida que la fama de Graciela declinaba, el poder y el estrellato de Jen iba en aumento, y fue en esa encrucijada cuando tuvieron su mayor disputa. Graciela, la niña consentida de los medios, estaba perdiendo terreno repentinamente en favor de Jen, la diva escandalosa y honesta… y Graciela no estaba dispuesta a aceptar esto. Entonces asumió el papel de víctima, tratando de llamar toda la atención que fuera posible para mantener viva su carrera. Sin embargo, a medida que Graciela utilizaba su imagen de niña de al lado con los medios de comunicación a su favor, también siguió antagonizando con Jen. Era como caminar por una valla con un perro encadenado al otro lado, patear deliberadamente la valla para provocar al perro cuando nadie está mirando, y luego actuar sorprendida y asustada cuando el perro comienza a gruñir y ladrar.

Jen permitió que Graciela se metiera con ella y siguió con su artimaña de rivalidad, alimentando el frenesí mediático cuando su gruñido se convirtió en un rugido con su canción «Los ovarios». En esta canción, Jen se refiere a Graciela, quien era conocida como «La Reina del Pueblo», diciendo: «Y las que se dicen ser reinas, son de un pueblo abandonado». Esta canción afirma básicamente que quienes se atreven a meterse con ella no conocen el tamaño de sus ovarios. En ella, Jen se ríe de todos los insultos y tilda a sus rivales de insignificantes ahora que su fama está por las nubes. Gabo y yo sentimos vergüenza al escuchar la canción. Sabíamos que Jen podía comportarse con más altura, pero, fiel a su esencia, y en lugar de pensar bien en esto, Jenni reaccionó y se lanzó como un león sobre su presa.

—¿Por qué quieres causar más problemas? —le preguntó Gabo a Jen después de lanzar la canción.

—Solo estoy haciendo lo que hacen los raperos. Es algo que dicen en sus canciones —explicó Jen.

—Sí, eso es aceptado en la cultura estadounidense, pero nuestra cultura mexicana se ofende con este tipo de atrevimientos. Lo ven como una falta de respeto. Sé que vas a hacer lo que te dé la gana, pero simplemente no estoy de acuerdo con este tipo de respuestas —dijo Gabo.

Tal como esperábamos, Graciela aprovechó la oportunidad de hacer que los medios de comunicación tomaran partido por ella después de que la canción comenzó a sonar, apareciendo en programas de televisión y lamentando las crueles y desacertadas letras de Jen. En lugar de dejarla hacer su berrinche y olvidarse del asunto, Jen corrió a defenderse, explicando que ya estaba harta de la manera en que Graciela la había menospreciado durante tanto tiempo, pero esto terminó por volverse en su contra. Los medios empezaron a cuestionar el comportamiento de Jen, preguntándose por qué hacía esto, por qué necesitaba hacer esto ahora que era famosa y la carrera de Graciela ya no era como antes. Incluso algunos de sus fans comenzaron a volverse en contra suya por actuar con tanta arrogancia. Al mismo tiempo, Gabo y yo seguimos tratando de que Jen entrara en razón. La carrera de Graciela no estaba yendo a ninguna parte y el comportamiento de Jen contribuía a que Graciela continuara siendo relevante en los medios de comunicación. Gabo y yo sabíamos que apenas dejáramos de alimentar esta pelea, Graciela desaparecería y el foco de los medios se concentraría en el siguiente gran titular. Ya era hora de que Jen se olvidara de esto y se comportara con altura, y finalmente lo hizo. Desde entonces, Jen adoptó un papel neutral y nunca más le permitió a Graciela seguir con su juego. Y eso fue todo.

El problema con Jen era que siempre reaccionaba con mucha rapidez, demasiado rápido para su propio bien. Si la golpeaban, ella devolvía el golpe con más fuerza y apuntaba directamente a la yugular. Esto sucedió con sus amigos, amantes, familia, empleados y, a pesar de que ella los amó y los apreció, sus fans tampoco fueron ninguna excepción. Si se desviaban del camino, era la primera en desafiarlos, pero no pensaba antes de actuar y eso a veces la metía en problemas innecesarios.

JENNI GOLPEA A UN FAN CON SU MICRÓFONO

Sucedió en Raleigh, Carolina del Norte, en junio de 2008, durante uno de los conciertos de Jen. Ella estaba cantándole feliz a su multitud de fans devotos, cuando de repente alguien lanzó una lata de cerveza al escenario y golpeó a uno de los miembros de la banda. Jen se hizo cargo de este asunto, pero esta vez fue demasiado lejos y los medios hicieron su agosto.

A decir verdad, Jen tenía antecedentes de lidiar a su manera con sus fans ruidosos. Cosas como esta sucedían con frecuencia desde el principio de su carrera. Recuerdo un concierto suyo en Las Vegas, donde un tipo machista le arrojó una jarra de cerveza y, en un abrir y cerrar de ojos, ella soltó el micrófono y se abalanzó directamente sobre él. Solté todo lo que tenía y corrí detrás de ella, tratando de reaccionar y pensando, *¿Qué diablos pasó?* Cuando se trataba de elegir entre pelear o escapar, Jen siempre decidía pelear; nunca soportaba una injusticia, nunca dejaba que nadie se metiera con ella, y menos aún si eran sus fans.

Gabo recuerda otro incidente en el que una fan le lanzó un limón. Jen detuvo el concierto, llevó a la aficionada al escenario y le dio una palmada en la cara, solo para descubrir más tarde que el limón tenía un mensaje escrito que decía: «¡Jenni, te amo! ¿Podrías cantar mi canción?». Los fans estaban emocionados de ver a su ídolo y algunos estaban bastante borrachos, así que hacían cualquier cosa para llamar su atención, sin pensar en las consecuencias. Esa aficionada no le lanzó un limón a Jen de manera agresiva, pero ¿cómo diablos se supone que debes interpretar eso cuando estás en el escenario y un objeto volador golpea tu pierna de repente? En otra ocasión, un fan le lanzó un cubo de hielo, ¿y cuál fue su reacción? Jen le arrojó un vaso lleno de hielo en la cabeza. Yo seguía diciéndole: «Hay personas que son contratadas para manejar estas situaciones. No puedes interferir. Tienes que dejar que hagan su trabajo. Incluso si hacen algo mal, la responsabilidad es de ellos, y no tuya, porque si intervienes, entonces te harás responsable y la gente podrá demandarte». Pero ella quería que yo la escuchara. No aceptaba por nada del mundo que se burlaran de ella. Jen creció con niños, era un marimacho, sabía cómo defenderse, y nunca le huía a una pelea o a una confrontación. Si se sentía amenazada o atacada, no se lo tomaba con calma; devolvía el golpe para enseñarles una lección a sus fans imprudentes. Todo el mundo acostumbraba estar borracho en sus conciertos y normalmente se reían de estos enfrentamientos, hasta el incidente de Carolina del Norte, donde las cosas terminaron por empeorar.

Yo no estaba allí esa noche, pero Gabo sí, y él recuerda los hechos como si fuera ayer. Cuando esa lata cayó al escenario y golpeó a uno de los miembros de su banda, Jen dejó de cantar de inmediato, se enfrentó a la audiencia, y dijo:

—Vamos a ver si la persona que tuvo los huevos para tirar esto al escenario tiene los huevos para levantar su mano y dar la cara.

Ahora, la audiencia de Jen estaba acostumbrada a que bromeara con ellos y muchos aprovechaban la oportunidad para acercarse a ella, intercambiar algunas palabras, o ser invitados al escenario, así que cuando ella dijo esto, cuatro o cinco personas levantaron la mano. Jen se volvió hacia un tipo y le preguntó:

—¿Fuiste tú, M'ijo? ¿Fuiste tú?

Y él dijo que sí.

—Tráiganmelo, por favor —respondió Jen.

El tipo creyó que todo era mera diversión, al igual que el resto de la audiencia. No pensaron que era en serio, pero nadie se metía con ella ni con los miembros de su banda sin sufrir consecuencias.

Tan pronto el hombre subió al escenario, Gabo recuerda que Jen le dijo:

—M'ijo, dime algo, ¿te gusta cuando alguien te molesta mientras estás trabajando?

—No —contestó el tipo.

—Pos a mí tampoco —dijo ella, y lo golpeó en la frente con su micrófono.

El tipo logró reaccionar antes de ser golpeado y giró la cabeza para evitar el micrófono, pero no fue lo suficientemente rápido, por lo que lo golpeó en la ceja y la sangre comenzó a gotear inmediatamente por su rostro. Ella ordenó que lo sacaran del lugar. Fue retirado rápidamente del escenario por los hombres de seguridad, pero cuando uno de los guardias notó que seguía sangrando profusamente, llamó al 911. La ambulancia llegó junto con la policía, que preguntó quién le había hecho esto. Gabo recuerda que la mayoría de la gente permaneció en silencio, excepto por un guardia de seguridad angloamericano que se acercó y dijo que había sido la artista.

Cuando Jen abandonó el escenario esa noche, fue recibida por estos dos policías que la interrogaron y la arrestaron de inmediato por agredir a un aficionado, sin importar quién había comenzado el incidente. Tan pronto se la llevaron, Gabo acudió al promotor del lugar, Samuel Zamarron y a Juan, el hermano de Jenni, y siguieron la patrulla de la policía para sacarla de la cárcel. Mientras tanto, al interior del recinto, cuando los oficiales le tomaron una foto a Jen, ella le restó importancia a la situación, posando para la foto y preguntando si había salido bien. Después de unas horas, cuando la soltaron finalmente, ella salió y le dijo a Gabo: «¿Qué pasa? ¿Qué sucedió? Vamos a comer algo», como si no se tratara de un asunto importante, sin pensar siquiera en las posibles consecuencias de lo que acababa de hacer.

A medida que el incidente comenzó a quedar atrás, comprendí de repente que el tipo se estaba negando a responder preguntas y preparándose para presentar una demanda contra Jen. Me acerqué a ella para darle la mala noticia, y su incredulidad me sorprendió.

—Fue él quien lanzó la lata, ¿cómo puede demandarme?

—Sí, pero fuiste tú quien le pegó con un micrófono en el escenario, y eres famosa y la gente te ve como una mina de oro, Jen.

Ella discutió conmigo al principio, pero le dije que tenía que pensar en esto cuando tuviera la mente despejada. «Todo lo que has trabajado por el bien de tus hijos, y bueno, esto ahora va a costarles a ellos. Tus hijos van a pagar por tus actos».

Toda la situación realmente me frustró. Ella ya era famosa, no tenía necesidad de comportarse de esta manera, así que ¿cómo no podía darse cuenta de esto? Pero finalmente lo hizo. Después de todo nuestro forcejeo, además de la amenaza de un juicio que afectaría a sus propios hijos, Jen comprendió que tenía que hacer algo para encargarse de esto de una vez por todas. Por fin reconoció que su comportamiento había sido incorrecto y llamó personalmente al tipo para invitarlo a él y a su familia a asistir a su próximo concierto en el Nokia Theatre en L.A. En realidad, fue un fin de semana pagado con todos los gastos, que incluyó un día en Disneylandia. El tipo aceptó y se olvidaron del incidente. Poco sabía Jen que otro escándalo mediático ya se estaba gestando y que pronto la golpearía como una tonelada de ladrillos: el precio de la fama.

EL ESCÁNDALO DE LA CINTA SEXUAL

Todo empezó con una llamada telefónica que Gabo recibió de Ramón Verduzco, un promotor y amigo de México:

—Gabriel, hay un video de tu artista circulando y tiene cosas muy pesadas. Los músicos lo han estado difundiendo en sus teléfonos.

—Espera, ¿de qué estás hablando? —dijo Gabo, completamente sorprendido por la llamada.

—Pos, es un video porno de tu artista, güey.

Sorprendido, Gabo le preguntó si estaba seguro de que era Jenni y su amigo le dijo que sí, y entonces Gabo le pidió que se lo enviara. Su amigo dudó al principio; no quería que la gente pensara que era él quien había empezado todo esto, pero finalmente le envió un mensaje de texto y un correo electrónico a Gabo. Mientras tanto, Gabo tuvo que encontrar la forma de darle la noticia a Jen. Al principio, ella le preguntó si estaba seguro. Cuando Gabo le explicó que había pedido una copia para confirmar el rumor, ella dijo simplemente: «Míralo ni modo y déjame saber qué pasa».

Jen no era solo como una hermana para mí, también era como una hermana para Gabo, por lo que tener que ver este video lo hizo sentir muy incómodo, pero Jen le insistió. Necesitaba saber si estaban haciendo un blof o si el video existía realmente. Gabo accedió, y una vez que recibió el video, presionó nervioso la tecla *Play*. En la primera escena, Jen tenía la ropa puesta y su amigo estaba filmándola mientras hablaba por teléfono. Definitivamente era Jen. Después de colgar, las cosas se ponían un poco más picantes y pesadas, y ahí fue cuando Gabo detuvo el video, llamó a Jen y le dijo: «Tenías una camiseta blanca y unos pantalones rojos».

De repente, ella recordó todo en un instante. Era un video que había filmado con un chico con el que estaba saliendo en ese momento, uno de los miembros de su banda. Era joven y guapo, y había llamado la atención de Jen. Ella simplemente había estado pasando un buen rato con él. Él la hacía sentirse sexy y atrevida, así que ella simplemente siguió la corriente, olvidando que ya era Jenni Rivera la celebridad, y se limitó a disfrutar de esta nueva aventura. No pensó dos veces en las consecuencias en caso de que esta cinta fuera filtrada a la prensa; ella estaba viviendo simplemente el momento. Por si fuera poco, la aventura terminó abruptamente cuando Jen descubrió que el tipo le había mentido cuando le dijo que era separado. Gabo fue quien le dio la noticia. «Jen, este tipo está casado». Al principio, ella pensó que Gabo estaba siendo tan protector como siempre, por lo que no le creyó, pero él insistió, hasta que ella entendió finalmente que el hombre le había estado mintiendo desde el comienzo. Ella se olvidó de todo en ese instante, sin pensar que eso volvería a atormentarla más adelante.

Resulta que el tipo había tenido segundas intenciones. Ella era solo un títere para él. Su objetivo era estar con la jefa, Jenni Rivera, para mejorar su posición en la vida. Quién sabe, tal vez al principio esperaba entablar una relación lo bastante sólida como para volverse indispensable para ella y beneficiarse de esta situación, pero ese sueño se vio interrumpido cuando ella descubrió que él todavía estaba casado. Sin embargo, él se las arregló para hacerse con un video humillante y ahora estaba listo para cobrarle.

Cuando apareció la cinta sexual, también descubrimos que este tipo estaba tratando de venderla a los medios de comunicación. Se la había ofrecido a Univision por unos nueve mil dólares, pero el negocio fracasó porque intervinimos, dando a conocer una declaración explicando que el video fue tomado de un teléfono que le habían robado a Jenni. Como el teléfono era propiedad personal, si alguien publicaba este material, estaría implicado en la demanda. Ningún medio se metió con esto. Mientras tanto, también recibimos una llamada pidiendo cinco mil dólares a cambio del video, pero ya lo teníamos, por lo que el soborno fue desmantelado con rapidez. Y de repente, nos vimos apagando incendios a diestra y siniestra. En última instancia, el video circuló en la Internet, pero al menos no llegó a los medios de comunicación.

Mientras tanto, Jen estaba mortificada. No podía creer que hubiera sido tan ingenua con ese tipo. Nunca se imaginó que él pudiera ser capaz de algo semejante. Pero lo que más la avergonzaba era tener que contarle a su familia todo este escándalo antes de que llegara a la prensa. Organizó una reunión familiar y lo explicó todo, rompiendo a llorar y pidiendo perdón. Pero nadie en su familia o en su equipo la juzgó. Todos estábamos ahí para apoyarla. Ella sabía que había metido la pata y que ya era hora de seguir adelante. No permitió que esto la avergonzara de nuevo y, finalmente, logró incluso hacer bromas, diciendo que era un tutorial sobre cómo mantener a su hombre satisfecho. Así era Jen, un ejemplo perfecto de la forma en que siempre se las arreglaba para recuperarse después de una caída, subir de nuevo, y seguir adelante. Como dijo una vez con sabiduría, «Si me das limones, me haré limonada con un trago de tequila».

LOS CARTELES Y LOS PROBLEMAS DE JEN CON LA LEY

Hay una razón por la que existe el eslogan «Mi dinero, mis problemas». A medida que la carrera de Jen despegaba, no solo se sentía responsable como proveedora de toda su familia y empleados; no solo tuvo que lidiar con titulares más grandes en la prensa como su pelea con Graciela y el altercado con su fan en el escenario, no solo tenía que lidiar con un tipo que salía de la nada tratando de sacarle dinero debido a una cinta con contenido sexual por su condición de celebridad, sino que tuvo que resolver un asunto más importante: aprender a manejar con cuidado el número creciente de personas importantes que iban a sus conciertos, lo que en México significaba gente de todo tipo: gente bien, gente no tan bien, y gente dedicada a cosas ilícitas.

Cuando la popularidad de Jen se consolidó en México, el ejército de mujeres atraídas por su mensaje y conciertos incluía nada menos que a hijas, novias, esposas y amantes de los renombrados jefes del cartel mexicano. Se convirtieron en fans y en asistentes asiduas a sus shows, y querían conocerla. Gabo recuerda estos primeros roces con las familias del cartel como corteses pero nerviosos e intensos. Ellas enviaban a su gente al *backstage* para hablar con alguien que los atendiera para poder entrar a verla. Gabo dejaba encargado al equipo de seguridad para que se ocupara de que la familia se encontrara con Jen ya fuera antes o después del espectáculo, y ella siempre accedía a estas peticiones. Aunque Jen era honesta y directa, sabía que era mejor no meterse con estos tipos y sus familias. Las familias tenían entre dos y doce personas, pero no importa cuántas de ellas aparecieran en su camerino, Jen siempre suspendió lo que estaba haciendo y posó para una foto o sacó un momento para charlar con ellas. Mantenerlas felices era algo que nos mantenía a salvo y, a su vez, ellas siempre fueron respetuosas.

Luego vinieron las invitaciones para tocar en eventos privados, cumpleaños, quinceañeras, y lo que fuera. Gabo manejó estas invitaciones y encontró la manera de declinar educadamente algunas de ellas explicando que la agenda de Jen estaba totalmente ocupada aunque aceptamos algunas. Era difícil no hacerlo. Jen era ante todo una mujer de negocios inteligente, y era difícil rechazar presentaciones que pagaban tan bien. Era un montón de dinero. Sin embargo, estas fiestas privadas no eran ninguna broma. Primero, decidimos que Gabo la acompañara, ya que es de contextura más pequeña que la mía y tiene una presencia menos intimidante que mis trescientas libras de peso y mis seis pies de estatura. No queríamos alborotar ningún avispero. La idea era que Jen entrara y saliera de allí lo antes posible. Algunas bandas eran mantenidas prácticamente cautivas en estas fiestas, entreteniendo a los jefes hasta que sus labios y dedos se hinchaban luego de cantar y tocar sin parar durante horas, sin atreverse a decir que ya habían terminado por temor a perder sus vidas. Pero esto no le sucedió a Jen por dos razones principales: era una mujer, y ellos sabían que era famosa. Esto significaba una agenda ocupada, que tenía otros conciertos al día siguiente, así que estaban contentos de que hubiera asistido dado un gran espectáculo, para luego irse a casa. Y siempre fueron muy respetuosos, nunca exigieron canciones, sino que más bien hicieron peticiones. Ella también tenía su arma secreta: Gabo. Él sabía cómo manejar estas situaciones y eventos, usando su ingenio y su encanto a su favor para controlar y esquivar cualquier situación potencialmente dañina. Era un estratega y yo confiaba en él porque sabía lo que tenía que hacer, y lo hacía.

Lo que pasa con México es que está lleno de carteles. Son inevitables. Aparte de las fiestas privadas, también hubo ocasiones en las que Jen tuvo que lidiar con redadas policiales en sus propios conciertos. Una vez, durante un palenque, Jen estaba cantando en el escenario cuando todos vimos que un hombre subía corriendo por las escaleras de un momento a otro, seguido por otros vestidos con trajes militares. Mientras serpenteaba entre la multitud, la gente se separó para dejarlo pasar y luego cerró el camino para frenar a los federales que lo estaban persiguiendo. Era como ver una secuencia de acción en vivo. Y todo el tiempo, Jen siguió haciendo lo suyo, mientras nos miraba de reojo tratando de averiguar qué chingados estaba pasando. Pero el show debía continuar, y la forma en que Jen manejó la situación realmente contribuyó a que los espectadores permanecieran en calma en lugar de entrar en pánico. Cuando terminó el concierto, oímos que los Federales habían recibido la noticia de que El Chango, un miembro del cartel que buscaban, había ido al concierto. Ojalá pudiera decir que fue la única vez que sucedió esto, pero no fue así. Desde que Jen se hizo popular con los carteles, varios de sus shows sufrieron redadas policiales y fueron noticia. Es por eso que los medios de comunicación intentaban con frecuencia vincular a Jen con los carteles, pero ella no tenía nada que ver con ellos; simplemente eran fans suyos.

Los medios de comunicación siempre le prestaron mucha importancia a este posible vínculo entre Jen y los carteles, tanto así que después de su muerte, se especuló incluso que el renombrado líder de un cartel, Edgar Valdez Villareal, alias El Barbie, había estado involucrado en su accidente. Esta teoría se basó en un rumor anterior de que él la había asaltado supuestamente en un concierto, pero nada de esto era cierto. Los medios estaban tratando simplemente de crear noticias que no existían. No puedo hacer hincapié lo suficiente en esto, pero los líderes y miembros del cartel eran solo fans de Jen. Todas las personas en estas redes de delincuencia organizada que tratamos a lo largo de los años fueron muy respetuosas con Jen porque ella era una señora, lo cual suponía una regla de oro en el mundo del cartel: No te metes con las señoras, las respetas. Así que nunca fue considerada una amenaza para ellos. Ella nunca prefirió a un cartel sobre otro, era apenas una mujer que hablaba pestes de los hombres en sus canciones, y ellos entendían esto. Todos ellos tenían mujeres que eran fans de Jenni porque era la única mujer que tenía el coraje suficiente para decir lo que pensaba, y todos la amaban por eso.

Sin embargo, estábamos lidiando con un mundo pesado, que propició también algunos momentos asustadores que nos tocaron muy de cerca. Entre los carteles y el gobierno corrupto, a menudo era difícil saber quién era quién y qué era qué, lo que hacía difícil calcular si ciertas amenazas que recibía Jen eran reales o falsas. Como una vez en que los oficiales de inmigración mexicanos la detuvieron en el aeropuerto de Ciudad de México, alegando que había olvidado declarar los cincuenta mil dólares que llevaba consigo. Los medios de comunicación seguramente hicieron su agosto con ese incidente. Lo que no sabían era que Jen pensaba declararlo al llegar a Estados Unidos pero no sabía que tenía que declararlo para sacarlo del país. Así que de todos modos la detuvieron. Ellos sabían quién era y creyeron que podían asustarla para que les diera una parte de su dinero. Básicamente le pidieron que les pagara una «multa» para dejarla en paz. Sí, estaban pidiéndole un soborno sin rodeos a cambio de no ponerle problemas y la amenazaron con detenerla si no pagaba, pensando que ella preferiría darles algunos billetes antes que dejar que los medios se enteraran de esta historia, pero es evidente que no conocían a Jenni. Ella los miró directamente a los ojos y les dijo: «Me quedaré aquí todo el tiempo que sea necesario, pero no les daré ni un centavo».

Entonces le confiscaron su dinero, la detuvieron, y los medios de comunicación transmitieron la historia para atraer más lectores, pero la verdad es que ella no había hecho nada mal. Teníamos pruebas de pago por cada contrato de sus presentaciones y ella no había infringido ninguna ley; simplemente, se negó rotundamente a darles a los policías sucios un dinero que ella había declarado y ganado legítimamente. Jen, que nunca se daba por vencida, se acomodó en la estación policial, pidió pizzas para todos, contrató a un abogado y se limitó a esperar. Es por eso que en las fotos que aparecieron en los medios de comunicación se le puede ver sonriendo y saludando, porque era solo otra artimaña para extorsionarla y sacarle dinero, y ella no estaba dispuesta a dar su brazo a torcer. Finalmente la soltaron y dos semanas después no tuvieron otra opción que entregarle su dinero incautado sin quedarse con un centavo. Ella se negó a sus demandas y salió victoriosa; sin embargo, hacer este tipo de cosas no siempre era tan fácil. A veces no sabíamos en quién creer o confiar y teníamos que guiarnos por nuestro instinto, tomando decisiones de vida o muerte y orando por el mejor resultado posible.

LA AMENAZA DE MUERTA Y LA DEA

Nunca olvidaré aquel día en julio de 2011. Estábamos haciendo preparativos para el próximo viaje de Jen a México, otro espectáculo de palenque agotado en Reynosa, Tamaulipas. Yo estaba revisando correos electrónicos y mensajes de voz cuando oí decir a Michael Scafuto, nuestro agente de casinos, con su tradicional acento italiano de Nueva York: «Pete, llámame tan pronto escuches esto. Es urgente». Le devolví la llamada inmediatamente y vi que sonaba asustado. «Amigo, la DEA se contactó con mi oficina. Están buscando a Jen. Dijeron que necesitan hablar con ella a la mayor brevedad posible sobre un asunto muy serio». Me dio el número de la DEA, colgamos, y llamé inmediatamente a Jen.

—¿Qué pasa? —dijo ella.

—Recibí una llamada de Michael Scafuto. Fue contactado por la DEA y le dijeron que necesitan hablar contigo.

—Ven acá —dijo ella.

Colgué, subí a mi carro y fui a su casa. Entramos a su oficina, cerramos la puerta e hice la llamada. Pedí hablar con el agente especial que había dejado el mensaje y le expliqué lo que había sucedido, pero él insistió en hablar directamente con Jen. Yo tenía la esperanza de servir como una especie de colchón, esperando que Jen no reaccionara exageradamente con las noticias que tuvieran para ella, pero cedí y le pasé el teléfono. Intercambiaron saludos y él fue directo al grano, explicando que habían recibido una pista creíble de una fuente confidencial de que pensaban atentar contra ella durante su presentación en Reynosa ese fin de semana. Jen quedó literalmente petrificada mientras seguía escuchando atentamente. El agente le aconsejó que no se presentara en Reynosa. Subrayó una vez más que esto provenía de una fuente muy confiable y aclaró que si ella decidía ignorar esta advertencia y se presentaba a pesar de todo, no podrían protegerla una vez que estuviera en México porque no tenían jurisdicción en este país. Era su responsabilidad informarle de esta amenaza creíble, pero en última instancia, la decisión era de Jen. Ella agradeció con cortesía, colgó y entró en pánico.

El agente no solo le repitió que había recibido estas noticias de uno de sus informantes creíbles en el terreno, también sabíamos que era el mismo palenque donde el cantante Valentín Elizalde había sido abatido en una emboscada poco después de la presentación de Jen en 2006. Este lugar ya tenía una reputación peligrosa, lo que era un motivo adicional para tomarnos en serio la advertencia de la DEA. Cuando finalmente nos recuperamos del impacto inicial, Jen llamó a su abogado en México, Mario Macías, le informó lo que estaba pasando y le pidió que checara sus fuentes para verificar si el rumor era cierto. Al parecer, el promotor local juró que no sabían nada de ese rumor y le aseguró a Mario que no pasaría nada, que Jenni estaría a salvo en Reynosa.

A estas alturas, no sabíamos en quién confiar, especialmente teniendo en cuenta que la vida de Jen estaba en riesgo. Seguimos discutiendo posibles decisiones, escenarios y resultados. Si ella cancelaba su presentación de un momento a otro, el promotor local sabría que estaba pasando algo y lo último que quieres es que los mexicanos sospechen que puedes estar trabajando con los federales, especialmente en este tipo de negocios, donde estás en el escenario, completamente expuesto a todos los peligros y amenazas. Así que eso estaba fuera de toda discusión. Entonces pensamos que podríamos cancelar la presentación debido al clima. Una gran tormenta estaba golpeando a México esa semana, haciendo que muchos aeropuertos cerraran, así que pensamos que la madre naturaleza podría ayudarnos a salir de este lío.

Después de pensarlo detenidamente, decidimos seguir esta última opción. Jen llamó directamente al promotor y le explicó con cuidado que había oído que el aeropuerto de Reynosa había sido cerrado debido a la tormenta, lo cual era cierto, por lo que a su jet privado no se le permitiría aterrizar de manera segura. Ella se disculpó por este gran inconveniente y se ofreció a devolverles el depósito de dinero por tener que cancelar el espectáculo en un plazo tan corto. Pensamos que ya era un asunto cerrado, hasta que el promotor respondió: «No te preocupes, ya hemos hecho arreglos para abrir el aeropuerto y permitir que tu avión aterrice». Jen quedó sin palabras. No se nos había ocurrido pensar en esta posibilidad. El simple hecho de saber que el promotor había utilizado influencias para autorizar el aterrizaje del avión de Jenni, a pesar del clima inclemente y de que el aeropuerto estaba cerrado, nos dio escalofríos. ¿Tenía razón la DEA? ¿Por qué estaban haciendo todo lo posible por llevar a Jen a Reynosa? ¿Su vida realmente estaba en peligro? Ella le agradeció al promotor por los arreglos especiales y colgó. ¿Y ahora qué?

No solo el concierto aún seguía en pie, sino que su banda ya venía en un autobús desde otra ciudad mexicana, por lo que si esta amenaza era real, estarían expuestos a cualquier situación peligrosa. Jen era una persona completamente leal, nunca dejaba a nadie abandonado a su suerte, así que decidió aguantar, arriesgarse, y dar el concierto. Sin embargo, tan valiente como parecía ser, Jen también estaba aterrorizada. Le pidió a Mario que le consiguiera protección adicional, y él contrató a las reservas militares locales para que le proporcionaran sus servicios de seguridad. Luego Jenni llamó a Juan, su hermano, para informarle de la amenaza. Juan insistió en ir con ella apenas se enteró de los detalles. Aunque Jen tenía programado volar con su equipo habitual de personas, él no quería que ella entrara sola a la guarida del león, pero Jen lo interrumpió. «No, Juan. Si me llega a pasar algo, necesito que cuides a los niños». Ella tampoco me dejó a mí acompañarla. «Pete, no puedes ir porque si me pasa algo, eres tú quien sabe lo que hay que hacer aquí». Fue una petición premonitoria que me atormentaría solo un año después de este incidente.

De modo que todo estaba resuelto. Aunque todos queríamos estar a su lado para brindarle nuestra protección, comprendimos que quedarnos atrás también era esencial si sucedía lo peor en México. Jen no podía arriesgarse a no tener a nadie en casa para cuidar a sus hijos y encargarse de todo lo que pudiera suceder, y ya no había vuelta atrás. Era un trato cerrado. Jen volaría a México el día siguiente, tal como estaba programado, en compañía de sus asistentes Adrián y Julie; de Jacob, su maquillista; y de Elena, su amiga cercana, quien insistió en viajar con ella tan pronto se enteró de las noticias.

La amenaza tuvo un gran impacto en todos nosotros. Nunca olvidaré ese adiós; fue uno de los más duros de mi vida porque no sabíamos si podía ser el último. Sus ojos estaban llenos de miedo, pero Jen ya lo había decidido. Se iba a enfrentar a la bestia, con la fe de su lado, esperando lo mejor mientras se preparaba para lo peor.

Antes de aterrizar en México, Jen se volvió hacia su equipo en el avión y les dijo: «Está bien si no quieren ir. No los obligaré a que vayan y no pensaré nada malo de ustedes si deciden no viajar». Pero Jacob respondió con firmeza: «No, nena, estamos contigo hasta el fin». Fue otra declaración premonitoria de un destino que le esperaba tanto a Jen como a Jacob poco más de un año más tarde.

Aterrizaron en México sin problemas, bajaron del jet, abordaron un vehículo blindado que los estaba esperando, y siguieron a la escolta militar al lugar del concierto. Mientras iban hacia allá, Jen miró por la ventana y vio una cruz blanca a un lado de la carretera. Miró a Julie y le dijo: «Jules, ¿ves esa cruz blanca? Fue ahí donde agarraron a Valentín, y lo mataron». Un silencio inquietante invadió el carro mientras miraban la cruz acercarse, un momento crucial en la vida de Jen, y que ella recordaría más tarde, pero ahora todos estaban concentrados en dar el concierto y largarse.

Llegaron al lugar y mientras Jen se preparaba, como si no estuvieran ya al borde de un ataque de nervios, todas las luces se apagaron de repente; fue un apagón total. Mientras estaban sentados en el escenario completamente oscuro, se sintieron completamente asustados, y se prepararon de alguna manera para lo peor. Todos respiraron profundamente, y cuando la tormenta retumbó fuera, las luces parpadearon repentinamente. ¿Era eso una señal? ¿Un mal presagio? Quién sabe. Lo único que Jen sabía era que no había vuelta atrás. El espectáculo tenía que seguir adelante, y así fue. Jen subió al escenario esa noche e hizo todo lo posible para entretener a sus fans y transformar la actuación en una gran fiesta, algo que ella era conocida por hacer, pero esta vez Jen estaba especialmente alerta. Hizo lo suyo, brindando con el público, tratando de no despertar ninguna sospecha mientras se llevaba la copa a los labios sin tomar realmente un trago. Relajarse en sus canciones y en su presentación fue imposible esa noche; su adrenalina estaba disparada.

El concierto terminó sin incidentes, los soldados contratados los escoltaron fuera del palenque y de nuevo al aeropuerto, volaron de nuevo a casa y llegaron sanos y salvos. Sin embargo, esa amenaza inminente, esa decisión de vida o muerte, ese trayecto hacia y desde el lugar del concierto y su presentación, todo esto equivalía a una epifanía que cambió la vida de Jen. Había llegado finalmente el momento de reconsiderar seriamente sus prioridades y hacer algunos ajustes en su vida. Ella se había vuelto de repente muy consciente de su mortalidad y de los peligros que algunas de estas actuaciones en México representaban para su vida. Hasta entonces, todo había sido juego y diversión, la habíamos pasado padrísimo, pero ella comprendió que en realidad podría haber muerto allá y eso no era nada chistoso.

Jen solía decir siempre: «¿Cuándo terminará mi libro? ¿Cuándo terminará la película?», en referencia a todos los capítulos dramáticos de su vida de los cuales nunca pareció darse un respiro. Sin embargo, aquel había sido el llamado más cercano que había tenido para mirar a la muerte en la cara. Había estado dando alrededor de doscientos conciertos al año, si no más, era rica y famosa, estaba cansada, anhelaba estar más cerca de sus hijos, y ya era hora de que esto fuera una realidad. Era el momento de dejar atrás estas giras agotadoras y cada vez más peligrosas y abrir las puertas a nuevas posibilidades. Sin embargo, no importaba lo mucho que Jen tratara de encontrar un poco de paz, la montaña rusa de emociones que era su vida siempre le deparaba una nueva sorpresa, y ella aún tenía por delante un paseo más lleno de altibajos que debía soportar antes de su muerte prematura.

Capítulo 9

Nena inolvidable

Jenni Rivera ✔
@jennirivera

I'm BLESSED! I AM!

11/6/12, 4:36 AM

261 RETWEETS **266** LIKES

↩   ⇄   ♥   •••

Si conocías, amabas y seguías a Jenni Rivera, también sabías que ella adoraba las mariposas. Estaban por todas partes. Al principio, honestamente me pareció que era un poco cursi. Así que un día, tuve que preguntarle, «¿Por qué una mariposa?». Nunca en mi vida esperé una respuesta tan completa y fantástica. En primer lugar, Jen me envió un artículo para que yo lo leyera, y luego me dijo: «¿Sabías que antes de que una oruga teja su capullo y comienza su metamorfosis, una parte de la fertilización proviene del estiércol? Así que, básicamente, este gusano de seda necesita estiércol para sobrevivir, necesita vivir entre excrementos para transformarse en una mariposa. Creo que eso es representativo de mi vida porque he vivido en la mierda. Antes de convertirme en una mariposa, he tenido que vivir en la mierda en un capullo. Solo entonces pude llegar a donde estoy ahora».

Con esa respuesta me dejó callado y entendí. Tenía sentido. Para convertirse en la Diva sensacional que admiramos hasta este día, ella tuvo que vivir y respirar un montón de mierda. A menudo sentía que la mierda seguía llegando a su vida y la hizo dudar de si realmente había alcanzado la condición de mariposa. Eso era lo que la hacía tan real para todos los que la amamos y admiramos. Desde la familia, a los amigos, a los empleados, hasta los fans, todos nos sentimos comprendidos por ella porque ella lo entendía. Su pasado estaba lejos de ser perfecto, pero ella poseía su imperfección perfecta y nos mostró que a pesar de toda esa mierda, todavía era posible hacer algo de nosotros mismos y convertirnos en nuestro sueño. Al mismo tiempo, ella también sabía cómo se sentía cuando todas las circunstancias estaban en tu contra y cómo un gesto amable, que podría parecer insignificante para otra persona, podría significar el mundo para ti. Ella entendía las angustias y el dolor de la gente porque había vivido una buena dosis de lo mismo. Ella no solo cantaba sobre los altibajos de la vida, sino que los experimentó de primera mano, y es por eso que cuando su estrella finalmente se elevó, quiso compartir su buena fortuna con todos a su alrededor.

Como solía decir Jen: «Cuando Dios nos da mucho, es nuestra responsabilidad retribuir». Son todas las historias que nunca han escuchado, todas las veces que ella suspendió lo que estaba haciendo para ayudar a su familia, a sus amigos, a sus seres queridos y a extraños por igual, detrás de bambalinas, cuando las cámaras estaban apagadas, eso es lo que hizo realmente inolvidable a Jen. Cuando alcanzó el estrellato, no se perdió en el glamour; cumplió esas palabras y la gente la amó por eso. Ella llevó una dosis de realidad y de capacidad de identificación al estilo de vida de las celebridades.

Jen era muy diferente de otras celebridades, incluso de su propio hermano, Lupillo. Cuando alcanzó la cima del éxito, Lupillo se convirtió en un hombre que manejaba un Bentley convertible, vestía trajes de cinco mil dólares, fumaba puros caros y vivía en Marina del Rey. Se convirtió en una estrella inalcanzable; sus fans ya no podían identificarse con él, lo que creó una gran brecha entre él y su público. Mientras tanto, la reacción de Jen a la fama fue completamente opuesta. Cuanto más grande se hacía su nombre, más tuvo los pies en la tierra y estuvo en contacto con su gente.

Cenaba en su restaurante favorito de *mariscos* y echaba gasolina en la estación, donde la gente que la reconocía la miraba con asombro. «¿Crees que contrato a alguien para que le eche gasolina a mi carro?», decía riéndose, y a la gente le encantaba. Esas interacciones con Jen en el día a día era muy valiosas para sus fans. Ella siempre se las arregló para ser tan auténtica, que incluso iba al carrito de la esquina a comprar un raspado, dejando al vendedor y a los clientes con la boca abierta en señal de admiración. «¿Realmente eres tú?», preguntaban incrédulos. «Sí, soy yo», decía con una sonrisa.

Lo que no sabía mucha gente era que Jen seguía siendo esa chica mexicana de Long Beach. Nunca dejó que la fama y la fortuna le robaran esa parte de sí misma. Estaba viva y coleando y eso la convertía en la persona que era. Por supuesto que tenía los medios para ir de compras a Beverly Hills y a todas esas tiendas de gama alta, pero sinceramente siempre se sentía más segura entre la gente del barrio. Esto la hacía sentirse en casa, le daba bases. Lo que tampoco estaba por demás es que ella sabía cómo manejar esa línea delgada de comunicación con sus fans, diciendo las cosas como eran mientras seguía reconociendo su presencia y amor.

Si estaba comiendo en un restaurante y una fan entusiasta se le acercaba para pedirle un autógrafo, Jen tenía una manera de manejar la situación que calmaba a la persona mientras le permitía continuar con lo que estaba haciendo. «M'ija, tengo mucha hambre», le decía. «Dame apenas diez minutos para terminar de comer, y me aseguraré de darte una foto o lo que necesites». Obviamente, esto no le funcionaba con todo el mundo, pero ella era así y la gente tenía que lidiar con eso. De modo que, si la perseguían más tarde en el baño, ella sonreía y decía cosas como, «Chica, ¿de verdad quieres estrechar mi mano ahora? Déjame lavarme las manos primero», lo que hacía que sus fans volvieran a la realidad y ella les recordaba que también era un ser humano, y esto hacía que ellos la quisieran aún más. Por otro lado, los que se ofendían, realmente ponían problemas. Jen hizo todo lo posible para superar las expectativas que tenían sus fans sobre ella como una celebridad comunicándose con ellas y siendo auténtica.

Ese era su secreto, y le funcionaba a las mil maravillas debido a su personalidad única. Ella tenía una manera de decir «*fuck you*» que lo hacía parecer como si fuera un cumplido. Podía decirle pervertida a una mujer, y esta se sentiría como si acabaran de decirle que era una reina. Lo hacía con tanto cariño que no era ofensivo. También ayudaba el hecho de que provenía de una mujer que abrazó sus imperfecciones y supo que era tan bellamente imperfecta como todos los demás.

Jen era realmente como nosotros. Le encantaban las cosas simples de la vida, como hacerse una mani-pedi, escuchar música y cocinar para su familia. Trabajaba de manera tan incansable que estas pequeñas cosas eran las que llevaban una verdadera sonrisa a su rostro. Nada como un día de descanso comiendo frijoles con tortillas y salsita con sus hijos. Disfrutaba de esos momentos como ningún otro. Y no recibía ninguna ayuda. Era ella la que estaba detrás de la estufa, lavando los platos, esa es otra parte de su vida que la mantuvo con los pies en la tierra. Aún más, su comida no solo estaba reservada para sus parientes; también le encantaba cocinar para su familia laboral. Si teníamos una reunión temprana programada en su casa, cuando llegábamos, la encontrábamos en la cocina preparando el desayuno para nosotros, y estoy hablando de cuando era ya Jenni Rivera la Gran Señora. Era generosa por naturaleza. Expresaba su amor cocinando y cuidando a los demás; esto era algo que realmente nutría su alma.

Desde el principio, antes de ser famosa, cuando cada centavo era importante, ella salía a comprar bisutería como las que utilizaban los raperos y se las daba a sus fans durante sus conciertos como una muestra de su agradecimiento por su amor y su apoyo. Gastaba alrededor de trescientos dólares a la semana en joyas de regalo y pensé que estaba loca, pero hasta el día de hoy, las fans que todavía tienen una de esas joyas la valoran como si se tratara del santo grial. Así era Jen, esa era su esencia. No es algo que puedas enseñar; naces con eso, o no. Y Jen lo tenía. Se sacaba literalmente la comida de la boca y la compartía contigo si tenías hambre, tanto así que adquirió el hábito de donar religiosamente el diez por ciento de sus ganancias para ayudar a otros. Jen vivió por fe y entendió la obra de Dios. Nunca predicó acerca de su cristianismo porque comprendió lo imperfecta que era, pero definitivamente era alguien con una fe sólida, y dar era su iglesia; esa era su religión.

Si Jen oía que una fan en su lecho de muerte quería conocerla, no iba a ninguna fundación para hacer una donación; sacaba tiempo e iba personalmente al hospital para ver a esa persona. Y una vez allí, no le hacía una visita rápida de entrada por salida ni la convertía en una oportunidad mediática. Se sentaba a su lado, oraba, hablaba y le cantaba. Se aseguraba de darle amor a esa persona y de que esta recibiera una buena atención antes de seguir adelante con su vida y su agenda apretada. No puedo contarles las innumerables visitas personales que hizo a hospitales y los cheques que les dio a sus aficionadas necesitadas, ya fuera a una paciente con cáncer o una madre que acababa de perder a un hijo. La clave, lo que la hizo aún más querida por sus fans, fue que ella no solo donó dinero, sino que siempre insistió también en donar su tiempo valioso.

Y no era un secreto que Jen tenía debilidad por las personas mayores, por las madres solteras y los niños, porque no podía imaginar ver a sus padres o hijos sufriendo de ninguna manera, y sabía de primera mano lo que significaba ser una madre soltera en este mundo. Julie, su asistente, me dijo una vez: «El Hospital Infantil de Los Ángeles (CHOLA) era probablemente uno de los lugares favoritos de Jenni. Se sentía como en casa allí. Le daban la libertad de ir donde quisiera y entraba a los cuartos de los niños y les daba una sorpresa. La sonrisa de cada niño que veía se reflejaba verdaderamente en su rostro: la sonrisa, la mirada en sus ojos, la sensación de plenitud, la calidez en su corazón; ella siempre salía renovada del CHOLA. Sin importar por lo que estuviera pasando, encontró un nuevo aprecio por la vida en ese hospital». Y esto no se limitaba a los hospitales.

Durante el rodaje de *Filly Brown*, Jen oyó que la esposa del fotógrafo de bastidores de la película, John Castillo, un mexicano-americano mayor que trabajaba gratis para este proyecto, estaba luchando contra el cáncer. Cuando Jen se enteró de esto, antes de abandonar el *set*, lo llamó a un lado y le dijo: «Quiero que sepas que te daré mi cheque de pago a ti y a tu esposa. Buena suerte en su lucha contra el cáncer». Más tarde, cuando John supo que Jen había fallecido, fue una de las muchas personas que se acercaron a mí para decirme que nunca olvidaría ese acto de bondad. Nadie había hecho nunca algo semejante en su vida. Esas fueron las cosas que hicieron inolvidable a Jen. Estos momentos no publicitados a lo largo de su vida, los momentos privados; ella no presumía de todo esto, lo hacía desde el fondo de su corazón. Nadie podrá imaginar los muchos fans que Jen ayudó a enterrar, en silencio, sin trucos publicitarios o atención de los medios. Les pagaba sus funerales, pagaba para que sus restos fueran llevados de nuevo a México, ayudó con lo que necesitaban las familias para dar paz a sus seres queridos y encontrar un sentido de cierre emocional.

Experimenté este acto de bondad de primera mano. Cuando mi madre falleció de cáncer, Jen no solo dedicó un premio que recibió en un programa en L.A. a mi madre, sino que también contribuyó a su servicio funerario. No se lo pedí, pero ella insistió: «Déjame ayudarte». Así era ella. Siempre estaba disponible. Y no tenías que estar enfermo para recibir ayuda de Jen. Ayudó a muchas personas, visitando a las aficionadas que estaban atravesando momentos difíciles y dándoles dinero para ayudarles. También dio sillas de ruedas, automóviles, participó en teletones, fondos radiales para recaudar dinero, y en cualquier otra iniciativa de donación que pudiera beneficiar a los necesitados.

Otro momento invaluable que está grabado en mi mente como un ejemplo perfecto de su comprensión y generosidad ocurrió en uno de sus conciertos en México. A veces los lugares en los que ella se presentaba tenían ferias donde los vendedores ofrecían diferentes tipos de mercancías. Esta vez, vimos a un artista local que vendía llaveros y botones de Jenni Rivera; en otras palabras, vendía mercancía no autorizada de Jenni Rivera utilizando su imagen en productos sin permiso. Si otro artista hubiera visto esto, hubiera hecho cerrar de inmediato el puesto del comerciante, pero Jen no hacía este tipo de cosas. Era compasiva porque entendía al vendedor, sabía que estaba haciendo esto para alimentar a su familia. Ella también había hecho lo mismo varios años atrás en Long Beach, cuando era adolescente. Así que en lugar de denunciarlo o hacer que cerrara su pequeño negocio, simplemente bajó la ventanilla, sacó la cabeza y le preguntó cuánto valía la mercancía.

Cuando el hombre levantó la mirada, se puso pálido y silencioso, como si acabara de ver a Dios. Creo que estaba preparándose para lo peor, porque comenzó a entregarle sus productos, pero ella lo detuvo con rapidez.

—No, no, solo dime cuánto cuesta, porque quiero comprarlo todo.

Él se sintió desconcertado y le dijo el precio, y ella respondió:

—Está bien, voy a comprarlo, pero quiero que vayas y regales cada uno de mis artículos a mis fans, de forma gratuita, en mi nombre. Y enviaré a mi equipo para asegurarme de que lo hagas.

El hombre tenía una expresión de incredulidad absoluta en su rostro y siguió las órdenes de Jen al pie de la letra. Jen acaba de lograrlo, ella nunca olvidó lo que se siente cuando se tienen dificultades, nunca olvidó lo difícil que era vivir con nada más que una camisa en la espalda, y eso fue lo que la hizo inolvidable.

Su generosidad no se limitó a los hospitales y a las calles; sus donaciones y su solidaridad también se extendían a su familia y amigos. Le gustaba ver que la gente tuviera éxito, especialmente su familia y amigos. Ella no solo les daba dinero a muchos de sus seres queridos para ayudarles a salir de una situación difícil, sino que iba aún más lejos. También pagaba tratamientos médicos. Llegó a un punto en el que tuvimos una broma habitual en el equipo: No eras amado realmente por Jenni a menos que te practicaran una cirugía gracias a su generosidad. Así que, si ella te quería y se enteraba de que querías operarte los senos, Jen hacía los preparativos y pagaba por ello. Pagaba liposucciones, estiramientos faciales, y lo que fuera. También lo hizo conmigo. En un momento, cuando alcancé mi peso máximo, alrededor de 400 libras, y tenía diabetes, Jen me miró a los ojos y me dijo: «No voy a perderte. Te necesito conmigo». Y añadió, sin siquiera consultarme, «De modo que irás a México a que te hagan una manga gástrica». Me sentí impactado y dije simplemente, «¿Qué?», a lo que ella respondió con mucha naturalidad, «Sí, nos iremos mañana». Y eso fue todo.

Otra persona a la que Jen ayudó fue a su abuela de Sonora, México. ¡Esa señora era todo un personaje! Le gustaba tomar cerveza, bailar, y hablar pestes de los hombres y el sexo. Era básicamente Jen con más de setenta años. Y Jen adoraba a su NaNa; era su mamá en todos los sentidos. Era fantástica, encantadora, siempre era el alma de las fiestas, decía lo que pensaba, y hacía que los amigos de Jen lloraran de risa. Al igual que el resto de la familia, ella también había tenido una vida difícil, por lo que cuando Jen finalmente tuvo éxito, abrió una cuenta para su abuela en México y depositaba religiosamente dinero todos los meses. Jen quería asegurarse de que su NaNa pasara el resto de sus días cuidada y mimada, teniendo acceso siempre a lo que necesitara. Por eso fue tan desgarrador ver cómo, cuando Jen falleció, la familia canceló esa cuenta sin tener en cuenta sus deseos. Un año más tarde, su NaNa falleció desamparada en una instalación del condado de Sonora. Su situación era tan precaria que escasamente pudieron enterrarla. Lupillo tuvo que hablar con la familia para darle el entierro que merecía. Definitivamente no fue el final que Jen habría querido para su querida abuela; si hubiera estado viva, se habría sentido devastada al ver semejante desenlace. Si Jen hubiera estado viva, eso no habría ocurrido.

A medida que Jen adquirió un mayor poder con sus fans, muchos políticos locales y nacionales notaron esto y empezaron a buscar su apoyo. Jen estaba al tanto de lo que sucedía en la comunidad latina, era accesible, siempre estaba en contacto con su gente, y era considerada como una importante líder comunitaria. Antes de que nos diéramos cuenta, Jen se prestaba a ayudar a algunos políticos que a su vez ayudaban a su gente, e incluso logró que algunos funcionarios fueran elegidos, pero ella no recibía en realidad nada a cambio.

Tras observar esto, me acerqué un día a ella y le sugerí que contratáramos a un consultor político. «Oye, vimos esto en la comunidad negra con Magic Johnson y un político local de L.A. con la reurbanización urbana», le dije a Jen. Yo había trabajado con Magic Johnson antes de empezar a trabajar con ella. «¿Por qué no emulamos la misma estructura en la comunidad latina?», le sugerí. Yo pensaba continuamente, ¿por qué no podíamos conseguir también a un Oscar de la Hoya o a una Jenni Rivera para contribuir al desarrollo de nuestras comunidades? ¿Por qué no podíamos tener un refugio para mujeres financiado por el gobierno local y que Jen participara en esta empresa filantrópica? Era una combinación perfecta, algo que la apasionaba y la hacía feliz. Le encantaba poder retribuir a su comunidad, así que era el momento de dar un paso más serio para que esto sucediera. Fue entonces cuando programamos una reunión con el consultor político James Acevedo, el padrino de la política latina en el sur de California.

Nos reunimos en la casa de Jen para desayunar, discutimos los proyectos que queríamos iniciar, y James se convirtió en nuestro punto de contacto, trabajando en estrecha colaboración con otros líderes comunitarios y políticos para hacer un progreso notable. Jen estaba terminando su álbum *Mi vida loca*, y estaba muy emocionada de poder utilizar su creciente condición de estrella para causas encomiables. Así que empezamos a abordar estos planes de manera agresiva, estudiando lo que había hecho

Emilio Estefan en Miami, y averiguando qué podíamos aplicar a lo que estábamos tratando de hacer en California. La idea no era convertir a Jen en una potentada inmobiliaria, se trataba más bien de aprender cómo usar su fama sabiamente para ofrecer nuevas oportunidades a la comunidad.

Jen quería crear oportunidades reales de negocios para las personas dentro de los campos en los que podían sobresalir. Se trataba de hacer que las cosas fueran reales y accesibles. La mayoría de las mujeres latinas tienen alguna especialidad –como la costura o la cocina, por ejemplo–, por lo que nuestra idea era tener en cuenta estas habilidades básicas y enseñarles a usarlas a su favor para abrir un negocio. A Jen le encantaba esta idea porque sabía que darles una habilidad de negocios, algo con lo que podían hacer su propio dinero, también les daría a su vez la libertad financiera necesaria para terminar con relaciones abusivas, valerse por su propia cuenta, sostener a sus hijos, y hacer algo de sí mismas. Sabía muy bien lo importante que era tener esta independencia. Muchas mujeres que dependen exclusivamente de sus maridos o novios no dejan a sus parejas abusivas porque simplemente no tienen los medios para hacerlo. No solo eso; muchas mujeres ni siquiera saben en dónde buscar esos medios, no saben por dónde empezar o cómo hacer que suceda, por lo que terminan atrapadas en estas situaciones que amenazan sus vidas, sin tener a quién acudir.

Jen sabía por experiencia propia que, independientemente de que estés en una relación buena o abusiva, cada mujer debe tener su propio dinero para contribuir al hogar y tener la oportunidad de seguir sola en caso de ser necesario. Entonces, ¿por qué no crear un lugar que ofrezca esta posibilidad a estas mujeres necesitadas? Era eso en lo que pensaba Jen. Quería utilizar su capacidad de atracción como celebridad y combinarla con los políticos locales y sus recursos para hacer que sucediera.

Era un buen plan, las personas con las que hablamos estuvieron de acuerdo, y todo estaba en marcha.

Estábamos planeando proyectos de reurbanización, buscando viviendas asequibles y cómo llevar estas ideas a la comunidad latina, pero entonces llegó el 2008, el mercado de la vivienda colapsó, y todo se estancó debido a la fuerte crisis financiera. Todo el mundo alrededor de Jen se vio afectado por el desplome del mercado de la vivienda, incluyendo a su hermano. Esto realmente los golpeó de cerca, por lo que los planes de reurbanización quedaron en suspenso; el foco ahora se concentró en todas las personas que habían sido afectadas por esta crisis.

En 2009, Jen se mudó a Encino y se involucró con New Economics for Women (Nueva economía para las mujeres. NEW, por sus siglas en inglés). Su plan era convertir su antigua casa de siete habitaciones en Corona en un refugio para mujeres. Sin embargo, se encontró con cierta resistencia por parte de sus vecinos. Cuando Jen vivió allá, los vecinos pensaron que sus automóviles costosos, autobuses turísticos y su género musical estaban relacionados a los carteles. Asumieron que era una baronesa de las drogas, de modo que cuando ella se mudó, se pusieron felices, y Jen supo que obtener su aprobación para convertir su antiguo hogar en un refugio para mujeres sería casi imposible, por lo que decidió buscar otras oportunidades para hacer que esto fuera una realidad.

Mientras tanto, ella, que nunca se quedaba quieta, cuando llegó el 2010, durante un tiempo de inactividad entre los tours en los que todos estábamos de vacaciones, Jen dijo de repente: «Chicos, prolongaremos nuestras vacaciones este año para que todos podamos ir a Arizona». Quería que nos uniéramos a la comunidad en Phoenix, Arizona, y marchar contra la ley SB 1070, un acto legislativo que estaba siendo votado y que, de ser aprobado, sería una de las leyes anti-inmigración más estrictas y amplias en muchos años. Así que cargamos el autobús, viajamos con nuestras familias, y nos fuimos a Arizona a protestar con nuestros compañeros latinos. Fue una marcha de tres millas bajo el sol de Arizona, pero eso no impidió que Jen caminara lado a lado con todos los demás en Phoenix. Participó en la marcha y se encontró con nosotros en la línea de llegada. Estuvo allí, al igual que todos nosotros, marchando con nuestras familias y las comunidades de Arizona, uniendo fuerzas y apoyándonos mutuamente durante este tiempo crítico. Fue emocionante. ¿Y adivinen qué? No había cámaras que la siguieran mientras marchábamos, ella no lo hacía como un truco publicitario; era un acto genuino de solidaridad, preocupación y apoyo. Así era Jen.

A medida que nuestro trabajo con James Acevedo continuó progresando, aparte de utilizar con sabiduría su apoyo en la comunidad, estábamos trabajando en organizar la generosidad de Jenny y aprovechar al máximo su naturaleza bondadosa. Hasta entonces, Jen había hecho donaciones a refugios, hospitales y a personas directamente de su propio bolsillo. Ella no tenía patrocinadores corporativos ni nadie que respaldara sus obras de caridad. Si alguien necesitaba un carro, Jen iba a comprarlo con su propia chequera. Estaba concentrada en emprender acciones, y eso era oro sólido, pero le expliqué que debido a que era una celebridad, en realidad podría hacer que un fabricante de automóviles donara un auto en su nombre sin tener que gastar de su propio dinero. Había mejores maneras de estructurar su necesidad de dar y ayudar a otros. Ella estaba de acuerdo con esa idea, pero dejó una cosa en claro desde el principio: si iba a darle algo a una persona necesitada o a una organización, sería con sus propios recursos, y no con los de otra persona o compañía. Y así fue como surgió la idea de la Jenni Rivera Love Foundation. Hablamos de todo lo que podíamos lograr por medio de su propia fundación, y ella aceptó complacida.

«Hagan los preparativos», dijo, y empezamos a trabajar. La meta de Jen para su fundación era ofrecer becas a mujeres jóvenes que trabajaban duro y esperaban continuar con su educación. Y no estoy hablando solo de *colleges* o universidades, también estoy hablando de escuelas de oficios. Jen quería ayudar a las mujeres y familias necesitadas a tener éxito, y en algunos casos se trataba simplemente de que aprendieran un oficio para quienes dejaran de recibir ayuda del Departamento de Bienestar. Ella quería ofrecerles esa oportunidad que les había negado la vida; esperaba hacer una diferencia en sus vidas. Y no estaba dispuesta a aceptar ningún tipo de salario por hacer esto. Era pura caridad, el hecho de dar a otros, lo que hacía feliz a Jen, lo que le daba un sentido de plenitud. Hoy en día, muchas organizaciones sin fines de lucro están estructuradas para pagar los sueldos de sus fundadores, y algunos los usan como otra forma de ingresos, pero Jen no hacía algo así por nada del mundo. Era inflexible sobre el hecho de que su organización sin fines de lucro fuera exactamente eso: sin fines de lucro. El cien por ciento de los ingresos fueron destinados a ayudar a mujeres y familias necesitadas. Ella quería que todos los recursos se destinaran a la comunidad, a su gente.

Al igual que muchos de sus otros emprendimientos, nos tomó alrededor de dos años para hacerlo realidad, pero finalmente ya estaba funcionando antes de su accidente. Desde entonces, ha pasado por varias dificultades, incluyendo una suspensión reciente, pero se ha restablecido y tal parece que podría perdurar. Espero que así sea. Esta es una parte enorme del legado de Jen, y sé que el hecho de ver prosperar esta iniciativa le habría producido mucha alegría.

El mismo año que comenzamos a planear la Jenni Rivera Love Foundation, Jen también fue nombrada portavoz para la coalición nacional contra mujeres golpeadas y violencia doméstica en Los

Ángeles. Fue en honor a su lucha constante por los derechos de las mujeres, la protección de los niños sujetos a abusos y su dedicación constante a proteger a las mujeres maltratadas en todas partes. Ese mismo día en 2010, el Ayuntamiento de Los Ángeles nombró oficialmente el 6 de agosto como el Día de Jenni Rivera para conmemorar su trabajo y su participación en la comunidad.

Ese fue el epítome de la Jen que yo conocía. Claro, ella era una loca cabrona a veces, y dura como el hierro cuando tenía que serlo. Si yo tuviera pelo, lo habría perdido todo trabajando a su lado con todos los altibajos que sorteábamos juntos, pero ella también siempre fue increíblemente gentil y amable. Y al final del día, todo lo que ella quería realmente era darle a su familia, amigos y comunidad el amor y la lealtad que tanto anhelaba tener en su vida personal.

Capítulo 10

¿Felices para siempre?
Amor, pérdida y traiciones

jennirivera
@jennirivera

Recientemente perdi a 4 personas muy importantes en mi vida...pero al conocer a las personas nuevas que he conocido, vivir el cariño y apoyo de mis amigos y equipo....volver a abrazar a quienes hace mucho no estaban en mi vida...estar mas cerca de mi familia...y sentir el calor de mi publico como nunca antes....las volveria a perder una y otra vez. I'm okay. #lifegoeson

2012-11-18

Después de que su relación con Fernando terminara oficialmente en 2007, Jen tuvo amantes y aventuras, pero parecía que nadie podría llenar ese vacío hasta que conoció a Esteban… o eso pensaba ella. Fernando era su inspiración, su alma gemela, su todo, pero su relación era tumultuosa y su adicción les impidió ser felices para siempre. Jen no estaba segura de si podría volver a amar alguna vez, hasta que se enamoró de Esteban, un hombre que creía que finalmente podría darle la estabilidad que ella y sus hijos necesitaban.

Jen conoció a Esteban Loaiza en uno de sus conciertos de palenque en Mazatlán, México, el 7 de diciembre de 2008. Fue Gabo quien los presentó esa noche, sin saber que le estaba presentando a Jen a su futuro esposo. Esteban era un exitoso beisbolista que había jugado recientemente para los LA Dodgers, y un verdadero héroe deportivo en México. Ella era la Gran Señora, la Diva de la Banda, la única e incomparable Jenni Rivera. Parecían ser la pareja perfecta.

Inicialmente, aparte de encontrarlo físicamente atractivo, lo que le atrajo a Jen de Esteban era que parecía ser un hombre exitoso, que había alcanzado metas, que tenía sus cosas en orden y no necesitaba que Jen le ayudara; era alguien que finalmente podría cuidarla. Empezó a cortejarla con regalos lujosos y gestos espléndidos, y ella se dejó cortejar. Esto era inédito para Jen. Nunca antes la habían tratado como una reina. Esteban entró a la vida de Jen con sus joyas lujosas, sus carros increíbles, su ropa cara, e hizo todo lo que estaba a su alcance para que se rindiera a sus pies. Le compraba cinco pares de jeans, un par de zapatos a la semana, disfrutaba de las mejores cosas de la vida y la abría a todo esto, algo nuevo y emocionante para Jen. Nunca había sido tan mimada por un hombre como este; estaba acostumbrada a ser la proveedora de todo el mundo, así que, aunque fue un poco abrumador para ella, también fue una bocanada definitiva de aire fresco.

Por si fuera poco, Esteban era un tipo tranquilo, estable y agradable que evitaba las confrontaciones, alguien que representaba lo que Jen había llegado a creer que necesitaba en su vida. Sí, se sentía atraída por él, pero con toda honestidad, ni Gabo ni yo creíamos que ella estuviera realmente enamorada de él. La habíamos visto sentir un amor absoluto y profundo con Fernando, y esta relación era muy diferente. Para ella, Esteban representaba el marido y el padre ideal para sus hijos, un hombre que podía brindarle afecto y estabilidad, alguien que no necesitaba el dinero de ella porque tenía el suyo propio, un tipo decente y una buena figura paterna. Ella sabía que había tomado muy malas decisiones en sus relaciones anteriores y esta vez quería hacer bien las cosas. No se trataba realmente de estar enamorada, sino de evolucionar a un capítulo más maduro de su vida por el bien de sus hijos y sus padres, que esperaban verla sentar cabeza finalmente con un hombre bueno.

Jen pensaba que Esteban era la elección adecuada, pero no era una que necesariamente la llenara de alegría. Se trataba más de lo que se suponía que debía hacer ella, como si estuviera enfrentando a la Gran Señora contra la Diva. La Gran Señora era responsable, tomaba decisiones sólidas y elegía la estabilidad sobre el amor. La Diva era apasionada, se dejaba llevar por su corazón, y creía que el amor lo conquistaría todo en su mundo. En este caso, La Gran Señora estaba ganando, al menos por ahora.

Hicieron pública su relación un mes luego de conocerse. Siempre me pareció que todo fue un poco precipitado, pero Jen parecía tan enamorada de la idea de este hombre perfecto que no quería esperar, y simplemente se adelantó y dio el paso. Cuando se consolidaron como pareja en 2009, una tragedia inesperada golpeó a la familia de Jenni: La muerte tocó sus puertas.

FALLECE EL EXMARIDO DE JENNI RIVERA

A pesar de que su divorcio no había sido agradable, y una vez se calmaron las cosas, Jen se aseguró de mantener una buena relación con Juan López por el bien de sus hijos, y eso significaba no solo comunicarse con él, sino también llevarlos a que lo visitaran en la cárcel después de su sentencia. En 2009, Juan había cumplido el segundo año de su condena de diez años de prisión cuando contrajo neumonía. Tan pronto se enteró de su condición, Jen movió cielo y tierra para que lo trasladaran a un hospital y recibiera el tratamiento adecuado. Sin embargo, cuando fue internado, ya había comenzado a sufrir complicaciones debido a la infección, y su salud se deterioró rápidamente. Su situación no era la mejor, así que Jen se aseguró de llevar a sus hijos al hospital para verlo y estar con él, e incluso se sentó a su lado, cantándole canciones en lo que se estaba convirtiendo rápidamente en su lecho de muerte. Jen era dura, pero tenía un corazón de oro. Le costaba olvidar, pero era generosa para perdonar, especialmente si la otra persona admitía sus errores, porque ella sabía que tampoco era perfecta. Y por esa razón pudo permanecer de todo corazón junto a la cabecera de Juan en ese momento de necesidad.

Esas dos primeras semanas de julio fueron muy angustiosas. Jen quería tener fe, pero veía que Juan empeoraba, hasta que finalmente, el 14 de julio de 2009, recibió la temida llamada. Estábamos en una limusina Hummer blanca regresando de Delano, California, donde un departamento de artes de una escuela secundaria acababa de ser nombrado en honor a Jen. Yo estaba con ella, así como con Esteban y sus hijos. Fue un día de celebración que súbitamente dio un giro trágico. María, la hermana de Juan, estaba en la otra línea cuando Jen contestó su teléfono. Cuando Jen escuchó a María, su expresión cambió al instante. Nos lanzó una mirada rápida a mí y a sus hijos, y supe que había sucedido algo malo.

—Bien, te llamaré tan pronto llegue a casa. Ya casi llegamos, ya casi llegamos —dijo Jen antes de colgar—. Es Juan —me susurró, y entendí. Luego, recobró su compostura y observó a sus hijos, mientras seguían celebrando el día y riéndose, sabiendo que lo que tenía que decirles cambiaría sus vidas para siempre. Juan López había fallecido. Jenicka y Johnny ya no tenían un padre en esta tierra.

EL GRAN COMPROMISO Y SUS TRAMPAS

Cuando Jen ayudó a sus hijos a llorar la muerte repentina de Juan López, su relación con Esteban siguió floreciendo. En enero de 2010, un año después de conocerse, ya estaban comprometidos. Esteban había planeado cuidadosamente este momento para proponerle matrimonio delante de las personas que Jen quería más en este planeta: sus hijos. Habían salido a cenar juntos aquella noche, y mientras estaban sentados alrededor de la mesa, satisfechos por la deliciosa comida y dispuestos a disfrutar de su postre, Esteban respiró hondo y empezó a hablar. Miró a todos y dijo que quería ser parte de su familia, los niños miraron emocionados a su mamá, que, ajena a lo que estaba a punto de ocurrir, siguió masticando su postre. Entonces, Esteban se volvió súbitamente hacia Jen y le dijo: «Nena, si te pidiera que te casaras conmigo, ¿dirías que sí?». Y ella respondió: «Sí», sin retirar sus ojos del plato, todavía sin darse cuenta de que él estaba hablando en serio. Sus hijos se pusieron de pie y empezaron a aplaudir, Esteban se arrodilló, y ella dejó caer su tenedor, se volvió hacia él, y finalmente entendió lo que trataba de hacer él. Las lágrimas comenzaron a rodar por su rostro al ver la caja del anillo en sus manos, pero estaba tan desprevenida que no le dio una respuesta inmediata. Al ver que ella seguía sin pronunciar palabra, sus hijos le dijeron: «¡Mamá, di que sí!», y ella volvió a la realidad y comentó: «Dije que sí», y todos comenzaron a celebrar. Posteriormente, cuando ella le contó esta historia a María Celeste en el programa *Al Rojo Vivo*, señaló de manera conmovedora: «Yo no sabía qué decir», y luego añadió: «Bueno, yo no iba a decir que no». Jen se sintió sorprendida y conmovida, nunca había visto un anillo como ese, nunca antes le habían propuesto matrimonio, pero en última instancia estaba claro que su «sí» era más para sus hijos que para ella.

Esteban había logrado conquistarla y se casaron dos años después de conocerse, pero su relación no estuvo exenta de problemas prematrimoniales. Su primera crisis importante ocurrió después del compromiso, así como las señales de alerta a las que deberíamos haber prestado más atención, aunque no lo hicimos porque Esteban realmente parecía ser un hombre intachable. Jen, y quienes éramos más cercanos a ella, creíamos honestamente que era un hombre que tenía sus cosas en orden, pero para nuestra consternación, la realidad nos demostró pronto que estábamos equivocados.

Cuando empezaron a planear su boda, Jen se sorprendió cuando la madre de Esteban le pidió que firmara un acuerdo prenupcial. Esto le molestó un poco porque era una mujer que se había hecho a sí misma, se sentía muy orgullosa de su trabajo y de lo que había conseguido en su vida, y estaba lejos de anhelar dinero, pero le siguió la corriente y aceptó firmarlo. Un día, mientras revisaban los diferentes borradores del acuerdo prenupcial en su casa, Jen quedó completamente sorprendida y consternada por lo que descubrió.

—Oye, este borrador dice que tienes una hija en San Diego. ¿Por qué no me lo habías mencionado? —preguntó Jen desconcertada, esperando que se tratara de un error, incapaz de entender del todo el hecho de no saber un hecho tan importante sobre el hombre con el que estaba a punto de casarse.

—Ella no está presente en mi vida. Fue solo una aventura que tuve al principio de mi carrera. Le mando dinero, pero no es como si fuera mi hija —dijo él con indiferencia.

A Jen se le cayó el alma a los pies. No podía creer lo que estaba oyendo. Una cosa era descubrir que él tenía una hija gracias a un acuerdo prenupcial, pero la manera tan rápida en que él le restó importancia a esto fue totalmente indignante e inaceptable. Ella lo miró con incredulidad y me llamó a mí y a su amiga Elena, pidiéndonos que fuéramos a su casa lo antes posible. Estaba llorando cuando llegué. Me abrazó y sollozó amargamente. Cuando Elena llegó, Jen nos llevó a donde Esteban estaba sentado y, señalando hacia nosotros, lo fulminó con la mirada y le gritó: «¡Cuéntales, pedazo de mierda!». Mi primera reacción cuando la oí decir eso, el primer pensamiento que cruzó mi mente, fue *Si él le puso la mano encima, lo voy a chingar.* Esteban, perplejo por la reacción de Jen, explicó en voz baja que había engendrado una niña a principios de su carrera y que nunca le contó esto a ella o a nosotros.

—¿Cómo puedo casarme con el hombre al que he pasado toda mi carrera criticando y del que he estado defendiendo a las mujeres? ¡Va contra todo lo que represento! ¡No puedo casarme con él! —gimió Jen.

Esteban hizo todo lo que estaba a su alcance para hacer que sus actos parecieran lógicos, pero fue infructuoso. Y entonces se separaron en ese instante. Parecía que ese sería el final de su relación para siempre, pero no lo fue. Poco tiempo después, se encontraron en la fiesta de cumpleaños de Elena y pasaron la noche entera hablando de todo, hasta el punto de que Jen dejó de asistir a una entrevista que había programado en horas de la mañana siguiente con Raúl Molina, en su programa *El Gordo y la Flaca*. Habían logrado reconciliarse al mismo tiempo que amanecía.

La boda se volvió a planear de manera oficial, pero Jen aún no estaba totalmente convencida de casarse con él. Gabo recuerda un incidente particular que hizo que los sentimientos de Jen fueran tan claros como el cristal. Estaban en un hotel en Chihuahua, México, después de una de las presentaciones de Jen. Gabo estaba en la habitación de al lado y, cuando se estaba preparando para irse a dormir, la voz súbita y enojada de Jen llamó su atención. Estaba discutiendo con Esteban. «Pero, ¿por qué hiciste eso? ¿Por qué me hiciste quedar mal? ¿Por qué?», gritó ella con furia. Jen siguió diciéndole cosas más fuertes a cada minuto que pasaba, y la discusión se intensificó hasta terminar en una verdadera pelea, y ella explotó finalmente, «¿Y sabes qué? ¡Agarra tu chequera porque no voy a gastar un centavo en la boda! No quiero casarme. ¿Me oyes? ¡No quiero casarme! Mis hijos son los que están entusiasmados con esta boda, ¡pero yo no! Así que agarra tu chequera porque no quiero pagar nada. Si estás tan loco por casarte, ¡entonces paga por ella! ¡No quiero casarme! Si lo hago, es solo para darles un padre a mis hijos, pero no porque quiera tener un marido, ¿entiendes?». Gabo se sorprendió por lo que escuchó. Sabía, al igual que yo, que Jen no estaba locamente enamorada de Esteban, pero no la había oído expresarse con tanta firmeza hasta ese momento. Basta con decir que finalmente se reconciliaron y la boda todavía estaba en marcha, pero estuvo muy lejos de ser un compromiso honesto y alegre.

Sin embargo, Esteban y Jen tuvieron su boda de cuento de hadas, la cual fue televisada nacionalmente el 8 de septiembre de 2010, sin ningún tropiezo. Lo que nadie sabía era que ese mismo día, mientras Jen iba en el helicóptero que la transportaba al sitio de la boda, y en un momento de claridad y de pánico, agarró su teléfono celular y marcó el número de Fernando.

—¿Adivina qué? —dijo cuando él contestó—. ¡Me voy a casar!

Fernando no le creyó y se rio, pensando que estaba bromeando como siempre, así que ella se lo dijo de nuevo.

—Me estoy yendo a casar.

Era el grito de ayuda de Jen para el hombre al que aún estaba unida emocionalmente, al que ella sentía que era su alma gemela, alguien a quien nunca olvidaría, aunque sabía que no podía estar con él. Pero nada salió de esa llamada. Él creyó honestamente que era una broma, por lo que no hizo nada, algo que lamenta hasta el día de hoy. Él deseaba haberle creído; si lo hubiera hecho, habría tratado de convencerla de que no lo hiciera, pero no fue eso lo que sucedió. Cuando colgó su teléfono celular, Jen apartó cualquier duda de su mente, recobró su compostura, bajó del helicóptero y se dirigió hacia su así llamado «felices para siempre».

La boda fue perfecta, ella parecía radiante de alegría, y cada uno de nosotros creía que finalmente estaba consiguiendo el final feliz que tanto anhelaba y merecía, ignorando por completo la debacle a la que tendría que hacer frente tan solo dos años después. Sin embargo, antes de que la farsa de su marido se desmoronara ante sus ojos, otro drama estaba a punto de estallar, involucrando esta vez a su hijo Mikey.

¡EL HIJO DE JENNI RIVERA ES ARRESTADO POR TENER SEXO CON UNA MENOR!

Como era común en la vida agridulce de Jen, cada momento feliz, y cada celebración, era seguida siempre y de alguna manera por un giro dramático de los acontecimientos. Cuando Jen y Esteban se casaron, a todo el mundo se le permitió llevar un invitado a la boda. Mikey decidió invitar a un viejo amigo de Corona, quien a su vez le preguntó si podía invitar a su tía y a su prima. Cuando Mikey checó con Jen para ver si podía, ella le dijo: «Claro, no hay problema», por lo que quedaron en eso. En la boda, Mikey y la prima de su amigo simpatizaron, hablaron un rato, y finalmente decidieron intercambiar números y permanecer en contacto.

La boda terminó y todos retomaron sus vidas, excepto por Mikey y esta chica, que continuaron enviándose mensajes de texto, hablando y haciendo planes para salir de nuevo. Finalmente acordaron una cita y Mikey fue a verla a Corona. Pasaron un tiempo juntos, se manosearon y tuvieron relaciones sexuales consensuales. Luego, los días se convirtieron en semanas, y esta conexión casual comenzó a fallar, por lo que Mikey dejó de prestarle atención. Molesta, la chica le contó a su mamá lo que había sucedido, y se les ocurrió un plan. En primer lugar, la madre le hizo tomarse una muestra a su hija con un kit casero para poder acusarlo de violación. A continuación, contactó directamente a Mikey y empezó a amenazarlo. El argumento era el siguiente: la chica tenía alrededor de dieciséis años y Mikey acababa de cumplir diecinueve, así que técnicamente, a pesar de que todavía eran adolescentes, él era mayor de dieciocho años y ya era considerado un adulto. Así que la mamá tenía la coartada perfecta. No solo lo amenazó con presentar cargos por violar a su hija, sino también por tener relaciones sexuales con una menor de edad.

Mikey, completamente asustado por las súbitas acusaciones, acudió a su hermana Chiquis en busca de ayuda. Ella se encargó rápidamente de esto y trató de convencer a la madre de la menor, que finalmente expresó sus verdaderas intenciones: dijo que no presentaría cargos si Jenni les pagaba $300.000 y ayudaba a su hija con su carrera musical. Ahora, atrapada entre la espada y la pared, e incapaz de responder a semejante petición, Chiquis no tuvo más remedio que involucrar a Jenni. Después de contarle todos los detalles, Jen llamó a Mikey a su oficina y exclamó:

—¿Qué diablos hiciste?

Si Mikey había hecho algo mal, Jen estaba dispuesta a dejar que se pudriera en la cárcel.

—Dime lo que pasó y no te atrevas a mentirme, ¿me oyes?

—No, mamá, no fue así de ninguna manera —dijo Mikey, aterrorizado, y continuó explicándolo todo paso a paso y le mostró los mensajes de texto para respaldar su historia.

Yo había estado sentado en la oficina todo el tiempo, en medio de una reunión de negocios con Jen, cuando empezó el desmadre. Mientras yo veía a Mikey contarle su versión de la historia a Jen, Chiquis regresó a la oficina, con el teléfono celular en la mano, y le dijo a Jen que la madre de la niña la había llamado de nuevo y estaba en la línea. Jen, que era una madre sumamente protectora, agarró el teléfono y asumió el control de la situación de manera instantánea.

—Hola, ¿cómo está? Le habla Jenni Rivera, la mamá de Mikey. ¿Qué está pasando? —Jen escuchó con paciencia, y luego respondió—: Si le ha pasado algo a su hija, me aseguraré de que reciba toda la ayuda y el tratamiento que necesite. Si mi hijo se aprovechó de ella, me aseguraré de ayudarla. Pero es imposible que usted le ponga un precio al bienestar mental de su hija. Pedirme este dinero parece más bien un chantaje. Si cree que va a sacarme un pinche dólar de esta manera, entonces creo que es mejor que presente cargos y nos encontremos en la corte.

El tiempo transcurrió y creímos que el problema había desaparecido, hasta que Mikey fue arrestado en Corona una mañana. Anthony López, el abogado de Jen, y yo, fuimos a tratar de sacarlo en libertad bajo fianza, mientras los medios de comunicación, que ya estaban en la corte, hicieron su agosto subiendo su foto a sus plataformas y comparándolo con su padre, pues él también había tenido sexo con menores de edad. La situación se hizo realmente desagradable con mucha rapidez, y el escándalo sacudió por completo a toda la familia. Jen sabía que su hijo no era inocente —había tenido relaciones sexuales con esa chica—, pero estaba lejos del monstruo que describían los medios. Jen se sintió devastada una vez más.

En última instancia, tener fe le ayudó a Jen a soportar esto. Lloró, reunió las fuerzas que necesitaba para salir adelante, fue a la corte con la cabeza en alto, y con Mikey a su lado, se preparó para entablar una batalla por su hijo, con una fe inquebrantable de que se haría justicia. Al final, la verdad prevaleció. A pesar de que finalmente se acordó que el sexo había sido consensual y no un caso de violación, él era técnicamente todavía un adulto a los ojos de la corte y ella era menor, por lo que el caso no podía ser desechado, aunque lograron llegar a un acuerdo. Mikey fue puesto en libertad condicional sin tener que ir a la cárcel, pero los demandantes no recibirían ningún beneficio financiero, y Jen había defendido a su familia y salido victoriosa una vez más.

A Jen le costaba entender por qué la gente actuaba con semejante malicia en sus corazones, yendo al extremo de aprovecharse de ella, pues nunca se veía a sí misma como la gran celebridad en la que se había convertido. Ella siempre permanecía con los pies en la tierra, y eso era una parte de su esencia hermosa, una parte de su magia como ser humano. El juicio le ayudó a que sus hijos abrieran los ojos a la realidad. Jen comprendió súbitamente que habían llevado una vida muy protegida y que era hora de enseñarles un poco de responsabilidad. Por lo tanto, además de estar en libertad condicional, le consiguió a Mikey un trabajo como lavaplatos en un restaurante de mariscos. Era hora de que tuviera un poco de realismo, y no tuvo miedo de dárselo. Después de trabajar como lavaplatos, lo puso a trabajar estacionando carros en un servicio de estacionamiento. Así era Jenni, aprendiendo de las lecciones de la vida y haciendo todo lo posible para asegurarse de que sus hijos crecieran entendiendo el valor que tenía un dólar, algo que ella creía que Esteban sabía, pero le esperaba una gran sorpresa.

UN MATRIMONIO EN DECLIVE

Jen se tomó muy en serio su matrimonio. Aunque era rebelde en muchos aspectos de su vida, también era una mujer tradicional. Nunca se metió intencionalmente con hombres casados y sabía que como mujer casada que era, no rompería ese voto matrimonial. Pero realmente estaba en medio de un gran conflicto. Por un lado, pensaba que era esto lo que necesitaba, alguien estable para ella y sus hijos. Vio lo felices que estábamos todos por ella, sentando cabeza en ese matrimonio de cuento de hadas que tanto merecía, así que siguió adelante. Era para bien, o eso creía ella, lo que se suponía que debía hacer; sin embargo su corazón y su alma estaban padeciendo una muerte lenta y tediosa. Esteban carecía de pasión, ambición y determinación, y eso estaba matando por dentro a Jen en silencio, pero siguió desempeñando el papel de la buena esposa.

Con la esperanza de despertar una ambición que se engañó a sí misma al creer que Esteban tenía, Jen acudió muchas veces a mí para pedirme que le consiguiera un trabajo, ya fuera dando una clínica de béisbol, trabajando con los jóvenes de la ciudad, o en cualquier otra cosa para mantenerlo activo. A Jen le sentaba bien el ajetreo y cuando se casó con Esteban, pensó que era tan espabilado como ella, pero resultó que era completamente hogareño y sedentario. Le gustaba despertarse tarde, mientras que Jen siempre había sido muy madrugadora.

Para Jen, las 6:00 a.m. ya era tarde, así que despertarse a las 11:00 a.m., se le hacía simplemente inaceptable. Estos pequeños detalles comenzaron a sumarse y a molestarle.

Estamos hablando de una mujer que estaba llena de creatividad y energía, que tenía un montón de empresas lanzándose o funcionando simultáneamente, y que siempre estaba un paso por delante del resto de nosotros. Se trataba también de una mujer que una vez dijo en una entrevista que se iba a casar con alguien que podía estar ahí para apoyarla en caso de que ella tuviera que dejar de trabajar, no que ella quisiera o haría esto, pero era agradable saber que podría apoyarse en alguien. Pero este alguien resultó ser un atleta estereotipado, que no podía ni hablar correctamente, y que a veces parecía ser tan tonto como una bolsa de piedras, entonces Jen comenzó a sentirse muy molesta con él. De repente, se dio cuenta de que uno de sus principales problemas con Esteban era que sinceramente no lo admiraba en lo más mínimo, algo que le confesó a Gabo después de observarlo con su novia. «Puedo ver que tu novia está impresionada contigo, eres su todo, alguien a quien ella admira. ¿Y sabes qué? No me siento así con Esteban. Sinceramente, no estoy muy orgullosa de él cuando salimos».

En última instancia, Jen comenzó a sentirse traicionada. La imagen que él había trasmitido cuando estaba tratando de conquistarla se había desmoronado en una realidad que era completamente opuesta al hombre que ella pensaba inicialmente que tenía las cosas en orden y estaba a la altura de su ética en el trabajo y en la vida. Creo sinceramente que el asunto más difícil que tuvo que enfrentar Jen una y otra vez a lo largo de su vida no fue estar en el *welfare* o vivir en la pobreza, sino más bien el engaño, en todas sus formas, modalidades y dimensión. Poco sabía ella que ya estaba en la cúspide de la serie final de engaños y decepciones por parte de cuatro de sus personas más cercanas. Su círculo íntimo de confianza estaba a punto de implosionar ante sus ojos y, en última instancia, llenarla de dolor y romper a nuestra llamada diva inquebrantable en un millón de pequeños pedazos.

GABRIEL «GABO» VÁZQUEZ

Gabriel Vázquez fue sumamente importante en la vida de Jen. No solo fue su director de giras, sino también alguien que sobrevivió a todos y a cada uno de sus matrimonios. Ella solía decir esto sobre nosotros dos. Éramos los hombres que había mantenido a su lado durante el mayor tiempo posible, sus hermanos, su yin y yang, los dos hombres a los que podía recurrir en busca de fortaleza y de equilibrio en su vida. Si necesitaba sentirse protegida, recurría a mí, y si necesitaba que alguien la consolara, acudía a Gabo. Él la hacía reír y sentirse bien, era educado y amable con ella. Jen y Gabo pasaban horas interminables mientras estaban de viaje. Era él quien se aseguraba de que ella comiera, se despertara a tiempo y tuviera todo lo necesario; había estado ahí para ella en las buenas y en las malas, confortándola en los momentos difíciles y celebrando todos sus éxitos. Era alguien con quien Jen se sentía segura, así que perderlo realmente fue un momento desgarrador en la vida de Jen.

Cuando empecé a trabajar con su equipo, Jen y Gabo ya habían sorteado juntos varias dificultades, viajando en una van, trabajando de manera incansable para que ella tuviera un poco de éxito en su carrera. Sin embargo, a medida que el tiempo pasó, Gabo se convirtió en un blanco constante y en un sospechoso continuo dentro del círculo íntimo de Jen. Se mantenían sugiriendo que él podría estar sacando dinero de los ingresos que ella recibía por sus giras, comenzando con Lupillo, que fue el primero en sembrar esa semilla de duda en su mente. «Ten cuidado con él, te está robando», le decía. Jen, que nunca se quedaba con los brazos cruzados, le preguntaba a Gabo, y una y otra vez, y él se defendía y demostraba su inocencia. Soportó estas mentiras durante varios años, pero siempre fue una persona firme que permaneció al lado de Jen, el que la mantenía optimista y animada cuando las circunstancias estaban en su contra, la persona que creía en ella cuando otros le daban la espalda, la que protegía su sueño y perseveraba con ella para hacer sus sueños realidad.

Sin embargo, las cosas llegaron a un final abrupto e inesperado en 2011, lo que les costó a Jen y Gabo no solo su relación de negocios, sino también sus muchos años de amistad. En esta ocasión, todo comenzó con la semilla de duda plantada por Esteban. Se había ganado la confianza de Jen, y siguió diciéndole cosas, haciéndola sospechar de su viejo amigo y leal mánager de giras. Creo sinceramente que Esteban tenía la esperanza de convertirse en el próximo Juan López; quería ese cargo de mánager, y para conseguirlo necesitaba sacar a Gabo del camino. Era una evidente disputa por el poder y Esteban aprovechó su oportunidad con un par de facturas que no cuadraban. Era ahora o nunca. Esteban metió los papeles que había encontrado en un sobre de manila y se los entregó a Jen como una prueba evidente de la mala conducta de Gabo.

Cuando Jen abrió el sobre y leyó las facturas una y otra vez, me llamó para pedirme que fuera a su oficina. Tan pronto crucé la puerta, me entregó el sobre y me pidió que les echara un vistazo a las facturas. Me senté y comencé a leer los documentos, comparando atentamente los números de una página con los de la otra, desconcertado al ver que no correspondían. Reconocí la información: era una factura por un concierto en México. En realidad, había dos facturas prácticamente idénticas, pero una tenía más ingresos que la otra.

—¿Qué es esto? —le pregunté confundido a Jen.

—Parece que lo que la gente ha estado diciendo todos estos años es cierto —me dijo, pasando rápidamente a la conclusión de que el dinero que faltaba y que no había recibido se lo había robado Gabo.

¿Qué se suponía que debíamos pensar? Al comparar la versión de Gabo de la factura con la versión final de Jen, era claro que faltaban 200.000 pesos de su pago final. ¿Qué había pasado con ese dinero? ¿Por qué él nunca le había mencionado esta suma? ¿Por qué había dos versiones de esta factura? Era fácil suponer que Gabo debía haber sacado dinero, sobre todo después de escuchar durante varios años estas sospechas de personas que rodeaban a Jen.

—¿Qué chingados? —exclamé—. ¿Qué vas a hacer?

Tenían programada una gira de fin de semana, por lo que Jen invitó a cenar a Gabo y esa noche lo trató como siempre. Preparó arroz integral y salmón, repasaron los últimos detalles de su próxima gira, y cuando él se fue, mientras se despedía con un beso de Jaylah, la nieta de Jen, ella sintió una punzada en el corazón, sabiendo que sería la última vez que él estaría allí con ellas. Escasamente podía mirarlo a los ojos, sabiendo muy bien que sus ojos simplemente no podían mentir.

El fin de semana llegó y viajaron a México tal como estaba previsto. Una vez terminados los conciertos, Jen llamó a Gabo a la piscina donde estaba tomando el sol, y le entregó el sobre de manila. Agachó la cabeza mientras lo revisaba, y ella simplemente le preguntó: «¿Por qué?».

Esa era la pregunta clave, la única pregunta que, en caso de ser contestada, podría haber despejado una vez más su nombre de toda sospecha, pero esta vez eligió permanecer en silencio. Y no fue la culpa lo que lo silenció, sino el miedo por su vida y la de Jenni. Su silencio era lo único que garantizaría su protección, pero también le costó su amistad y su empleo.

Después de trabajar incansablemente en México junto a Gabo, Jen se convirtió finalmente en La Gran Señora, pero ese título también tenía sus riesgos. México es conocido por ser un país de carteles. A pesar de todos los esfuerzos que hiciera el gobierno para mantener a raya a los carteles, estos todavía tenían una gran influencia en muchas zonas de México, y cuando hacen negocios allí, es casi imposible no encontrarse con ellos. Gabo era mexicano, había hecho negocios allí durante años, por lo que sabía muy bien cómo eran las cosas. Se trataba de un asunto muy delicado, pero de alguna manera hizo que todo funcionara sin poner a nadie en peligro. Solo después de que Jen falleciera oí la versión de Gabo de esta debacle y finalmente todo tuvo sentido para mí. Había guardado silencio durante mucho tiempo. Ha llegado el momento de tomar cartas en el asunto y explicar cómo sucedieron las cosas en sus propias palabras:

En México, la ley es aplicada principalmente por los carteles. Su poder e influencia son tan grandes que sus deseos por lo general son órdenes para todos, y eso incluye poder dar conciertos de forma segura en muchos de los sitios importantes en todo el país. Una vez que Jenni se convirtió en La Gran Señora y comenzó a presentarse en escenarios más grandes, nos tocó acatar las reglas de los carteles. En nuestro caso, se trataba de mordidas, una cuota que los carteles cobraban a los promotores a cambio de garantizar la seguridad de los artistas en su territorio. Si los promotores trataban de organizar un evento de cualquier tipo, los carteles les decían que necesitaban una mordida para garantizar la seguridad de todos. Entonces, los promotores se ponían en contacto a su vez con el personal de los artistas para compartir esta «cuota» extraordinaria, y no tuvimos más remedio que aceptarla e incluirla como otro gasto de viaje. Si no hacíamos esto, nuestra artista no podría presentarse en esos lugares o tendría que hacerlo bajo su propio riesgo. Era un riesgo que yo no estaba dispuesto a asumir por Jenni. Comenzó a circular un rumor acerca de todo esto entre los artistas más importantes, y finalmente llegó a oídos de Jenni. «Oye, Gabo, no nos piden nada, ¿verdad?», me preguntó, refiriéndose al rumor. Y yo le dije que no. Pero esto no era cierto. Ya habíamos estado pagando estas mordidas por un tiempo cuando me hizo esta pregunta, pero yo había decidido no decirle nada para evitar problemas mucho mayores.

Todo el mundo sabía que nadie se metía con Jenni.

Cuando escuchó este rumor, además de preguntarme por él, también me dijo:

—Mejor asegúrate de no darles nunca un centavo de mi dinero a esos criminales. Ese dinero les pertenece a mis hijos, no a esos pinches matones.

—Lo sé, Jenni. Lo sé —respondí, sabiendo muy bien que eso era exactamente lo que estábamos haciendo para que ella pudiera seguir cantando y que su base de fans siguiera creciendo. En primer lugar, no quería decírselo porque no quería asustarla con todo esto; yo la estaba cuidando y ella no tenía por qué preocuparse por esas cosas. En segundo lugar, también formaba parte de la solicitud de los carteles. Aunque la respetaban mucho, también sabían que ella tenía una tendencia a utilizar las redes sociales para ensañarse con la situación o persona que la hubiera enojado. Y no tenían ningún interés en que los nombres de sus carteles aparecieran en todos los medios de comunicación y se asociaran con cobrar mordidas a los artistas, aunque eso era exactamente lo que estaba sucediendo en la vida real.

Así, por un lado, Jen no quería que yo les pagara ni un centavo para cantar en esos lugares, y por otro, ellos habían sido muy claros de que si se hacía público el rumor de que ellos estaban involucrados, nuestras vidas estarían en peligro. Era tan simple como eso. Y yo sabía que si Jenni se enteraba de esto, haría un gran escándalo. No había manera de que no comentara esto por Twitter ni hablara de ello públicamente porque ella era así. No permitía que nadie se metiera con ella, sin importar lo peligrosos o poderosos que fueran, así que ocultarle esto no solo impediría que Jen se presentara en nuestro querido México, sino que también nos protegería a ella y a mí de consecuencias mortales.

Esto funcionó por un tiempo. Pagamos y nadie nos molestó. Claro, siempre teníamos escoltas y viajábamos en una SUV cuando Jenni ya era famosa y se presentaba en varios lugares de México, pero nuestro equipo de seguridad estaba básicamente dispuesto a ayudarnos con sus fans incondicionales; no llevaban armas ni nada de eso. Las mordidas eran lo que garantizaba nuestra seguridad. Si no hubiéramos pagado para que Jen viera sus conciertos, podríamos haber sido asaltados fácilmente o ser víctimas de algo peor. Era la única manera de garantizar nuestro paso seguro en esos territorios. Desde el principio aprendí que la mejor manera de hacer estos pagos era a través de los promotores. Otros colegas me dijeron que era mejor que los carteles nunca me vieran ni hablaran directamente conmigo. Era así como todos los otros mánagers de artistas famosos estaban manejando esto, así que seguí su ejemplo.

Sin embargo, a pesar de que yo sabía que la estaba protegiendo, el hecho de ser completamente sincero con Jenni me persiguió al final. Ese día, cuando ella me confrontó con esas dos facturas y me preguntó por el dinero que faltaba -que era la cantidad exacta de la mordida para ese concierto-, supe que todo había terminado.

—¿Por qué tomaste ese dinero? —preguntó con incredulidad en sus ojos.

—No fue eso lo que pasó. No es así —respondí.

—Pues no quiero que trabajes conmigo —afirmó.

—Está bien —dije—. Un día sabrás por qué hice esto, un día sabrás la verdad.

Y me retiré. Decidí permanecer en silencio y sacrificar mi trabajo y mi amistad por nuestra seguridad. Yo sabía

Jenni entregándose por completo en un ensayo.

Jenni y Gabo en una prueba de sonido antes de una presentación.

Jenni y Edward James Olmos en el *set* de *Filly Brown.*

Jenni y Esteban.

Jacob Yebale peinando a Jenni en el bus de giras.

Jenni en el *set* de *Filly Brown*.

Jenni en una sesión fotográfica para NUVO, junto con su Rolls Royce.

La estrella de Jenni en el Polytech High School de Long Beach.

Jenni con su nieta Jaylah y su maquillista Jacob.

Jenni con un aviso
"J-Unit" de sus fans.

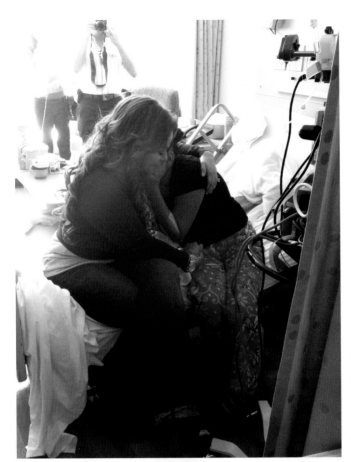

Jenni visitando a un paciente en el Children's Hospital de Los Ángeles, siempre lista para compartir su amor y hacer todo por su comunidad y los más necesitados.

Jenni en la filmación de su video para "Basta ya".

Jenni luciendo su icónico sombrero fedora.

Mikey, Chiquis, Juan Rivera, Jenicka y Jacqie junto al bus de giras de Jenni.

Noches de Miami: Pete, Zulema, Jenni y Esteban.

Pete y Chiquis.

que si le decía la verdad, ella habría acudido directamente
a las redes sociales para burlarse de todos ellos, y eso solo
pondría su vida y la mía en peligro. Fue por eso que decidí
asimilar tomar el golpe y guardar silencio. Ella me atacó
más tarde de manera implacable, haciendo declaraciones
increíblemente duras en los medios de comunicación
sobre la manera en que yo le había robado dinero y de
que iba a presentar una demanda contra mí, pero al menos
estábamos vivos para contar la historia.

Cuando Gabo finalmente me contó su versión de la historia, dándome pruebas para respaldar sus afirmaciones, todo empezó a tener más sentido. La diferencia en el pago que Jen vio en esas facturas era la cantidad exacta que se había pagado en mordidas. Y Gabo sabía cómo funcionaban los negocios; sabía que pagar esa mordida les permitiría seguir trabajando en estos lugares, por lo que era mejor que siguieran las reglas del juego en vez de hacer enojar a estas personas. Por otra parte, y dado que conocía bien a Jen, si él le hubiera dicho que tenían que pagar a los carteles para que ella pudiera cantar, Jen habría hecho un berrinche en las redes sociales, hablando pestes de todos ellos, porque así era ella. Y si ustedes miran retrospectivamente, eso fue exactamente lo que hizo, pero el que recibió el golpe fue Gabo y no los carteles. Asumió la culpa y no dijo nada.

Sí, en teoría, todo parecía indicar que él le estaba sacando dinero, pero ahora sé que esto no fue cierto, y finalmente comprendí. Entiendo su punto de vista porque él conocía la actitud de Jen y sus reacciones precipitadas, y también sé que no puedes meterte con esa gente. Y cuando se desató un verdadero infierno entre Jen y Gabo, él se mantuvo callado, sin hacer declaraciones a los medios, y simplemente guardó silencio para proteger la vida de Jen y la suya. Era el precio a pagar por el éxito de Jen en México, algo con lo que todos los artistas tenían que lidiar así estuvieran o no al tanto de eso.

Si le preguntas a Gabo ahora, él dirá que, en retrospectiva, habría hecho las cosas de un modo totalmente diferente. Jen era como una hermana para él, así que no solo perdió su trabajo y su reputación, sino también a una de sus amigas más cercanas. En ese año en que estuvieron separados, ella también lo echó muchísimo de menos, recordando y diciendo con frecuencia: «Si Gabo estuviera aquí, no estaría ocurriendo esto», cuando las cosas salían mal en las giras o en los conciertos. Ella pudo apreciarlo aún más al no tenerlo a su lado. Se dio cuenta de todo lo que él había contribuido a su carrera y, más que nada, comprendió cuánto echaba de menos a su amigo, a su hermano, a su confidente de negocios… Esa fue la pérdida número uno.

ELENA JIMÉNEZ

Se trataba de su mejor amiga, otra decepción y traición imprevistas que le dolieron profundamente a Jen. Había conocido a Elena Jiménez hacía dos años, alrededor de 2010. Elena diseñaba joyas, era una gran fan de Jenni, estaba casada con Sulema, una mujer agradable, sofisticada y mayor que ella, y parecía tener una vida familiar sólida. Elena, que siempre estaba disponible para Jen, se ganó su confianza con rapidez y pudo acceder a su círculo íntimo, convirtiéndose pronto en una de sus mejores amigas. Jen solía ir a cenar a su casa y la dejaba cuidar a Johnny cuando tenía cosas que hacer.

Sin embargo, poco después de que Jen se casara con Esteban, Elena nos informó que se estaba divorciando. Fiel a su esencia, Jen apoyó a Elena durante este momento difícil, pues ella también había pasado por varios divorcios y sabía muy bien lo difícil que pueden ser esos cambios en la vida; asimismo, se mantuvo en contacto con Sulema, a quien también consideraba su amiga. Fue en esta época cuando aparecieron algunas señales de alerta, pero pasaron desapercibidas. Sulema se sinceró y le contó a Jen algunas historias sobre Elena, advirtiéndole que no era como todo el mundo pensaba que era. Pero Jen no le prestó mucha atención a esto, y lo descartó como otro comentario más debido a su divorcio. Mientras tanto, Elena empezó a alardear de todas las mujeres de negocios que había conquistado, pero simplemente vimos eso como chismes divertidos.

Elena también se convirtió finalmente en parte de nuestro equipo, viajando con nosotros y asistiendo a premios, donde consiguió muchos clientes que lucían sus joyas.

Como una integrante recién aceptada en nuestra familia laboral, parecía apenas natural incluirla en las próximas vacaciones familiares. Estábamos grabando la segunda temporada de *I Love Jenni*, que incluía un viaje familiar a Hawái, y Jen pensó que sería padrísimo que Elena fuera con nosotros; no solo era su nueva mejor amiga, sino que Jen se había reconciliado con Esteban después de su primera ruptura en la fiesta de cumpleaños de Elena, y ahora estaban felizmente casados –o eso pensábamos–, así que lo dimos por hecho. Viajaron a Hawái con el equipo de producción para unas vacaciones familiares llenas de diversión.

Cuando regresaron, la vida transcurrió como siempre hasta que Elena nos presentó a Alejandra, su nueva novia. Nunca me pareció que Alejandra tuviera buenas vibras, pero ignoré esto; sin embargo, a Chiquis no le agradó para nada. Todos pensábamos que simplemente estaba protegiendo a su círculo íntimo y amado, pero la realidad pronto nos demostró que estábamos equivocados. Todo comenzó a manifestarse durante la boda de Jacqie en septiembre de 2012. Elena y Alejandra estaban visiblemente molestas ese día. Chiquis y Elena habían estado murmurando mucho entre sí, y Alejandra parecía francamente enojada, pero todos ignoramos esto mientras tratábamos de concentrarnos en el gran evento en la vida de Jacqie.

Unos días después, mientras Jenni estaba en el cine con Esteban y sus hijos más pequeños, recibió una llamada urgente de Alejandra. Esto era extraño, pues Jen no había establecido ningún tipo de vínculo con ella. Confundida, respondió y oyó a Alejandra decir: «Necesito hablarte de algo». Jen estaba a punto de decirle que no, pero ella le rogó y le suplicó hasta que Jen accedió a reunirse con ella esa noche. Jen le dijo a Esteban que se le había presentado una reunión inesperada y le pidió que llevara a los niños a casa, y se fue a ver qué era el asunto tan importante que Alejandra tenía para contarle.

—No sé si lo sabes —comenzó Alejandra, una vez que estuvieron frente a frente—, pero Elena está teniendo una aventura con tu hija.

Solo puedo imaginar a Jen pensando, ¡Chingados!

Alejandra sacó un teléfono celular, sosteniendo que era de Elena, y le mostró unas fotos. Dejó el teléfono en la mesa, y por supuesto, había varias fotos de Chiquis con un traje de baño y otras en las que se veía sexy. Jen reconoció el lugar de inmediato: Hawái. Mientras a Jen se le caía el alma a los pies, Alejandra confesó que ver a Elena y a Chiquis susurrar entre sí y charlar en la boda de Jacqie le había producido una sensación extraña. Estaba celosa. Tenía la corazonada de que algo pasaba entre ellas y quería llegar al fondo del asunto. Entonces, al cabo de unas pocas noches, mientras Elena dormía, Alejandra agarró su teléfono, examinó las fotos, y vio las de Chiquis en traje de baño. Luego checó sus mensajes y encontró un intercambio entre las dos que, aunque no era muy subido de tono, le produjo un ataque de celos que culminó con la llamada telefónica a Jenni.

—Voy a dejarla —dijo Alejandra—. No puedo seguir con esto.

Y eso fue exactamente lo que hizo. Después de su encuentro con Jen, terminó su relación con Elena y regresó a México.

Mientras tanto, Jen se quedó con esta noticia impactante y con el teléfono de Elena en la mano. Mientras miraba esas fotos, seguía pensando que se trataba de alguien a quien había considerado una de sus mejores amigas, alguien que había acogido como a una de las suyas, alguien a quien había confiado a su familia. Estaba totalmente consternada y regresó lívida a su casa.

Al día siguiente, Jenni organizó una reunión entre ella, Elena y yo en el Jerry's Deli, que estaba en la misma cuadra de su casa. Yo no sabía lo que pasaba y fui, suponiendo que Jen quería hablar más de sus problemas matrimoniales con Esteban, como lo había hecho la última vez que nos encontramos en ese mismo lugar. Sin embargo, cuando entré con Elena, supe que pasaba algo. Cuando nos acercamos a Jen, que estaba de pie con su sudadera roja y negra marca Jordan, miró en nuestra dirección con ojos llorosos y enfurecidos. Nos sentamos en una cabina y nos miramos mientras un silencio siniestro se cernía sobre nosotros como si fuera un puñal. Jen estaba tratando de mantener la compostura, de encontrar la mejor manera de abordar la situación, pero no podía aguantar más y se descargó con Elena con cada ápice de su rabia acumulada.

—¿Cómo pudiste cogerte a mi hija?

Elena permaneció sentada con una expresión de estupefacción en su rostro, como si le hubieran sacado el aire directamente de los pulmones, mientras yo permanecía allí, asombrado ante el nuevo drama que se desarrollaba ante mis ojos.

—Lo sé todo —dijo Jen, furiosa—. Alejandra me mostró las fotos y los mensajes de tu teléfono, así que no lo niegues.

—La chingué —murmuró Elena, tras ser acusada, sin la menor posibilidad de negarlo. Ocurrió apenas una sola vez. Fue hace mucho tiempo.

Elena se refería a un supuesto encuentro un tiempo atrás, cuando Chiquis había ido a cenar a su casa, habían tomado de más y terminado la noche con un beso. Al menos esa fue la historia que Elena le contó a Jen.

—¿¡Ocurrió solo una vez!? ¿Hace mucho tiempo? Perra, te conozco desde hace apenas dos años —gritó Jen sin poder creerlo. Luego se metió la mano en el bolsillo de la sudadera y arrojó un puñado de joyas de Elena a la mesa—. No necesito nada de ti. Eres una persona desagradable y no quiero tener nada que ver contigo. Ya he pasado por esta situación y me duele, pero voy a superar esto como siempre lo hago —le dijo con firmeza, y luego miró rápidamente su taza de café, me lanzó una mirada, y añadió—: Pete, ¿entiendes esto?

Asentí, y ella se puso de pie y se fue sin mirar a Elena. Lo único que pude pensar mientras miraba a Elena y a sus joyas fue, ¿¡Qué chingados acaba de pasar!? Ahora era yo quien debía recobrar la compostura. Estaba claro que Jen se había sentido injustamente tratada, pero yo la respaldaba siempre, así que miré a Elena y, mientras ella me devolvía la mirada con tanto miedo que estaba completamente paralizada, le dije:

—¿Cómo pudiste hacer eso? Ella confiaba en ti.

—No fue nada. Sucedió hace mucho tiempo —balbuceó de nuevo.

—Elena, la chingaste —le dije mientras me ponía de pie, dejaba un billete de cinco dólares en la mesa, y me iba.

Mientras tanto, Jen había regresado a su casa e inmediatamente confrontó a Chiquis, pero ella lo negó todo, acusando a Jen de actuar como una loca.

—¿Por qué invitaste a Pete y no a mí? —exigió saber—. Soy tu hija; él no. —Sus reclamos carecían de sentido para Jen, quien ya tenía la confesión de Elena, así que Chiquis me llamó.

—No le crees, ¿verdad? —me preguntó.

—No sé qué creer, Chiquis. De cualquier manera, creo que es inapropiado. —Yo solo estaba siendo honesto con ella, que tenía fama de ser un poco promiscua, por lo que no era descabellado imaginar eso. Lo que estaba completamente claro era que Elena Jiménez, la mejor amiga y confidente de Jen, había sido expulsada del círculo interior para siempre: la pérdida número dos.

ESTEBAN LOAIZA

Como si no fuera suficiente con la pérdida de Elena, a Jen le esperaba una sorpresa aún más grande ese año, que supondría el puntillazo final en el ataúd de su matrimonio con Esteban, y el golpe más devastador de su vida.

Era septiembre de 2012, Jen estaba trabajando en el desarrollo de su boutique, un sueño que supuestamente pronto sería una realidad. Julie, su asistente, le envió mensajes de texto mientras conducía a su casa, haciéndole saber que el tipo que estaba instalando las cámaras en la boutique necesitaba un depósito de dinero para comenzar su trabajo. Cuando Julie llegó, entró a la recámara de Jen, mientras esta iba a su caja fuerte para sacar el dinero, pues acababa de quedarse sin cheques. Sin embargo, cuando Jen regresó, en lugar de dinero en efectivo, solo tenía una expresión de desconcierto total en su rostro.

—Jules, pregúntale si puede empezar con dos mil dólares —dijo Jen en voz baja, con el ceño fruncido y en un estado de absoluta confusión.

—Estoy segura de que puede, pero ¿por qué no podemos darle todo el depósito? ¿Pasa algo? —preguntó Julie.

—No tengo dinero —dijo Jen.

—¿Qué quieres decir? —preguntó Julie, igualmente confundida, pues recientemente le había ayudado a guardar un poco de dinero en la caja fuerte y en otros lugares de la habitación.

—Tengo cuatro mil dólares, y quería darle un dinero a mi mamá, pero no tengo nada para darle. Toma la mitad y mira qué puedes hacer. Iré a la casa de mi mamá.

Jen siguió repitiendo el resto de aquel día una y otra vez en su mente durante los últimos meses. Solo había tres personas que conocían la combinación de la caja fuerte: Jen, Julie y Tere, prima de Jen y su ayudante en la oficina de su casa. De hecho, Jen había cambiado la combinación cuando Chiquis se mudó a principios de ese año, por lo que ni siquiera ella tenía acceso a sus ahorros. Además, un par de meses atrás, en julio de 2012, y por la fecha de su cumpleaños, Jen y yo habíamos pasado cuatro horas contando todos los ingresos de sus giras, así que ella y yo sabíamos que dos meses antes había más de $900.000 en esa caja fuerte. ¿En dónde había terminado esa pequeña fortuna entre julio y septiembre? Algo estaba completamente mal. Jen no quería pensar que había sido Julie, pero tampoco sabía qué otra cosa pensar. Entonces empezó a sospechar de Esteban. La noche anterior, ella le había pedido finalmente un poco de espacio, pues había estado sintiendo que, desde hacía un tiempo, su matrimonio no iba por buen camino. Entonces él se fue a casa de su madre, llevando un pequeño equipaje, y ella había pensado que contenía sus pertenencias, pero ya no estaba tan segura.

A la mañana siguiente, cuando Julie llegó, Jen le pidió que subiera a la «cueva» de Esteban y que buscara bien.

—¿Buscar qué? —preguntó Julie.

—No sé, pero tengo la sensación de que encontrarás algo —dijo Jen, que ya había decidido llegar al fondo de la misteriosa desaparición de su dinero.

Julie aceptó, subió las escaleras, buscó en todos los rincones de la «cueva» y encontró una gran cantidad de carpetas llenas de extractos de las cuentas de Esteban. A medida que las examinaba, comprendió rápidamente que él se había gastado todo su dinero. También había cartas del IRS y otros recibos. Estaba checándolo todo cuando vio un sobre escondido detrás de una vieja caja de zapatos. Cuando lo tuvo en sus manos, vio de inmediato la combinación de la caja fuerte escrita con la letra de Esteban, y con las instrucciones exactas: «Número, girar tres veces a la izquierda, número, girar a la derecha». Le llevó el papel a Jen, quien simplemente dijo:

—El pendejo no podía escribir simplemente los números, también tuvo que escribir las malditas instrucciones.

Fue entonces cuando acudieron a mí, y me puse en contacto a mi vez con nuestro abogado Anthony, y le conté lo que estaba pasando. Después de escuchar todos los detalles, Anthony decidió enviar a alguien a tomar las huellas de la caja fuerte. Mientras más evidencias pudiéramos reunir, tanto mejor. Mencionaron el sobre cuando la señora llegó a la casa de Jen, pero para poder tomar las huellas dactilares, tendría que utilizar un químico específico que destruiría inevitablemente el papel, por lo que todos decidimos que no hiciera esto. Entonces, Julie fue a comprar una caja fuerte más pequeña, puso el sobre en una bolsa Ziploc, y Jen la guardó en la nueva caja fuerte, sintiendo que la antigua había quedado completamente vulnerable.

Solo faltaba una cosa por hacer: revisar las imágenes de vigilancia. Jen tenía cámaras de vigilancia instaladas en toda la casa, por lo que decidió tomar el video y empezar a revisar desde una semana atrás, sin saber que lo que estaba a punto de ver le destruiría el corazón. Mientras miraba las imágenes, un momento específico llamó su atención, así que hizo una pausa, rebobinó y observó cuidadosamente la secuencia de la imagen. La luz del baño de su habitación estaba encendida, y vio a dos personas entrando a su enorme vestidor. Las luces estaban apagadas, por lo que era imposible ver qué había sucedido exactamente, pero estaba claro que las dos personas salieron de allí treinta y nueve minutos después. Lo que le pareció increíble a Jen era que las dos personas que salían de la habitación, las dos personas que acababan de pasar treinta y nueve minutos completamente a oscuras en su armario, eran nada más y nada menos que Chiquis y Esteban. Su corazón dejó de latir. La imagen siguiente mostraba a Chiquis saliendo de la habitación, cruzando el pasillo, bajando las escaleras y saliendo por la puerta principal. Poco después, se ve a Esteban entrar al baño. Si esa luz del baño no hubiera estado encendida, Jen nunca habría visto esta secuencia de acontecimientos tan extraña y dolorosa.

Como si todo esto no fuera suficiente, Jen notó que esta pequeña estadía en el vestidor había sucedido la misma noche en que Jen escuchó a Alejandra contarle el supuesto romance entre Elena y Chiquis. Luego, además de este descubrimiento tan perturbador, también encontró imágenes de Esteban abriendo su caja fuerte, tomando fajos de dinero en efectivo y guardándolos en una bolsa negra marca Prada. Jen, que se sintió súbitamente en medio de una maraña de mentiras y engaños, no supo qué hacer en primera instancia. Hizo una pausa y luego me llamó.

—Voy a pedir el divorcio. En cuanto tenga los papeles, iremos a San Diego, donde vive su familia. ¿Le entregarás sus papeles? —me preguntó.

—Por supuesto —dije, listo para hacer lo que fuera necesario para ayudar a mi hermana.

Jen, que era una mujer de tomar armas, solicitó el divorcio el 1 de octubre, y el 2 de octubre fuimos a entregarle los papeles a Esteban. Era el cumpleaños de su madre, por lo que Jen había organizado previamente esta visita, pero Esteban no tenía ni idea de lo que le iba a caer encima. Estaba despistado y simplemente creyó que Jen había ido a cenar con él y ayudar a celebrar el cumpleaños de su madre. Mientras tanto, Jen también le había pedido a su abogado mexicano, Mario Macías, que volara a San

Diego para poder estar con nosotros cuando ella terminara con lo suyo, y él siguió sus instrucciones.

Conduje a la casa de Esteban mientras Jen permanecía en silencio en el asiento del pasajero, concentrada en el mensaje que estaba redactando. En un momento dado, la interrumpí, cuando sentí la necesidad de decirle algo. Chiquis y Jen llevaban mucho tiempo distanciadas, por lo que yo sabía que lo que iba a decir podría costarme, pero quería ser sincero con ella.

—Quiero que sepas que he considerado trabajar con Chiquis.

Ella suspendió lo que estaba haciendo, apoyó la espalda contra la puerta del carro, me miró y dijo:

—*Okay*…

—Me reuní con ella en mi casa, y también me reuní con Ángel —añadí. Ángel era el novio de Chiquis en esa época. Le expliqué que yo creía que Chiquis definitivamente tenía potencial y que podía lograr algo, pero que al final, no pude dejar a mi amiga por su hija.

Los ojos de Jen se suavizaron mientras sonreía y me dijo:

—Te conozco; sabía que no me abandonarías.

Yo no quería causarle más dolor, pero tampoco quería participar en la red de mentiras y engaños que la rodeaban. Era mi hermana por elección, y siempre quise hacer lo correcto por ella.

Después de aclarar las cosas, recogimos a Mario, y, mientras recorríamos el último trayecto a la casa de Esteban, Jen centró su atención en el teléfono. Le estaba escribiendo frenéticamente un correo electrónico a Esteban y a Chiquis, particularmente una frase sobre el incidente: «Deberían haber apagado las luces». Se tomó el tiempo para detallar todo lo que había visto en la cinta, la revisó tres veces y nos la leyó en voz alta en el carro. Esos treinta y nueve minutos acabaron con mi amiga. Fueron los treinta y nueve minutos que lograron pulverizar su mundo y su corazón.

Cuando nos acercamos a la casa de Esteban, Jen expuso el plan.

—Voy a entrar a su casa, y cuando esté lista, les mandaré un mensaje a ti y a Mario. Entonces ustedes tocarán el timbre.

Jen salió del carro, se acercó a la entrada principal, tocó el timbre de la puerta y sus padres la dejaron entrar. Esteban estaba haciendo un recado, y Jen se excusó fingiendo que necesitaba ir al baño, pero mientras recorría el pasillo, entró a la habitación de Esteban y empezó a agarrar todas las joyas que le cabían en las manos. «¿Este cabrón me robó? Pos le voy a robar hasta la conciencia». Era imposible que él se saliera con la suya sin sufrir la ira de Jenni. Mientras tanto, Mario y yo vimos que Esteban estaba doblando la esquina en su Lamborghini, y entonces nos preparamos, sabiendo que estaba a punto de desatarse todo un infierno.

Unos minutos después de que él entrara, recibimos el texto de Jen para entrar en acción. Cuando la puerta se abrió, Jen se descargó con Esteban.

—Lo sé todo, pedazo de mierda.

Él la miró aturdido, sin saber exactamente de qué hablaba. Luego, Jen se volvió y se dirigió a su familia, pues habían sido muy inflexibles de que firmara de un acuerdo prenupcial.

—¿Sabían que su principito me ha estado robando dinero? —le dijo a su mamá. Y luego procedió a contarles todo, desde las imágenes en las que él aparecía robando, hasta el papel con la combinación de la caja fuerte que había escrito de su puño y letra, y el tiempo misterioso que pasó con su hija en el vestidor. Quería asegurarse de que supieran lo que había estado haciendo su hijo gorrón en los últimos meses; quería que se sintieran avergonzados de haber criado a alguien como él.

La única respuesta de Esteban a la indignación de Jen fue:

—Conseguí mi propio dinero.

Luego, Jen sacó la foto de la boda y se la entregó a la mamá de Esteban.

—Aquí tienes, es toda tuya. Para que puedas recordarla.

Mientras tanto, traté de entregarle a Esteban los papeles del divorcio, pero él se negó a recibirlos. Siguió a Jen afuera y nos tiró la foto, destilando agresión por todos los poros, como si estuviera a un paso de golpearla. Su madre lo siguió afuera, gritando e insultando a Jen.

—¡Puta! ¡Nuestro hijo no tiene motivos para robarle a nadie! ¡Criamos a un buen hijo!

Entonces me volví hacia Esteban y le dije:

—Ya basta —tratando de mantenerlo a raya—. Se acabó.

Y luego le di los papeles y nos fuimos. Cuando estábamos en el carro, Jen nos mostró que también había agarrado el iPad de Esteban, y ahora tenía razones de peso para creer que probablemente lo había comprado con el dinero de ella. Mientras nos lo mostraba, nos dimos cuenta de que él todavía estaba conectado a su iPhone y, gracias a la sinergia de los productos Apple, lo vimos enviar mensajes de texto a Chiquis. «Borra mis mensajes. Tu mamá sospecha de nosotros», decía su mensaje.

Eso fue todo, esa fue la última gota que rebosó la copa. Jen se puso completamente furiosa. Abrió el correo electrónico que había estado redactando y hundió la tecla Enviar sin el menor escrúpulo ni remordimiento. Momentos después, nuestros teléfonos empezaron a sonar. Comencé a recibir llamadas de Ángel, de Juan, de Chiquis y de Esteban. Mi teléfono no dejaba de timbrar. Todo el mundo quería decirme que Jenni estaba loca, pero nadie quería creerle ni ser siquiera solidario con ella. En las dos horas que tardamos en llegar a casa, el fuego había estallado y todos habían adoptado una postura. La familia estaba dividida, y el equipo también. La pérdida número tres fue decepcionante y amarga, pero la pérdida número cuatro fue el golpe final.

Capítulo 11

Paloma Negra

jennirivera
@jennirivera

if I am an evil mother I will pay for it...if not...I will be rewarded. Period. For now, all I want is to move on...continue the journey and continue to count my blessings. Existen muchas cosas y personas en mi vida, en estos momentos, por los cuales tengo que estar feliz y plena. Enough is enough...I must move on. Gracias, y buenas noches.

2012-11-15

Perder a un hombre no era un problema muy grande para Jen, pero perder a una hija era impensable. El dolor que sintió por la traición de Chiquis se debía a su amor profundo e incuestionable. Para entender la verdadera magnitud de este dolor, hay que entender primero su vínculo tan profundo.

Chiquis era mucho más que la primogénita de Jen; era su hija amada, su mejor amiga y su guardián en casa. Como Jen tenía apenas dieciséis años cuando la tuvo, su relación no siguió los papeles tradicionales de madre e hija. Habían estado juntas en los momentos difíciles, lidiando con el abuso y la pobreza, aprendiendo de sus errores, celebrando cada éxito y forjando un vínculo basado en la confianza y la transparencia. De modo que cuando Jen decidió darle una oportunidad real a su carrera musical, cuando decidió tomarse en serio como artista, cuando se dio cuenta de que había una oportunidad de negocios a su alcance para hacer lo que amaba y ganarse la vida con esto, se sumergió de lleno, mientras Chiquis se encargaba de la casa. En ese momento, no eran solo ellas dos, Jen ya tenía otros cuatro hijos, por lo que el apoyo de Chiquis fue invaluable.

Mientras Jen estaba en gira, construyendo su carrera y proveyendo para su familia, Chiquis estaba en casa atendiendo las necesidades de sus hermanos. Sin saberlo, Jen había asumido poco a poco el papel del papá en su familia, trabajando largas horas para llevar comida a la mesa, y Chiquis asumió naturalmente el papel de mamá, cuidando a los niños y manejando el dinero en casa. No estamos hablando de una mujer adulta, sino de una niña que asume estas responsabilidades de adulto para ayudar a su mamá trabajadora. Mientras Jen se iba a trabajar, Chiquis sacrificó sus estudios universitarios para apoyar a su familia. Chiquis fue realmente quien le permitió a Jen convertirse en la estrella que todo el mundo conoce y ama. Jen no podría haberlo logrado sin ella.

Chiquis no solo se encargó de la casa, sino que también se desempeñó como estilista de su madre, conduciendo al centro de la ciudad para comprarle joyas y ropa, asegurándose de elegir los vestidos que mejor le quedaran a su mamá. Y Jen confiaba ciegamente y recurría a ella. Chiquis fue sin duda su mano derecha durante muchos años, y conocía a su mamá por dentro y por fuera. Tanto así que cuando me uní al equipo de Jen, si yo tenía una pregunta y Jen no estaba disponible para contestarla, me dirigía a Chiquis, que siempre estaba ahí, aguda y alegre, lista para suministrarnos la información necesaria para que todos hiciéramos el trabajo.

Chiquis era el todo de Jen; ahora, esto no significa que su relación no estuviera exenta de sus propias tensiones. Una vez, anhelando su independencia como cualquier adolescente normal, Chiquis lo dejó todo y huyó de casa. Buscó refugio con su tío Lupillo, una decisión que fue un golpe directo para Jen. Esto pareció ser algo de carácter casi intencional, porque Chiquis sabía muy bien lo difícil que era para Jen lidiar con el poco apoyo que Lupillo le dio a su carrera, por lo que esto definitivamente le dolió. Para crédito de Chiquis, al buscar su independencia y huir, intentó alejarse de su familia consiguiendo un trabajo en un centro comercial; sin embargo, Lupillo la dejó vivir en uno de sus apartamentos y se cercioró de que tuviera cubiertas sus necesidades financieras. Jen estaba hirviendo por dentro. Era difícil ver a su cómplice cruzar esa línea y, que de entre todas las personas, recurriera a Lupillo en busca de ayuda. Esperando aliviar su dolor, yo le recordaba con frecuencia a Jen que él seguía siendo su tío, y que era mejor que Chiquis acudiera a él que un extraño en la calle, pero no estoy seguro de cuánto le ayudó esto a lidiar con su situación.

Sin embargo, su vínculo era tan fuerte que dos meses después, madre e hija se reconciliaron y, aunque Jen había hecho algunos cambios y había contratado a una asistente personal, Chiquis regresó a sus labores como directora de la casa, cuidadora, hija, hermana y princesa. Independientemente de las cosas por las que pasaran, y sin importar los altibajos, las peleas o las rebeliones, Jen adoraba inmensamente a sus hijos. Consideraba a sus hijos príncipes y a sus hijas princesas, y a menudo les decía cariñosamente príncipes y princesas.

Jen quería antes que nada que sus hijos fueran felices y exitosos en la vida. Había aprendido a dar el cien por ciento en todo lo que hacía y no esperaba nada menos de ellos. Independientemente de si querían ser lavaplatos, jardineros, enfermeras, artistas o astronautas, lo que le importaba a Jen era asegurarse de que supieran cómo comprometerse para alcanzar sus metas, recordándoles con frecuencia: «Cualquier cosa que elijan hacer, háganla lo mejor posible y denlo todo de sí». Aunque se había convertido en la única proveedora de la familia, Jen se tomó muy en serio su papel como madre. Puede que no estuviera presente en algunos de sus eventos cotidianos, pero siempre se aseguró de tener tiempo para ellos cuando estaba en casa, animándolos a tener una relación honesta y abierta con ella. Y aunque ellos sabían que tenía que salir de gira para poder sostenerlos, ella siempre contaría con su apoyo.

Jen estaba dispuesta a luchar con uñas y dientes por sus hijos sin importar las circunstancias; era una mamá protectora en todo su esplendor, y por eso creo que el hecho de no haber logrado proteger a Chiquis del abuso de su ex marido, la hizo sentir como si le hubiera fallado a su hija de la peor manera posible y llenó su vida de culpa, una culpa que a veces la llevó a compensar excesivamente mientras la criaba, llegando a ser un poco permisiva cuando las cosas se ponían difíciles en casa. Experimenté de primera mano los muchos momentos difíciles que tuvo que enfrentar Chiquis a lo largo de su vida: el segundo divorcio de su madre, el juicio de su padre, la cinta sexual de su madre y un sinnúmero de otros altibajos en la montaña rusa que fue la vida de Jen. Chiquis demostró ser una jovencita resistente, muy parecida a su madre, pero también estaba teniendo dificultades para encontrarse a sí misma en una familia llena de grandes personalidades, una búsqueda que ella emprendió claramente una vez que lanzó su programa de *reality*.

Fue durante el inicio de *I Love Jenni* cuando notamos por primera vez cambios importantes en el comportamiento de

Chiquis. Con los novios, las fiestas y las compras excesivas, se estaba convirtiendo de repente en otra de esas mocosas de Hollywood, que se oponía a todo lo que representaba Jen. Sobra decir que fue entonces cuando esta relación entre madre e hija comenzó a encontrar obstáculos más grandes. Las primeras señales de su distanciamiento realmente ocurrieron en el otoño de 2011, cuando Jen decidió que ya era hora de comenzar a enseñarle a su hija la importancia de la responsabilidad financiera.

Hasta entonces, Chiquis había trabajado en la oficina de su madre, dirigiendo todos los asuntos administrativos relacionados con la ajetreada carrera de Jen. Debido a la naturaleza de su trabajo, Chiquis controlaba las cuentas de su madre, recaudando las ganancias de Jen y pagando todas las cuentas. Jen nunca fue partidaria de usar tarjetas de crédito, pero de vez en cuando, y como todas las personas, tenía que hacerlo. En una de esas ocasiones, su tarjeta fue rechazada. Esto fue una vergüenza total para ella, pues se trataba de Jenni Rivera. Llamó a Chiquis de inmediato, y le preguntó por la situación.

—Oye, princesa, ¿qué está pasando con la tarjeta? —preguntó Jen.

—Oh, seguramente la bloquearon, mamá —dijo Chiquis, esquivando el asunto.

Sin embargo, cuando las tarjetas de Jen comenzaron a ser rechazadas con más frecuencia, quedó claro que ella necesitaba encargarse personalmente del asunto. Sabía que era hora de investigar un poco. Lo que encontró fue inquietante: cargos por viajes a Las Vegas con servicio de licores, y facturas que ascendían hasta 3.500 dólares por noche, boletos de avión, ropa y todo tipo de lujos que estaban por encima y más allá de cualquier cosa que Jen pudiera gastar. *Qué chingados*, pensó Jen. *¿Crie a una Kardashian?* Jen se puso como una loca. Estamos hablando de una mujer que movió montañas para sacar a su familia de la pobreza y darles una mejor oportunidad en la vida, alguien que trabajó incansablemente por cada centavo que ganó. Jen conocía muy bien el valor de un dólar. Una vez que empezó a irle bien, cuando quería algo, lo compraba, pero no desperdiciaba su dinero simplemente porque sí. No era tacaña, pero la vida le había enseñado a ser frugal, así que el comportamiento de Chiquis había ido demasiado lejos para sus parámetros. Jen se dio cuenta de que había llegado el momento de dejar de ser permisiva con su hija y comenzar a enseñarle a ser responsable.

—Creo que tienes un problema —le dijo Jen a su hija por teléfono un buen día—. No necesitas todo esto. Tenemos de sobra.

Chiquis no tenía ninguna disculpa. Sabía que se había excedido demasiado. Su estilo de vida finalmente le había pasado factura. Se disculpó y reconoció ante su madre que tenía un problema con el dinero.

—Si es cierto, creo que lo mejor es que tengas un poco de independencia aprendiendo a ser responsable —dijo Jen.

Y con eso, Jen decidió que había llegado la hora de que Chiquis se fuera de la casa y viviera sola. Pensó que si Chiquis se iba de la casa, ganaba su propio dinero y pagaba sus propias cuentas, aprendería a manejar mejor sus propias finanzas, y a comprender realmente el valor de cada centavo que tenía en el bolsillo. En esa época también estábamos rodando *Chiquis in Control,* que se derivaba de nuestra serie *I Love Jenni.* Jen pensó que debíamos retirarnos de la producción como parte de este nuevo esfuerzo para educar realmente a Chiquis sobre el tema de la autonomía; sin embargo, sabiendo que era la primera vez que Chiquis se valdría por sí misma en el mundo real, Jen le dio 100.000 dólares para ayudarla a embarcarse en esta nueva aventura. Mientras tanto, Chiquis también recibió otros 100.000 dólares de la compañía de producción, por lo que estaba bien equipada para poner en marcha su serie con este impulso financiero y, finalmente, tener la vida independiente que tanto ansiaba cuando huyó de casa unos años antes.

Todo parecía ser un fantástico punto de partida. Chiquis estaba muy preparada para que le fuera bien, pero su programa fracasó. Los dos primeros episodios eran sosos y gastados, por lo que la cadena convocó a una reunión para hacernos saber que no podían transmitirlo así. Su única condición para seguir adelante era si Jen y los niños se involucraban más. Jen aceptó apoyar el programa y a su hija, y participó en cameos con ella y sus hijos. Sin embargo, esto fue un despertar poco agradable para Chiquis. Ella creía que sería capaz de seguir la pista de su madre, pero no podía hacerlo sin su apoyo. Y entonces comenzó una tensión creciente entre ellas, que al final hizo gran impacto, causando daños irreparables a su vínculo de toda la vida.

Fueron tiempos difíciles, pero le ayudaron a Jen a crecer como madre en términos de paciencia, amor y amabilidad, haciendo todo lo posible por empujar a su hija en la dirección correcta con la esperanza de que encontrara su camino, hasta que su relación tropezó con otro obstáculo: Ángel del Villar. Cuando Chiquis empezó a salir con él, Ángel era presidente y propietario de Del Records, Jen receló de él desde el principio. Él tenía una reputación que no era de su agrado, y definitivamente no quería eso para su hija, pero no había mucho que pudiera hacer. Después de todo, era ella la que había sugerido que Chiquis se independizara y tratara de tomar sus propias decisiones. Así que allí estaba ella, haciendo lo que dijo su mamá, solo que en vez de encontrar su propio camino, había encontrado a Ángel.

Cuando llegó el verano de 2012, la relación entre Ángel y Chiquis se hizo más intensa y se convirtió claramente en un asunto oficial. Jen seguía sin aprobarla, y Ángel lo sabía, así que decidió organizarle una fiesta a Chiquis en su casa solo para su familia. Yo no estaba pensando en asistir, pero Jen me llamó y me invitó, y entonces acepté. Sabía que ella tenía sus dudas acerca de este tipo y quería ayuda para descifrarlo. Sinceramente pensé que Ángel estaba tratando de hacer las paces con Jen. Había alcohol, música y baile, y todo el mundo parecía estar pasando un buen rato. Entonces Ángel se acercó a Jen y le pidió que hablaran en privado. Una vez más, parecía sincero en su caballerosidad.

–Quiero a tu hija –le dijo– y quiero estar con ella.

–¿Qué es lo que quieres realmente? –preguntó ella. Jenni no le creía. No creyó en su acto caballeroso porque no podía evitar el hecho de que él siguiera casado con otra mujer. Sí, estaba casado, y eso no solo era completamente inaceptable para ella, sino que también demostró que él no podía tener intenciones muy serias con Chiquis. Basta con decir que la fiesta de nada sirvió para ganarse a Jen, pero él mantuvo su rumbo y permaneció al lado de Chiquis, a pesar de estar casado. Incluso la ayudó a financiar su nuevo negocio, un salón de belleza. Y cuando ella no tuvo dinero para cosas pequeñas como el letrero eléctrico, Ángel se apresuró a ayudarle. También asumió el papel de Jen como el principal patrocinador de Chiquis y proveedor de lujos. Esto iba en contra de todo lo que Jen esperaba enseñarle a su hija al pedirle que se fuera de la casa, pero de nuevo, no había nada que pudiera hacer en este momento, además de sentarse y ver cómo se desplegaba todo ante sus ojos.

Luego vino la boda de Jacqie en septiembre de 2012. Ustedes ya saben todo el desmadre de Elena que sucedió unos días después de este gran evento, pero anteriormente había sucedido algo más, algo que no solo enojo a Jen, sino que realmente le preocupó y asustó. Unos días antes de la boda, Gustavo, el hermano de Jen, recibió un mensaje privado a través de Facebook de una mujer que afirmaba ser la esposa de Ángel.

Decía que Chiquis debía dejar a su esposo en paz. Explicaba que tenían hijos y un hogar juntos y que aunque había estado en México atendiendo negocios personales, sabía en qué andaba Ángel.

Gustavo quedó sorprendido, e inmediatamente se puso en contacto con Jen y le mostró el mensaje. Ella me contó lo que estaba pasando. Y como si eso no fuera suficiente, teníamos razones para creer que la esposa despreciada de Ángel tenía lazos con gente importante en México, gente con la que no quieres tener líos. ¿Entonces ahora qué? Como siempre, el show debe continuar.

El gran día de Jacqie llegó, y mientras me vestía, me pareció que se trataba de un desastre en ciernes. Este era un gran día para Jen, su segunda hija se iba a casar, la primera de sus hijas en ir al altar. Debería haber sido un momento glorioso, pero estuvo lleno de tensión. Por un lado, Jen tuvo que lidiar con un drama propio de la boda: el novio de Jacqie había salido anteriormente con Rosie, la hermana de Jen, un hecho que aún inquietaba a ciertos miembros de la familia Rivera en aquel día supuestamente dichoso, como Juan, que para decepción de Jen, fue incapaz de ocultar su cara larga durante la ceremonia. De otra parte, yo podía ver que, aunque Jen estaba haciendo todo lo posible por estar presente y feliz por su princesa en esta maravillosa ocasión, su mente seguía divagando respecto a ese mensaje. El conflicto con Chiquis había dejado de ser solo una preocupación de la madre por su hija. Ahora también se trataba de encabronar a la familia equivocada, el tipo de familia que no tendría reparos en hacerles algo malo, lo que solo reforzaba la opinión de Jen sobre el interés amoroso de su hija.

Después de mucho pensarlo, Jen decidió confrontar directamente la situación, tal como lo hacía siempre. Habló con Chiquis y le dijo lo que estaba pasando, dejando muy en claro la opinión que tenía de Ángel, pero Chiquis no quiso saber nada de esto. En lugar de prestar atención a lo que Jen le decía, inmediatamente la acusó de ser una hipócrita por aceptar al marido de Jacqie, sabiendo que él también había salido con Rosie, y por no aceptar del mismo modo a Ángel. No podía ver la diferencia que había entre estas situaciones. Cegada por el amor, no podía ver que estaba jugando con fuego y que lo que Jen quería hacer era impedir que se quemara.

Como si no fuera suficiente con todo este drama, pocas semanas después de la boda de Jacqie, Jen se enteró del coqueteo de Elena con Chiquis, perdiendo a su mejor amiga en el proceso, y luego se encontró con aquella desgarradora grabación de vigilancia, que culminó en su solicitud de divorcio y en cortar para siempre los lazos con su hija. Como era costumbre con los Rivera cuando estallaba la bomba, Jen convocó una reunión familiar con el fin de prepararlos para el próximo divorcio y platicar también sobre toda la situación de Chiquis. El argumento contundente era que se podría pensar que las imágenes hubieran bastado para probar la traición de Chiquis, pero como el video no mostraba exactamente lo que había sucedido entre Esteban y Chiquis en ese armario, y aunque Jen lo consideraba radicalmente inapropiado, la familia tenía sus dudas con respecto a las duras acusaciones de Jen. Mientras tanto, Chiquis nunca le dio a su madre una explicación clara que justificara por qué había estado en ese armario con Esteban, y simplemente negó haber afirmado que Jen estaba loca.

Así que cuando Jen llegó a la reunión familiar y les contó todo paso a paso, se dio cuenta de que tenía poco o ningún apoyo, hasta que la persona que menos esperaba dio un paso adelante y la defendió como ninguna otra. Ella pensaba que Juan sería el que tomaría partido por ella, pues siempre había sido su *consentido*, el que ella había mimado y llevado en sus giras. Pero mientras Juan permanecía sentado en silencio, el primero en hablar no fue otro que Lupillo. Jen quería mucho a su hermano Lupillo, siempre se habían amado, pero no se podía negar que la última década había estado llena de competencia y rivalidad entre ellos. Sus carreras habían afectado su relación, así que ver a Lupillo hablar a favor de ella la tomó por sorpresa. «Mira, hermanita, ya sea que tengas o no la razón, tú eres mi hermana, y es mi obligación apoyar a mi hermana y no a mi sobrina. Si estás equivocada, entonces nos equivocaremos juntos, pero yo te apoyo».

Jen y Chiquis habían tenido otras broncas, pero esta era la primera vez que su hermano se acercaba y le manifestaba todo su apoyo; también fue la primera vez que ella sintió todo su apoyo en uno de los momentos cruciales de su vida. Quedó más conmovida de lo que pueden decir las palabras. Cuando Jen regresó a casa después de la reunión, me llamó para compartir este momento increíble, y me regocijé con ella. No hay mal que por bien no venga, y esta vez, lo bueno consistió en poder hacer las paces con su hermano Lupillo. Era un destello de alegría en medio de los días más oscuros.

Los problemas de Jen con Chiquis terminaron en un distanciamiento total y la destrozaron. No podía entender qué chingados había estado haciendo su hija en ese armario con su esposo. Llena de dudas e inseguridades, pero sin saber qué pensar, el dolor de Jen se hizo más fuerte, pero sin importar lo desgarradora que fuera esta situación, ella no estaba dispuesta a atacar a su hija en público en los medios, porque en última instancia, ella la amaba. Era un reflejo de sí misma. Quería protegerla incluso en medio del dolor, pero los problemas de Jen y Chiquis aún estaban lejos de terminar.

A principios de noviembre de 2012, apenas un mes antes del accidente fatal en México, Jen fue invitada a un espectáculo de premios musicales en L.A., y había decidido asistir. Como era habitual en ella, sin importar el drama con el que estuviera lidiando en casa, siempre logró mantener su carrera en orden. Yo no había pensado en ir con ella hasta que recibí una llamada de Julie, su asistente, quien estaba preocupada. Me dijo que Ángel estaba merodeando por la zona y que parecía haber estado bebiendo. Dejé de hacer mis cosas, subí a mi carro y aceleré a la mayor velocidad posible, sabiendo que esto no podía ser nada bueno. Mientras tanto, Jen estaba grabando tomas para *I Love Jenni* con su equipo de camarógrafos, y mientras iban bajando por uno de los estrechos pasillos del *backstage* hacia su camerino, Ángel tropezó agresivamente con uno de nuestros camarógrafos, con una actitud de «nadie se interpone en mi camino», avanzando por el pasillo como un matón de escuela secundaria. Jen no había notado nada de esto hasta que vio la expresión en mi cara cuando entré a su camerino. Inmediatamente se dio cuenta de que estaba pasando algo. Mientras seguía firmando autógrafos y tomándose fotos con los aficionados, me preguntó:

—¿Qué está pasando?

—Tenemos que irnos de aquí —dije—. Evitémonos problemas con Ángel.

Le expliqué que él estaba allá y parecía estar husmeando en busca de problemas. Hice que la recogieran en un carro, que abordó con su maquillaje y sus peluqueros, y el empleado del estacionamiento me entregaba el mío. Mientras su carro se alejaba, Jen notó que una aficionada trataba de saludarla. Siempre dispuesta a complacer a sus fans, agradecida por su apoyo, bajó la ventana para saludarla, pero solo hasta esa fracción de segundo se dio cuenta de que al lado de esta mujer estaba Ángel, quien empezó a hablar pestes y a insultarla, diciéndole cosas horribles en plena calle, delante de todos, una escena que fue capturada en video y se volvió viral años atrás. Jen, que no le aguantaba nada a nadie, bajó del carro como un verdadero gángster y se acercó a él, solo para encontrarse con una barrera de guardias de seguridad que lo rodeaban, pero eso no la detuvo. Corrí hacia ella, me abrí camino a través de la multitud, la agarré y la llevé de vuelta al carro, pero antes de volver a subir, permaneció al lado de la puerta y les dejó saber lo que pensaba.

—Si quieres hablar, llámame. No hables conmigo de paso, porque si tienes algo que decir, ¡entonces dímelo en mi pinche cara!

Ángel entrecerró los ojos y respondió: «Sí, ya veremos», con una sonrisa en su rostro que francamente me dio escalofríos, pero no tuve tiempo de procesar esto porque la multitud empezó a rodearnos, así que subí a Jen al carro y cerré la puerta. Cuando se alejaron, me di cuenta de repente que una van negra la seguía. Corrí hacia mi carro, me puse en marcha y vi que me estaban siguiendo también. ¡Qué chingados! Estábamos cerca del Gibson Theatre y la señal del teléfono celular era pésima, así que no pude hablar con Jen de inmediato. Cuando por fin pude comunicarme con ella, dije lo más calmadamente posible: «No vayas a casa. Quédate en la autopista. Te están siguiendo». Jen se dio vuelta presa del pánico y respondió: «¡Lo veo, lo veo!». Ya no había ninguna duda: estábamos oficialmente en peligro. Sin embargo, después de conducir un tiempo más, logramos escapar de la dos *vans*. Lo único que yo podía pensar era que tal vez estaban tratando de enviarnos un mensaje para asustarnos. En cualquier caso, esa noche fui a la casa de Jen y le di un arma. También aposté un guardia de seguridad afuera de su casa. No le mencioné esto último porque sabía que ella no estaría de acuerdo, pero no quería correr riesgos; quería asegurarme de que ella estuviera a salvo.

Lo que siguió fue una descarga de ataques a Chiquis en los medios sociales. «¿Ese es tu novio? ¿Ese es el tipo por el que estás luchando? ¿Ese es el hombre que tú dices que te ama? ¿Ese que no respeta a tu madre?». Jen estaba encabronada, asustada y preocupada, pero no había mucho más que pudiera hacer.

Mientras tanto, a la mañana siguiente decidí encargarme personalmente de las cosas. No podía cruzarme de brazos, así que fui a la oficina de Ángel. Sentí que necesitábamos aclarar lo que había ocurrido la noche anterior. No estaba ahí, le dejé un mensaje y recibí una llamada de él más tarde.

—Pete, no es algo personal. No tengo nada personal *contigo*; es con *ella*.

Colgamos, y mientras conducía a casa y hablaba con Jen por Bluetooth, me chocaron por detrás en la autopista. Grité asombrado: «¡Me golpearon!». Jen no podía ver lo que estaba pasando, así que supuso de inmediato que lo que escuchaba al otro lado de la línea era un tiroteo, y no que mi carro había sido golpeado. Ella entró en pánico. «¡¿Dónde estás?! ¿Dónde estás?», gritó a todo pulmón. Nunca olvidaré la solidaridad y la preocupación en su voz ese día cuando se vio obligada a pensar en la posibilidad de que yo muriera. La ironía de todo esto me persigue hasta el día de hoy.

Todo se fue en espiral a partir de allí. Era casi el día de Acción de Gracias. Jen estaba ocupada filmando *La Voz* en México, pero logró sacar unos días para el día festivo, que estábamos filmando para su programa de *reality*. También estábamos trabajando en un programa sobre su hermano Juan, su *consentido* de toda la vida, pero desde el drama con Chiquis, la familia estaba dividida, y Juan, que yo pensaba que le creía a Chiquis, ya no quería tener que ver mucho con Jen. Ella se sentía marginada y herida, y ya no sabía a quién acudir.

Tuvimos muchas pláticas en esa época, especialmente por la noche, cuando ella no podía dormir. Jen seguía viendo las imágenes de vigilancia, preguntándose qué estarían haciendo su hija y su marido en ese armario. Esas imágenes difusas la persiguieron hasta el día de su muerte. Gabo y yo no creemos que se haya tratado de una aventura romántica. En todo caso, es posible que fueran cómplices en haberle sacado una parte de su dinero. ¿Por qué pensamos esto? Resultó que Esteban estaba arruinado y tenía un derecho de retención significativo del IRS, mientras que Chiquis no vivía en casa, tenía problemas de dinero, y carecía de los medios para mantenerse al día con su estilo de vida de Hollywood. Ambos parecían tener motivos, pero nunca lo sabremos con seguridad. Solo Esteban, Chiquis y Dios saben lo que pasó esa noche en el armario. Todo lo que sé es que fue la gota que rebosó la copa en el mundo de Jen.

Casi una semana después del día de Acción de Gracias, mi padre falleció, y fue entonces cuando tuvimos nuestra última charla de corazón a corazón en el estacionamiento del hospital, donde pude ver el peso de su vida y dolor a través de sus ojos cafés llenos de aflicción, cuando me di cuenta de que mi querida amiga estaba verdaderamente destrozada y perdida. Desde mi perspectiva, el último año de la vida de Jen se veía como un juego emocional del cubo de Rubik. Le seguían sucediendo desgracias, como si fuera un asunto de «llover sobre mojado», y justo cuando parecía controlar una cosa, la siguiente comenzaba a desplegarse. Su mundo en casa se estaba deshaciendo ante sus ojos, pero su carrera estaba en pleno apogeo. Y sin importar lo que pasara en su vida personal, Jen sabía que el show debía continuar. El trabajo no era solo un deber que ella tenía que cumplir, sino que era su refugio seguro, su resguardo, un lugar donde se sentía amada y apoyada, un refugio donde podía enfrentar sus demonios interiores y dejar que las lágrimas fluyeran abiertamente por su rostro. Y eso fue exactamente lo que hizo el 8 de diciembre de 2012, en la Arena de Monterrey, mientras cantaba «Paloma Negra», la última canción que cantó en esta tierra, dedicada nada menos que a su amada Chiquis.

Verla cantar esa canción sigue siendo doloroso hasta el día de hoy. Era tan cruda, tan auténtica, era Jen en su momento más excelso, oscuro y profundo, cantándole a su hija porque, a pesar de todos sus desacuerdos y todo el dolor que se causaban la una a la otra, una cosa permanecía intacta: el AMOR. Un amor que resplandece claramente a través de las lágrimas rodando por las mejillas de Jen mientras cantaba, *«Pero mis ojos se mueren sin mirar tus ojos, y mi cariño con la aurora te vuelve a esperar».*

Capítulo 12

Se apagan las luces

jennirivera
@jennirivera

I am going through difficult times in my life, once again. However, as has always happened, a major blessing comes after a major trial and tribulation. It never fails. Maybe thats the reason I have mastered the art of lifting myself up after a painful fall, because I look forward to the blessings that are coming. The Diva keeps her head up and smiles. Good day.

2012-10-12

«[V]ivo en una] casa de mariposas, para una mujer mariposa que todavía está pasando por una metamorfosis», dijo Jen en uno de sus últimos episodios en su *reality I Love Jenni*, en el otoño de 2012. Era un episodio de Navidad, pero Jen estaba lejos de tener un espíritu navideño. Estaba hecha un desastre, devastada por el deterioro de su relación con Chiquis, pero de todos modos seguía tratando de poner una cara feliz para su familia. «¿Qué tal si cancelamos la Navidad por un año?», sugiere ella en ese mismo episodio. No podía imaginar el hecho de celebrar la Navidad sin su hija, estaba decepcionada y profundamente herida por todo lo que había sucedido, pero seguía amando y extrañando terriblemente a Chiquis. Sin importar las pruebas y tribulaciones que enfrentaran, los hijos de Jen eran su consuelo. Estaban lejos de ser una familia perfecta y normal, pero el vínculo de amor que compartían les ayudó a superar juntos todos los obstáculos que encontraban. Y, de no haber sido por su accidente fatal, creo que este mismo vínculo habría llevado finalmente a una reconciliación entre Jen y Chiquis. Por desgracia, el tiempo no estaba de su lado.

A medida que Jen caminaba por el valle de la sombra de la muerte, y a pesar del dolor que cargaba en relación con su hija, experimentó algunos destellos de felicidad antes de su fallecimiento que la llenaron de esperanza para un 2013 mejor, un año que nunca llegaría a estar en su vida, aunque ella creía que sería extraordinario. Los primeros destellos surgieron en forma de reconciliaciones, primero con Gabo y luego con Lupillo.

Jen estaba furiosa cuando despidió a Gabo. Lo destrozó en los medios de comunicación y luego presentó una demanda laboral contra él por no tener licencia como agente para vender artistas. Eso era típico de Jenni; cuando le hacían daño, apuntaba directamente a la yugular. Sin embargo, a pesar de la difamación y el caso en su contra, Gabo permaneció callado. No la dejó abandonada a su suerte, no trató de que su versión prevaleciera, no trató de justificar sus actos porque sabía que si decía una palabra, pondría en peligro su vida y la de Jenni. De modo que recibió cada golpe en silencio, con la esperanza de que un día la verdad aflorara y fuera de conocimiento público.

Y ciertamente, a medida que transcurrieron 2011 y 2012, la verdad comenzó a ver lentamente la luz del día. Cuando Gabo salió del equipo, César Ramírez (Chicharo) y Mario Macías entraron y tomaron su lugar. Y mientras agendaban los conciertos de Jen en México, también explicó que tenían que pagar cuota para poder presentarse. «¿Qué quieres decir?», preguntó Jen, ligeramente confundida. «Gabo nunca les dio nada. Había hecho un arreglo y no tenía que pagar». A lo que Mario respondió: «Bueno, no sé cómo lo hizo, porque si no pagamos, estaremos poniendo peligro nuestras vidas y podríamos perderlo todo». Fue entonces cuando Jen comenzó a darse cuenta de que Gabo había estado pagando mordidas en México en contra de su voluntad. «No me extraña que nunca me lo haya dicho. Yo le había prohibido estrictamente que hiciera esto, pero ahora veo que fue por nuestra seguridad», le dijo posteriormente a Julie ese año. Luego, comenzó a atar cabos y se preguntó si tal vez el dinero que faltaba en esas facturas famosas era en realidad el dinero que Gabo había destinado para pagar estas cuotas o mordidas. No estaba segura, pero lo que sí sabía era que el barco en México sin Gabo al timón no estaba funcionando tan bien como lo había hecho, y empezó a suavizar su postura contra él.

Sin embargo, Gabo se mantuvo distanciado de Jen hasta octubre de 2012, tras enterarse de su divorcio inminente. Cuando el anuncio se hizo público, Gabo se preocupó genuinamente por su amiga. No le importó que la relación entre ellos se hubiera deteriorado tanto, no estaba preocupado por el trabajo; solo quería saber cómo estaba su amiga. La había visto pasar por tantos altibajos en la montaña rusa que era su vida que se puso realmente triste al saber que su matrimonio no había funcionado y sintió la necesidad de acercarse y hacerle saber que ella estaba en sus pensamientos.

«Sé lo difícil que debe ser para ti y tus hijos», le dijo Gabo en un correo electrónico que redactó y envió a Jen cuando supo del divorcio. «No puedo ofrecerte mi apoyo porque sé que no lo aceptarás. Pero puedo decirte que estás en mis oraciones y espero que puedas superar pronto este nuevo desafío que Dios ha puesto en tu camino. Lo superarás».

Jen le respondió cinco minutos después: «Gracias por sacar el tiempo para escribirme, y por mantenerme en tus pensamientos y oraciones. Todavía te quiero… y te extraño mucho».

Los ojos de Gabo se llenaron de lágrimas al leer sus palabras. Fue un momento de sanación. Recibir ese correo electrónico de Jen fue un tesoro para él. A partir de ese momento, siguieron comunicándose hasta el día en que ella falleció. En un correo electrónico posterior, Jen le escribió: «Siempre le digo a todo el mundo cuánto te extraño… tantos momentos que compartimos juntos, lo bueno, lo malo, los éxitos, los fracasos… fueron experiencias inolvidables». Y más tarde le escribió: «Me encantaría ser tu amiga… te quiero … eres mi hermano … incluso más que algunos de mis propios hermanos. Espero que podamos reunirnos para cenar y tomar unas copas».

Finalmente, el terreno estaba preparado para su reconciliación, y ambos estaban entusiasmados. Como recuerda Gabo: «El 7 de diciembre, ella me envió un mensaje de texto diciendo que estaría ocupada trabajando en los próximos días, pero que nos veríamos el miércoles 12 de diciembre en L.A., en el concierto de Gloria Trevi. Y le contesté: "No te preocupes, allí estaré", pero ella no llegó a la cita pautada».

Sé que ella quería que Gabo volviera a su equipo. Lo echaba de menos. Él jugó un papel muy importante en su carrera. Fue testigo de cada uno de sus sacrificios y estuvo ahí con ella, ayudándola a subir a la cima, dándole el empujón que necesitaba para seguir adelante cuando las cosas se ponían muy difíciles. Yo sabía lo mucho que él significaba para ella, pero aún tenía mis recelos. Jen tuvo que convencerme para suavizar mi postura hacia él, para estar más abierto a su reconciliación. Yo era un hermano mayor y protector, que simplemente no quería verla sufrir más de lo que ya lo hacía, pero finalmente acepté seguir su consejo. Los tres nos íbamos a reunir en ese concierto de Gloria Trevi el 12 de diciembre de 2012, una semana después de su concierto en Monterrey, para hacer las paces. Jen planeaba cerrar el caso en su contra y pedirle que se integrara al equipo en enero, pero esa reunión nunca tuvo lugar. Me consuelo al saber que al menos pudieron comunicarse y enmendar las cosas antes de morir. No solo le dio a Gabo una sensación de paz, pero sé que también llenó a Jen con un poco de esperanza en un momento en que la necesitaba a toda costa.

La otra persona clave que hizo que su corazón atribulado rebosara de alegría durante esos días oscuros no fue otro que su hermano Lupillo. Cuando él la defendió en la reunión familiar, diciendo que permanecería a su lado independientemente de que tuviera la razón o estuviera equivocada, y le brindara el apoyo que siempre había anhelado recibir de él, los problemas con su hermano desaparecieron. Fue uno de los momentos más entrañables de su vida ese año, que finalmente reunió a estos dos hermanos, por fin reconciliados. Entonces, a finales de noviembre, mientras Jen estaba en México en un viaje de negocios, y luego de enterarse de que su hermano se estaba presentando en el Rodeo de Texcoco, en las afueras de Ciudad de México, ella se emocionó cuando comprendió que estaría libre esa noche. «Oigan, quiero ir a ver el espectáculo de mi hermano», le dijo a su equipo en México, y ellos lo hicieron posible.

Lo más lindo de todo era que Lupillo no tenía ni idea de que ella asistiría, de modo que cuando Jen subió al escenario en medio de una de sus canciones, las lágrimas comenzaron a rodar por la cara de Lupillo. Completamente tomado por sorpresa y genuinamente sorprendido, la estrechó en un abrazo largo y cariñoso que significaba más de lo que nadie hubiera imaginado. «He estado esperando siete años esta visita, y ahora que lo he conseguido, estoy llorando como un niño, *me vale madre*, ¡yo también lloro!». Cantaron juntos y antes de salir del escenario, Jen agradeció a la audiencia y a su hermano, y dijo públicamente: «Ahora que necesitaba a mi hermano, él ha estado aquí para mí, ¡así que pido un gran aplauso para mi hermano!».

Fue un momento maravilloso para ambos, una reconciliación pública genuina e importante, algo que dejó a Jen llena de felicidad y paz, y le dio a Lupillo el consuelo que necesitaba para lidiar con la muerte de ella unas semanas después. Estoy muy agradecido de que Dios permitiera ese acto de sanación entre ellos antes de su accidente. También estoy agradecido de que Él permitiera que una reunión más crucial tuviera lugar justo antes del fallecimiento de Jen, y que también le produjo alegría y le recordó que, aunque su círculo de confianza parecía estar desmoronándose, aún había personas que la amaban y a las que ella podía recurrir, y que siempre la respaldarían. Jen recibió este regalo la noche en que se encontró con su amado Pelón en una azotea con vista a la Ciudad de los Ángeles.

Me enteré de este encuentro a la mañana siguiente, unos días antes del accidente, cuando ella me llamó a las siete en punto de la mañana, como acostumbraba hacerlo, y me dijo:

—¿Adivina de dónde vengo?

—No sé —dije, sin pensar—. ¿Del gimnasio?

—De donde Ferni.

—¿Qué quieres decir con que vienes de donde Ferni? ¿Qué pasa? —dije, en actitud protectora. Lo último que ella necesitaba era otro drama.

—No, no, no fue así —dijo ella, calmándome—. Simplemente tuvimos una noche increíble. Subimos a la azotea con dos sillas y hablamos toda la noche hasta que salió el sol. —Fernando vivía en Hollywood Boulevard y desde su apartamento se podía ver a Sunset Strip.

–¿Hablaron toda la noche? –le pregunté, incrédulo.

–¡Sí! Fue increíble –respondió ella.

Pasaron la noche recordando, conectándose como almas gemelas, como los mejores amigos. Ella valoró ese momento como ningún otro, sobre todo teniendo en cuenta las circunstancias, porque era algo simple y sencillo, pasar simplemente el rato con un viejo amigo que la entendía. Él había pasado por mucho también venciendo sus adicciones, así que entendía todo por lo que había pasado ella, y que podía comprender sus pruebas y tribulaciones actuales sin necesidad de explicaciones. Él la entendía y, diez años después, aún seguía sobrio a su lado, compartiendo otra noche única mientras miraban las luces de la ciudad abajo y las estrellas arriba.

El 4 de diciembre de 2012, apenas cinco días antes del accidente del avión, Jen había logrado otro gran éxito de su carrera, y algo inédito y revolucionario para las latinas en la industria del entretenimiento: firmamos un acuerdo con ABC para la futura comedia de Jenni. Sí, ella iba a tener su propia comedia, al estilo de Lucille Ball o Roseanne, solo que esta vez significaba también que sería la primera latina en conseguir un papel protagónico como comediante en la televisión estadounidense. Hasta entonces, las latinas habían aparecido como parte del elenco, como Eva Longoria en *Desperate Housewives* o Sofía Vergara en *Modern Family*, pero ninguna latina había conseguido antes el papel principal. Ese acuerdo no solo nos garantizó un millón de dólares, sino que también encajaba perfectamente con otro trabajo que había conseguido antes: una residencia en Las Vegas en agosto de 2013, otra labor inédita para ella como latina y en su género musical, que le garantizaba ocho millones de dólares adicionales. Eso era todo lo que necesitaba para hacer realidad su objetivo principal en 2013.

Sí, estos fueron proyectos innovadores, pero el logro más importante de todos habría sido suspender sus giras por un tiempo y hacer que su sueño de estar más cerca de sus hijos finalmente se hiciera realidad. Debido a que estos dos trabajos eran de carácter local, ella no tendría que viajar mucho para ir a trabajar, y finalmente podría ser la mamá que siempre había querido ser para sus hijos. Jen lo expresó mejor en una de nuestras últimas conversaciones, cuando estábamos repasando nuestras metas para el próximo año.

—Estoy muy ansiosa por ser madre.

—Pero has sido mamá todo este tiempo —dije.

—No —respondió ella—. He estado tan ocupada durante todos estos años siendo la que provee, cumpliendo el papel del papá, que finalmente estoy ansiosa por ser mamá, y prepararles el desayuno a mis hijos y recogerlos en la escuela.

Y entendí. Jen se había hecho cargo de su familia desde los quince años, siempre arreglándoselas para ganarse la vida y poder alimentar a sus hijos, y sin nunca poder disfrutar realmente de las alegrías de estar en casa con sus hijos. Parecía que el próximo año, los trabajos que habíamos conseguido finalmente le permitirían hacer una pausa y «oler las rosas»; en este caso las rosas eran su valioso tiempo con sus hijos, otro enorme destello de alegría y esperanza para un mañana mejor que nunca llegaría.

El día del último concierto de Jen, el 8 de diciembre de 2012, mi familia y yo decidimos que mi padre descansara en paz en

California. Mi papá había estado bajo soporte vital antes de fallecer, viviendo en el hospital, con mis cinco hermanos y yo turnándonos para estar con él. Soy el mayor, el más fuerte, mi papá esperaba que lo fuera, así que asumí muy en serio ese papel en mi familia, al igual que Jen lo hizo con la suya. Era otra razón por la que nos entendimos tan bien. En cualquier caso, esa noche, después del funeral, y después de lo que sería el último concierto de Jen, ella me llamó para ver cómo estaba yo y saber cómo iba todo. Estaba muy contenta con el show, y me dijo que había sido fantástico. Lamenté el hecho de no poder asistir. Ella había esperado también que su padre y Johnny, su hijo menor, hubieran podido asistir, pero tampoco pudieron hacerlo debido al trabajo y a la escuela, así que charlamos un rato. Me dijo que tenía mucha hambre, algo que era usual en ella porque nunca comía antes de un concierto y siempre estaba hambrienta al final de la noche, así que nos despedimos y colgamos. Nunca imaginé que esta sería la última conversación que tendría con ella en mi vida.

Mientras me preparaba para irme a dormir, recuerdo haberle dicho a mi esposa: «Sabes, mañana quiero ver un poco de fútbol y comer comida casera». Aunque yo sabía que mi padre iba a morir, perder a alguien a quien amas es algo que requiere tiempo para hacer el duelo y procesarlo todo. Ella y mi familia respetaban eso y comprendieron que yo necesitaba ese tiempo para sanar. Así que apagamos las luces y nos dispusimos a dormir, pero en vez de hacer esto, el teléfono empezó a sonar sin parar a primera hora del domingo y me despertó.

Mientras procesaba el sonido —el teléfono de la casa apenas sonaba, todo el mundo me llamaba al celular—, así que escuchar el teléfono fijo era una rareza. Mi esposa me empujó suavemente y me dijo: «El teléfono, el teléfono, deberías revisar el contestador automático». Mientras me frotaba los ojos para despertarme, pensé automáticamente que tal vez una de mis tías no se estaba sintiendo bien; eran un poco mayores y acababan de enterrar a su hermano. Tenía casi miedo de bajar para revisar el contestador. Sabía que tenía que tratarse de algo importante, y tenía miedo de escuchar el mensaje. Cuando presioné la tecla *Play*, me sentí confundido. No era ninguno de los miembros de mi familia, sino la voz de un buen amigo mío en el negocio, pidiéndome que lo llamara para algo relacionado con el avión de Jen. El siguiente mensaje era de nuestro agente en CAA, que había llamado para ver si yo podía confirmar el rumor que estaba circulando sobre el accidente de su avión, y el último era de un buen amigo y ejecutivo de Televisa que me llamó a preguntarme por el avión.

Al principio, mi incredulidad era absoluta. Sinceramente, no creía que fuera cierto. En México, si tienes un avión privado, estás básicamente a una hora de cualquier lugar del país, y con Jen, estábamos acostumbrados a subir a un avión después de un concierto y volar a otra ciudad para asistir a un *after party* o desayunar con amigos. Además, en los Estados Unidos tienes que registrar tu destino cuando abordas un jet privado, pero en México era distinto. Allí, simplemente subes a un jet como si estuvieras tomando un taxi y le dices al piloto a dónde quieres ir, y él te llevará. Sabiendo todo esto, y mientras oía los mensajes y toda la conmoción, en lugar de preocuparme, mi primer pensamiento fue sinceramente *Pinche Jen, debió haber decidido ir a otro lugar*. La posibilidad de que el avión se accidentara realmente ni siquiera estaba dentro de mis posibilidades.

Todavía en estado de shock, tratando de procesar lo que estaba sucediendo, otro pensamiento cruzó mi mente con rapidez: *Tal vez la habían secuestrado en el avión*. Esto no era inaudito en México. Aeronaves como Learjets aterrizaban en la Sierra para los carteles, así que la posibilidad de que Jen fuera mantenida como rehén en algún lugar a cambio de un rescate no era tan descabellado. Si ese fuera el caso, sabía que Jen esperaría que yo moviera cielo y tierra para encontrarla y traerla de regreso a casa, así que entré en acción. Jen confiaba en mí, sabía que si alguna vez estuviera en peligro o en problemas, sería yo quien la sacaría de ahí, así que estaba listo para mover cielo y tierra para encontrarla.

A medida que transcurría la hora siguiente, continué pensando en ir a México y traer a Jen; pensé en personas a las que podía llamar, tratando de recordar todas las conexiones que se me pudieran ocurrir para ayudar a encontrarla. Sin embargo, mis pensamientos y planes fueron interrumpidos rápidamente por la avalancha de llamadas de nuestro personal. «¿Qué está pasando?» «¿Qué debemos hacer?» Honestamente, yo no tenía ni idea. Estaba recibiendo todas estas llamadas sin saber qué decirle a todo el mundo porque no estaba seguro de qué pensar o creer.

El tiempo voló, las seis de la mañana dieron paso a las diez en cuestión de instantes, y no sabíamos todavía dónde estaba Jenni. En otro abrir y cerrar de ojos, yo estaba sentado en la oficina de su casa con todo su personal, tomando la iniciativa a ciegas, tratando de averiguar lo que estaba pasando. Todo el mundo estaba pendiente de que yo les indicara cuál debía ser el paso siguiente, pero aún no tenía ni idea. Mientras tanto, la familia decidió que todos se reunirían y esperarían juntos las noticias en la casa de la madre de Jen, así que cuando los niños fueron a la casa de su abuela, trasladamos la oficina central de Jen a mi casa. Nos instalamos, sin saber que esto se convertiría en nuestro centro de operaciones hasta su memorial diez días después.

Mientras tanto, el noticiero de Televisa me llamó para preguntarme si había alguna posibilidad de que pudiéramos pasar a una línea segura de servidores para compartir sus noticias con nosotros. Fue entonces cuando vimos el sitio del accidente.

Todo cambió bruscamente en ese instante. Pasamos de «tenemos que encontrarla» a «tenemos que traerla». Compartí la noticia con la familia, pero no estaban dispuestos a perder las esperanzas, pues era algo demasiado difícil de aceptar. Así que salieron de la casa de la señora Rivera y se pararon frente a la prensa diciendo que todavía la estaban buscando y que la traerían de vuelta. Ellos estaban todavía en estado de negación, pero nosotros ya habíamos visto la transmisión. Habíamos visto los fragmentos destrozados de su ropa esparcidos alrededor del sitio. Ella había fallecido.

Sacudido por la noticia, mitigué mi dolor dedicándome a trabajar y a pensar en los próximos pasos: identificar sus restos, traerla a casa, y planear el memorial. Mientras tanto, se desató un circo mediático. La familia seguía haciendo declaraciones a la prensa afuera de su casa, mientras que sus hermanos estaban decidiendo quién viajaría a México para traer a su hermana. Mientras tanto, Julie había salido discretamente de mi casa para ir a la de Jen a recoger uno de sus cepillos de dientes y un poco de pelo de sus cepillos que le daría a la familia, de modo que pudieran identificar el cuerpo de Jen por medio de una muestra de ADN. Todo era muy desagradable e incierto. Luego empezamos a recibir preguntas de los hermanos de Jen sobre su cuerpo. Se habían encontrado más de seiscientas partes del cuerpo en el sitio, y todos necesitaban ser sometidos a pruebas para ver si alguno de ellos pertenecía a Jen. Gustavo y Juan fueron los que volaron a México para ayudar a cerrar esta investigación, aunque nosotros sabíamos más cosas de Jen que ellos. Nos llamaron muchas veces para hacernos preguntas.

—Al forense le gustaría saber si a mi hermana le hicieron una cirugía en la espalda —nos preguntó uno de ellos por teléfono.

—No, nunca le hicieron una cirugía en la espalda —respondió Julie.

—Bueno, el forense está diciendo que una parte del cuerpo que encontraron tiene una cicatriz, y lo más probable es que indique que a esta persona le hicieron una cirugía en la espalda.

Tan horripilante como puede sonar todo esto, finalmente nos dimos cuenta de que lo que estaban describiendo era la parte delantera de su torso. La habían operado de una hernia, que le produjo una cicatriz en su abdomen. Así que suministramos toda esta información en detalle y ayudamos a confirmar que esa parte pertenecía realmente a Jen.

Llamaron los hermanos otra vez para preguntar si Jen tenía un tatuaje y Julie les dijo que no, que el tatuaje era de Jacob.

Para rematar, no olvidemos que yo acababa de enterrar a mi padre el día anterior. No había tenido la oportunidad de empezar a llorar a mi papá cuando de repente estaba lidiando con el impacto de perder a Jen. Era demasiado, pero como el hijo mayor de mi familia, siempre acudían a mí en busca de fortaleza y protección, y de alguna manera me impulsé para seguir adelante. No solo tenía que ser fuerte para mi familia; de repente, también tenía que ser fuerte para Jen hasta que se resolviera lo de su accidente y ella pudiera descansar en paz. No podía permitirme el lujo de desmoronarme, de modo que a medida que transcurrían las noticias, dejé a un lado mis emociones y seguí trabajando en este acontecimiento trágico. Mis habilidades de liderazgo práctico estuvieron en máxima alerta para hacer lo que era necesario y ser lo más eficiente posible. Era casi como otro concierto importante, otro evento importante para ella, pero esta vez no estaba ahí para guiarnos. Teníamos treinta y tres empleados que estaban destrozados y perdidos, así que entré en acción y me encargué de todo.

Ahora, como si el hecho de asumir el liderazgo de mi familia, de la familia de Jen y de nuestra familia laboral no fuera suficiente, tampoco podíamos olvidarnos de las otras cuatro familias en México que también estaban sufriendo una pérdida enorme y tenían mucho menos recursos para recuperar a sus seres queridos y darles el entierro y la paz que merecían. La banda de Jen también quedó devastada por las noticias; estaban atrapados en Monterrey, y ellos también necesitaban regresar. Había tantas cosas en juego que sucedían al mismo tiempo, que, en retrospectiva, honestamente no tengo idea de cómo logré seguir adelante en lo que fueron algunos de los días más oscuros de nuestras vidas, pero no había absolutamente ningún lugar para la debilidad, por lo que me concentré en mi misión principal: teníamos que traer a nuestra Jen a casa.

Capítulo 13

Las consecuencias

Jenni Rivera ✓
@jennirivera

I love my J-Unit, fans, family and
true friends...because in the middle
of the madness..they "hold on".
#jenniFACT

11/2/12, 11:59 AM

539 RETWEETS **393** LIKES

↩   ⇄   ♥   •••

Después del accidente fatal de Jen, fui invitado a una
reunión familiar en la casa de la señora Rivera. Solo los
padres de Jen y sus hermanos estaban presentes: no
había esposas ni hijos. Me pidieron unirme a ellos para tomar el
lugar de Jen y ayudarles a discutir lo que había que hacer. Los
restos de Jen habían sido identificados, por lo que estábamos
en el proceso de traerla y teníamos que ver cuáles serían los
próximos pasos lógicos. Aún me sentía dopado y adormecido por
dentro, de luto por mi papá e incapaz de procesar por completo

la muerte de Jen, así que lo que escuché en esta reunión me dejó un poco pasmado. Lo único en lo que yo podía pensar era en traer a Jen y que descansara en paz, y lo único en lo que podían pensar ellos era en negocios.

Estaban planeando una gira de cincuenta y dos presentaciones, querían que yo la lanzara como el Rivera Dynasty Tour, y necesitaban averiguar cuánto dinero produciría, así como la plantilla de músicos. Lupillo estaría encabezando obviamente la velada, pero necesitaban encontrar a alguien para cerrar el show. Mientras tanto, el hermano de Jen, el pastor Pete, intervino con su propia propuesta. Dijo que si lográbamos que cada uno de los fans de Jen donara solo un dólar, él podría abrir una nueva iglesia. Me senté ahí y los observé sorprendido. Realmente no podía creer lo que estaba escuchando. Honestamente pensé que encontraría una familia de luto, desgarrada y con el corazón destrozado por esta tragedia, perdida y abrumada por las circunstancias, pero en vez de eso encontré una familia tratando de averiguar cómo ganar más dinero.

Mientras la reunión continuaba, Lupillo se volvió de repente hacia mí y me dijo: «¿Sabes qué? Estoy celoso de ti. Estoy celoso del tiempo que pasaste con mi hermana, de lo mucho que sabes de ella, y de lo mucho que has compartido con ella». Ese fue probablemente el momento más sentido, sincero y genuino en toda la reunión. El dolor emanaba a través de los ojos de Lupillo mientras hablaba. Se había centrado tanto en su carrera y en establecerse a sí mismo que no había tenido la oportunidad de compartir muchos momentos de calidad con su hermana, y menos aun teniendo en cuenta su rivalidad entre hermanos, así que entendí. Finalmente se habían reconciliado, y ahora ella había fallecido y él no podía recuperar el tiempo ni pedir otra oportunidad. Era un sentimiento muy humano, uno de los pocos que experimenté con esta familia. Tal vez el resto de la familia se sentía de la misma manera, pero en esa reunión, todo lo que lograron hacer fue hablar de sí mismos.

Por su lado, Gabo le escribió a Rosie porque él quería estar con todos nosotros y en su correo le dijo:

Rosie: No he podido ni dormir en estos días y busqué tu correo para escribirte y decirte:

Sé los momentos tan dolorosos y tormentosos que deben estar pasando!!

Yo sé que ustedes al igual que yo somos personas de FE, y eso es lo que nos tiene de pie!!

Y que ustedes al igual que yo estamos a la espera de un milagro.

Y si no fuera así, también darle gracias a Dios por el tiempo que nos permitió estar con ella aquí en la Tierra.

Yo sé que tú eres la persona que ella más amaba sobre la Tierra, independientemente de sus hijos, pero tú eras la persona más especial para ella y eso debe hacerte sentir muy bien y orgullosa de tu gran hermana.

Gabo le pidió a Rosie que quería estar con nosotros en ese momento tan duro y doloroso. Ella le contestó dándole las gracias por darle tanto amor a Jenni y por tomarse ese espacio de no ir a verlos; que ella le avisaría cuando podía ir a verlos. Pero ese día nunca llegó. Ella nunca llamó.

En esa reunión con la familia, yo finalmente puse mis cosas en orden y hablé, diciéndoles las cosas de manera tan directa como lo había hecho siempre. Primero miré a Pete. «Pastor Pete, ¿dónde está tu fe? ¿Tu fe no es en Dios sino en los fans de Jen? ¿Por qué, en este momento, desafiarías eso? ¿No debería ser eso un desafío para Dios y tu fe, que proveerán para ti?». Se sentó de nuevo y no dijo nada. Luego me dirigí a toda la familia: «Este no es el momento de anunciar una gira nacional. Sí, lo pensaré. Pero, en última instancia, ¿qué estamos haciendo por Jen?».

¿Dónde estaba su sentido del duelo? ¿No querían al menos celebrar su vida y su legado? Yo no entendía cómo podían estar tan concentrados en buscar la manera de sacar provecho de semejante tragedia, tan poco tiempo después de que sucediera. Realmente me dolió y me desconcertó, pero ya no estaba tratando con la Jen del corazón de oro. Ahora se trataba apenas de su familia, y ellos tenían otros planes en mente para el futuro. En lugar de pensar en lo que Jen podría haber querido, lo único en lo que podían centrarse era en sus propias necesidades. La reunión fue aplazada finalmente, pero esta sería la primera de una larga lista de situaciones que me dejarían aturdido, angustiado y sin palabras.

Un ejemplo de esto: la llegada de los restos de Jen. Cuando el jet privado que traía los restos de Jen finalmente aterrizó en Long Beach, California, durante lo que debería haber sido un momento sombrío, Gustavo -que había ido a México con Juan-, no dejó de publicar comentarios en las redes sociales sobre todos los helicópteros y cámaras que rodearon su llegada. Era como un niño en una tienda de dulces con toda esa atención, sonriendo mientras lo entrevistaban. ¿Cómo puedes sonreír? Los restos del cuerpo de tu hermana están en el avión detrás de ti, ¿y estás sonriendo? No pude dejar de negar con la cabeza.

Luego vino el servicio conmemorativo el 19 de diciembre de 2012, otro día devastador. No solo asistí como uno de los dos miembros que no eran de la familia a quienes se les pidió pronunciar un discurso en su honor; también me habían llamado para dirigir el evento, y había estado trabajando en ello con nuestro equipo desde mi casa luego de recibir la confirmación de que Jen había fallecido estado en ese accidente aéreo. Desde su muerte, yo había pasado a piloto automático, coordinando todos los detalles de todo lo que conduciría al último día de Jen en un escenario y a su último lugar de descanso.

Después de diez días arduos y angustiosos, había llegado el momento de conmemorar a Jen. Ese miércoles, cuando mi esposa y yo llegamos al Gibson Amphitheater, dirigí mis ojos al cielo y vi helicópteros sobrevolando arriba, esperando ansiosamente la última aparición pública de Jen. Estábamos retrasados y me sentía estresado, así que miré hacia abajo, abrí la puerta y salí del carro, tratando de mantenerme concentrado en el evento, cuando de repente mi esposa se volvió hacia mí y me dijo en voz baja: «Mira, ella esperó por ti». Miré en la dirección que había señalado con la cabeza y vi el coche fúnebre. La puerta trasera estaba abierta y los empleados de la funeraria estaban sacando el ataúd de Jen. De repente, sentí como si estuviéramos llegando juntos a uno de sus espectáculos, entrando al lugar como lo habíamos hecho tantas otras veces a lo largo de los últimos diez años, solo que esta vez, en lugar de intercambiar una mirada mientras ella caminaba delante de mí, escuchándola hacer una broma o hacer oración antes de su actuación, en lugar de ver su pelo liso y sus grandes ojos cafés llenos de tristeza y alegría, lo que había delante de mí era un ataúd subiendo la rampa del teatro con sus restos. Entonces mi esposa me agarró del brazo y susurró: «Ella te esperaba para este momento». Conmovido hasta la médula, seguí caminando detrás del ataúd de Jen y entramos juntos a la zona del *backstage* una última vez, Jen primero y yo siguiéndola, como lo habíamos hecho siempre antes. Yo estaba inmerso en este extraordinario momento concedido por Dios cuando rápidamente fui sacudido de vuelta a la realidad por una voz que gritaba, «¡Nadie toca el ataúd!».

La familia había contratado un servicio de seguridad exterior para custodiar su ataúd y asegurarse de que nadie pusiera una mano sobre él, pero no había nada en el mundo que me impidiera tener un último momento con mi hermana por elección y despedirme de ella en paz. Fui hasta el equipo, pedí unos minutos y, afortunadamente, en lugar de discutir conmigo, se alejaron respetuosamente y me dieron un poco de privacidad. Mirar ese ataúd y saber que Jen estaba adentro y no riéndose a mi lado, discutiendo y charlando, fue uno de los momentos más difíciles de mi vida. Era difícil aceptar una situación tan irreversible como esta.

Después de decirle adiós personalmente, caminé pesadamente hacia la familia Rivera, con el corazón destrozado por esta pérdida, esperando condolerme con ellos y encontrar algún tipo de consuelo en el dolor que todos compartimos ese día. Sin embargo, para mi consternación total, cuando llegué al grupo, en vez de encontrar consuelo, encontré un grupo de mujeres quejándose de que no había personal suficiente para peinarles el pelo y maquillarlas, como si se estuvieran preparando para un evento tipo espectáculo. Quedé aturdido. Mi esposa se percató de lo perturbado que estaba por toda esta situación y me consoló, conociendo muy bien mi silencio perturbado. El resto del día fue un poco difuso, con fragmentos y partes que me persiguen hasta el día de hoy como recuerdos llenos de dolor.

Recuerdo claramente a Juan, el hermano de Jen, caminar hacia mí, estrecharme la mano y decirme: «Gracias por todo lo que has hecho por mi hermana y por cuidarla». Escasamente pude encontrar una respuesta. También recuerdo a Martha Ledezma, su jefe de producto de Fonovisa, quien se acercó ese día y me dijo: «Jenni cumplió su promesa. Todos estuvimos juntos en mi cumpleaños; simplemente deseo que no hubiera sido bajo estas circunstancias». Jen había estado planeando una fiesta de cumpleaños para Martha el 19 de diciembre, pero en lugar de celebrar el día de Martha, estábamos de luto por la pérdida de Jen, nuestra querida amiga.

De otra parte, también recuerdo a la banda de Jen Su Banda Divina, que llegó de México. Después de haber tocado con ella en cada espectáculo durante los últimos años y haber compartido tantas experiencias en el camino, vinieron a llorar esta pérdida tremenda como sus hermanos de trabajo. Pero en lugar de tener la oportunidad de sentarse y apoyarse el uno al otro durante este momento triste y doloroso, la familia Rivera les pidió de repente que subieran al escenario y tocaran. Yo no podía creer lo que oía. Estos tipos habían ido a llorar a su hermana en la música y no estaban emocionalmente dispuestos a tocar; estaban asistiendo como invitados y no como artistas, ni siquiera tenían sus trajes de banda. Y los Rivera lo habían mandado a llamar para eso: para que fueran a tocar y a acompañar a artistas. Así que, de un momento a otro, Julie estaba corriendo para tratar de conseguir algunos uniformes de banda prestados para que ellos se los pusieran y salieran a tocar al lado del ataúd de Jen. ¿En qué estaba pensando su familia?

No estaban pensando, simplemente estaban haciendo las cosas de manera automática como si fuera otra de las producciones de Jen. Tal vez era su manera de lidiar con esto, no lo sé; solo puedo asegurar que nos molestó a muchos de nosotros. Mientras revisaba el discurso que había escrito para la ceremonia, fui asaltado con otra petición impactante: nadie debería llorar mientras se leían los discursos en el escenario porque se suponía que era una celebración. ¿Qué chingados? ¿Por qué no podía llorar por la persona que acabábamos de perder diez días antes? Entiendo toda la celebración de su vida, pero también deberíamos haber podido lamentar abiertamente en el servicio conmemorativo a la mujer que nosotros y el mundo habíamos perdido trágicamente. Sobra decir que cuando finalmente subí al escenario, estaba tan concentrado en tratar de no llorar que ni siquiera pude pronunciar mi discurso. Las lágrimas brotaron de mis ojos y no pude ver ni decir lo que había escrito. Musité algunas frases en medio de un dolor y emoción abrumadoras, y luego bajé del escenario. Era demasiado. Sus fans sollozaban, devastadas; sus hijos tampoco podían mantener la compostura en el escenario, era simplemente un lío emocional, y creo que tratar de reprimir una emoción tan natural como la tristeza solo hizo que fuera peor para todos nosotros. No era el momento de celebrar; primero necesitábamos llorar. La celebración debería haber sido aplazada para más tarde, y que ayudara a perpetuar su legado en los años venideros, pero eso también fue trastocado en última instancia.

Cuando bajé del podio, con las lágrimas rodando por mi cara, simplemente no pude volver a mi asiento en la audiencia. Tratar de contenerme para no desmoronarme en público era demasiado difícil para mí, así que me dirigí al *backstage* seguido por mi esposa, mi roca, siempre a mi lado, que me apoya en las buenas y en las malas. Mientras me sentaba e intentaba recobrar la compostura, vi a Joan Sebastián, el renombrado cantante mexicano y una de las inspiraciones musicales de Jen, acercarse a nosotros. Se sentó en silencio junto a mí, se quitó el sombrero, me sostuvo la rodilla y dijo: «Comprendo. Te entiendo». Esa simple frase llena de amor y consuelo quedará grabada para siempre en mi corazón.

De repente, en medio de todo el caos, empecé a darme cuenta de que la amada familia laboral de Jen era ahora la familia olvidada. Había una frialdad en la forma en que nos trataron a todos que realmente hirió mi corazón y realmente me hizo pensar en la razón por la que ella valoró a su equipo como si fuéramos de la familia. Sí, nos pagaron por nuestro trabajo, pero siempre fuimos más allá de nuestro deber, porque la amábamos. Ella venía a mi casa para una comida casera cuando necesitaba consuelo. Era un lugar en el que podía bajar la guardia y simplemente estar, donde podía llorar y dejarse cuidar sin preocuparse por no perder la cabeza ante los demás. Todos estábamos ahí para ella, y Jen lo sabía. Fue por eso que el golpe final que recibimos hubiera sido incomprensible para Jen.

Su entierro estaba programado para la víspera de Año Nuevo, pero los Rivera habían explicado que solo querían que estuviera presente la familia, así que no nos invitaron. Nos hubiera encantado asistir, pero entendimos y respetamos el razonamiento detrás de esta decisión. Jen había dado tanto de su vida al público que solo tenía sentido que este último momento fuera privado, especialmente para sus hijos adorados. Lo entendimos. Definitivamente era lo correcto, pero no sucedió así. Más tarde descubrimos que aparte de la familia, también había grupos de banda y norteño tocando, y les habían permitido traer a sus esposas. Así que estos completos desconocidos pudieron pasar esos últimos momentos con Jen mientras que su equipo, su familia laboral, las personas que la habían visto pasar por altibajos interminables, tuvieron que permanecer al margen. Cuando nos enteramos de esto, nos sentimos estupefactos y agraviados. Fue un golpe inconcebible e implacable, que iba contra todas las fibras de Jen.

Ella siempre trató a su equipo como parte de su familia. Asistimos a la boda de Rosie no porque ella nos quisiera ahí, sino porque Jenni nos quería ahí. Asistimos a *baby showers* para su familia y Jen también estaba presente en nuestros eventos, y organizó incluso un *baby shower* para mi esposa y para mí. Las cosas eran recíprocas entre todos nosotros. Incluso en Navidad, en las vacaciones familiares, Jen siempre sacaba tiempo para ir a nuestras casas, darnos regalos y pasar un rato con nuestras familias. Es por eso que ser rechazados por su familia tras la muerte de Jen nos dejó doloridos y sin palabras.

Ahora, permítanme ser claro, nadie niega que ellos son su familia, su sangre; nadie puede quitarles eso. No estoy tratando de compararme con un hermano biológico, pero su familia laboral también fue una parte clave de su vida y tampoco se puede negar eso, por más que la familia Rivera trató de silenciarnos en los años venideros. Lucharon con uñas y dientes para controlar su historia y asegurarse de que si alguien iba a llamar la atención en su nombre, fueran única y exclusivamente ellos. Era como si estuvieran tratando de enterrarnos junto a Jen de un momento a otro, borrándonos de sus recuerdos como si nunca hubiéramos existido. Sin embargo, todo el mundo en esta industria sabe muy bien que, para tener éxito, cualquier artista necesita tener un buen equipo que lo apoye a cada paso del camino. Simplemente no puedes hacerlo todo por tu propia cuenta.

Cuando la familia heredó los bienes de Jenni, todo estaba funcionando sin problemas, nada andaba mal. Su equipo, que habíamos estado llevando las riendas desde tiempo atrás, era leal, sabíamos lo que estábamos haciendo, y todos estábamos dispuestos y éramos capaces de seguir trabajando por nuestra querida amiga. Pero una vez que la conmemoración y el entierro terminaron y el nuevo año comenzó, rápidamente nos dimos cuenta de que la familia tenía otros planes para nosotros. No dejarían a nadie a su lado.

Mientras Jen se preocupaba por saber si debía tomar un descanso o apartarse del centro de atención debido a la forma en que eso afectaría a sus empleados y los dejaría sin qué comer, su familia no mostró preocupación alguna. A principios de 2013, los Rivera decidieron desmantelar el equipo y conformar uno nuevo. Dejaron ir a todos, menos a mí. Yo era la excepción de lo que más tarde se convirtió en una razón calculada: yo seguía generando dinero para ellos. Ellos no podían darse el lujo de dejarme ir todavía porque necesitaban mi ayuda para entender todos y cada uno de los muchos negocios y finanzas de Jen. Así que yo era básicamente el último de los guardianes, el último hombre que quedaba de un equipo de personas que eran parte de la construcción de la fortuna y el legado de Jen. Sabíamos lo que ella quería lograr y cómo quería hacerlo, sabíamos lo que pensaba y lo que sentía, pero en lugar de mantenernos a todos para ayudarle a vivir a través de su música y de varias empresas, la familia eliminó esa posibilidad. Aquellos años de experiencia significativa y valiosa no significaron nada para ellos. Solo querían empezar de cero para poder seguir adelante y hacer lo que quisieran, sin una sola pregunta. Y eso fue exactamente lo que hicieron. Contrataron a un nuevo equipo, un equipo del «sí» que nunca cuestionó nada de lo que hicieron y, llamé la atención por ser el último representante de la vieja guardia. Pero yo tenía la información de todos los hechos relacionados con la carrera de Jen, así que todavía me necesitaban.

Un poco ajeno a los cambios inminentes que se avecinaban, seguí trabajando con la familia, pues siempre había trabajado con Jen. Los puse al tanto de todo lo que habíamos hecho y teníamos funcionando, pero nunca dudé en cuestionar sus decisiones de negocios o sus gastos, pero no les gustó esto. Yo sabía lo que pensaba Jen, sabía que quería un café o un té mirando simplemente su agenda del día. Pero ellos no estaban acostumbrados a esto; no eran Jen. Lo único que yo quería era ayudar a la familia Rivera a organizarse y honrar el legado de Jen, pero después de un tiempo, empecé a darme cuenta de que no podía hacer mucho más aparte de cumplir con sus peticiones.

Al principio, todos estaban un poco perdidos. Rosie había quedado a cargo de los bienes de Jen, y sinceramente, estaba muy angustiada. Había sido ascendida de hermana pequeña a CEO de un negocio multimillonario de la noche a la mañana. Ninguno de ellos se había dado cuenta de toda la riqueza que había acumulado Jen a lo largo de los años, porque ella nunca se jactó de esto, ni había hecho ostentación con lujos excesivos, de modo que estaban realmente abrumados. Yo estaba encargado de transmitirles todos mis conocimientos tanto a Rosie como a Juan, su hermano, pero no fue una labor fácil. Estamos hablando de dos personas que no tenían experiencia real en los negocios, así que era como entrenar novatos para un juego profesional inminente. Para rematar, Juan, que no había tenido éxitos personales en su carrera, pasó de un momento a otro de luchar contra la drogadicción y el alcohol a manejar los bienes de Jenni —hasta convertirse, eventualmente, en el vicepresidente de Jenni Rivera Enterprises— y ahora podía hacer lo que quisiera.

Lo que observé a medida que transcurría 2013 me preocupó, así que llamé a Chiquis y le pedí que almorzara conmigo. Después del conflicto que habían tenido el año anterior, Jen había decidido sacar a Chiquis de su testamento. Así que, de un momento a otro, Chiquis se quedó no solo tratando con los problemas sin resolver que tenía con Jen y el dolor de perder a su madre de manera trágica, sino también sin ninguna opinión con respecto a la herencia o al cuidado de sus hermanos, que habían crecido viéndola como su segunda madre. Además, Chiquis y yo no habíamos hablado después de la muerte de Jen. Ella sentía rencor porque yo había decidido no trabajar con ella y con Ángel, y porque había tomado partido por su madre durante toda su debacle, sin embargo, aceptó mi invitación. Me alegró mucho que hubiera aceptado porque realmente me preocupaba por su bienestar. Sabía que era una buena chica y también sabía que Jen quería que yo la cuidara porque el amor de Jen por ella sería siempre más fuerte que cualquier pelea.

Así que ese día de 2013, cuando nos sentamos a la mesa, fui directo al grano: «Escucha, Chiquis, como te había dicho antes, fui leal con tu mamá y por eso no pude trabajar contigo. Y ahora estoy aquí para decirte que aún soy leal con tu mamá, y si esto significa ir en contra de tu tío Juan y de tu tía Rosie con respecto a lo que es mejor para ustedes como chicos, lo haré, y estaré detrás de eso porque sé qué es lo que tu mamá habría esperado de mí».

Me sinceré y quise asegurarme de que ella supiera que podía contar conmigo. Poco sabía que estaba grabando toda nuestra conversación sin mi conocimiento. Tan pronto terminó el almuerzo, me fui y ella le mostró la cinta no autorizada a Rosie y a Juan. Obviamente, ellos se enojaron y más tarde me confrontaron por toda la situación, pero me mantuve fiel a mis palabras. «Tienen toda la razón; dije eso. Tienen toda la razón», respondí después de sus acusaciones. No tenía nada que esconder, y ellos se ofendieron. Yo solo estaba tratando de proteger a Jen y lo que ella habría querido para su patrimonio y sus hijos, pero cada vez era más evidente que muy pronto, yo no estaría presente para hacer lo correcto por ella. Una vez que la familia tuviera toda la información que necesitaban, tomaron el volante y, a mediados de 2013, me dejaron ir y empezaron a conducir el vehículo por su cuenta, mientras que yo me estrellaba lentamente y ardía por dentro.

Recibí súbitamente un golpe doble. En lugar de sacar tiempo para llorar la muerte de mi papá y de Jen, me había dedicado a ayudar a la familia Rivera para evitar que la nave de la diva se hundiera, solo para ser desechado brutalmente una vez que recibieron lo que necesitaban. Eso fue todo, habían terminado conmigo. Querían tomar el control de la historia de Jen y moldearla a su favor sin tener a nadie de la vieja guardia alrededor que les dijera algo. ¿Y yo? Simplemente me congelé.

Había transcurrido un año y aún tenía que procesar la conmoción de todo lo que había pasado. Mis emociones se paralizaron de un momento a otro por el peso de todo. Perdí el rumbo en 2014, algo en mi interior dejó de funcionar por completo. Lo que siguió fueron dos de los años más intensos de mi vida, algunos de los momentos más difíciles para mi esposa e hijos, un período al que no podría haber sobrevivido sin su amor y su apoyo, así como el de mis hermanos y amigos cercanos. Todos se esforzaron considerablemente, intentando comunicarse conmigo, atravesando el escudo que yo había levantado alrededor de mi corazón. Mi hermano me llevó a hacer las cosas de las que disfrutaba normalmente, mi esposa planeó unas vacaciones en familia con la esperanza de que esto le ayudaría a acercarse a mí y a sacarme de esta depresión tan profunda. Su paciencia fue extraordinaria; nunca lo olvidaré y siempre estaré agradecido por la forma en que permaneció a mi lado durante esos tiempos tan difíciles. Pero nada parecía funcionar.

Todo el mundo me decía que tenía que olvidarme simplemente de todo y dejarlo ir, pero no sabía por dónde empezar. Estaba aterrorizado de perder el control. No tenía la menor idea de qué esperar si realmente dejaba pasar todo. Era como si yo fuera un volcán al borde de la erupción; sentí que podía diezmar fácilmente a toda la aldea de gente que me rodeaba. Hasta que un día, finalmente sucedió. Estaba sentado en una silla jugando con mi perro en el patio, mientras que mi familia estaba haciendo sus cosas dentro de la casa, como lo había hecho muchas veces antes. Sin embargo, esta vez algo cambió en mi interior. Comencé a reflexionar sobre mi situación y de repente sentí una grieta en el lago congelado de mis emociones. Por fin, una lágrima solitaria dio el paso y rodó lentamente por mi mejilla seca. Era como la primera gota de lluvia salpicando un paisaje árido después de una sequía de dos años, invitando a una tormenta de emociones a brotar de mí en un diluvio de lágrimas. Me di cuenta de que no tenía que aguantar más. No tenía que preocuparme que alguien me viera desmoronarme. Estuvo bien. Mi perro favorito estaba allí conmigo, compartiendo su amor incondicional, mi amada familia estaba adentro, y en ese preciso instante, finalmente me sentí seguro. Podría haber llenado la alberca de mi casa con las lágrimas que salieron de mis ojos ese día. De todos los escenarios que había contemplado en mi mente, nunca esperé que saliera a chorros en mi patio trasero en lo que parecía ser como cualquier otro día normal. Fue un alivio inmenso. El duelo finalmente había comenzado, y con el que todavía estoy tratando hasta este día mientras vierto la historia, que he sostenido dentro durante tanto tiempo, en estas páginas.

Mientras tanto, y sin estar cegado ya por esta pérdida colosal, cuando mi dolor se calmó y comencé a sanar, los pensamientos sobre el accidente comenzaron a cruzar mi mente otra vez. Después de la muerte de Jen, a menudo me preguntaban si realmente creía que había sido un accidente. Pero en esa época, yo no podía hablar de ello. No quería manchar su memoria con teorías conspirativas. Aunque se tratara de un asunto intencional o no, ella se había ido y no había forma de recuperarla. Sin embargo, después de mi progreso emocional, sentí que esta pregunta merecía una mejor respuesta.

Yo había tenido acceso a información privilegiada sobre el accidente del avión y, a decir verdad, las autoridades nunca pudieron declararlo definitivamente como un accidente. Los funcionarios afirmaron que lo que causó la caída del avión fue un «torbellino holandés», una condición en la que el avión pierde el control de su estabilizador y se estrella contra la ladera de una montaña; sin embargo, la evidencia que encontraron en el sitio del accidente no fue concluyente. Si el avión realmente chocó contra la montaña a esa velocidad, debería haber un cráter indicando el lugar exacto donde se estrelló, pero no se encontró ninguno. Además, si ese fuera el caso, entonces ¿por qué sus pertenencias se esparcieron en un radio de tres millas, no solo en el suelo, sino también colgando de los árboles? Es algo que simplemente no cuadra. Después de prestar mucha atención a estos detalles y de ver mejor la manera en que estaban esparcidos los escombros a lo largo del terreno, así como sus restos, honestamente creo que el avión cayó del cielo ya en pedazos, debido probablemente a algún tipo de explosión en el aire. Y eso no me parecía accidental.

Mientras digería toda esta información, la primera persona que se me ocurrió fue Ángel, el novio de Chiquis. Después de su tenso enfrentamiento, Jen utilizó su plataforma de medios sociales para avergonzarlo y humillarlo públicamente. Se trataba de un hombre influyente que sentía mucho odio por Jen —y además su mujer podía tener lazos con gente con poder en México— y eso parecía ser motivo suficiente par mí. De repente, todo tuvo sentido, y empecé a creer que esto podría haber tenido algo que ver con su muerte prematura. Reflexioné sobre esta teoría durante mucho tiempo, pero finalmente la descarté a principios de 2016. ¿Por qué? Bueno, porque fue entonces cuando me enteré de la evidencia que apuntaba hacia otra dirección inesperada: Mario Macías, el abogado de Jen en México, el hombre que había tomado el lugar de Gabo cuando lo despidieron, y uno de los pasajeros del avión que también había muerto en el accidente.

Mario Macías nos fue recomendado inicialmente por nuestros asociados cercanos en México cuando Jen fue detenida en el aeropuerto por llevar 50.000 dólares que supuestamente no fueron declarados. Él ayudó a solucionar ese lío y, después de la pelea entre Jen y Gabo, Mario intervino y comenzó a encargarse de todos los asuntos que ella tenía en México. En ese momento, tenía sentido para nosotros: era un abogado, conocía bien a

México, entendía la industria, así que pensamos que sería una buena persona para tener de nuestro lado. Y fue así como se las arregló para ganarse un papel en el equipo y en el círculo íntimo de Jen. Luego la gente empezó a hablar. Muchos dijeron que en esa época en que Gabo ya no estaba en el equipo, Mario había empezado a cambiar. El mismo Gabo oyó hablar de estos rumores. No puede verificar nada, porque a fin de cuentas eran simplemente rumores, pero se enteró de que Mario había comenzado a hacer negocios con la gente equivocada.

Como recuerda Gabo: «Con ese tipo de trabajo en México, uno se encuentra interactuando con un círculo de personas muy importantes dentro de la industria de la música y los carteles, y tienes que aprender a lidiar con ellos. Evité las complicaciones. Mi relación comercial con ellos se centró estrictamente en ser el enlace entre los artistas que yo manejaba y los clientes que querían que se presentaran en sus lugares o eventos. Eso fue todo. Se rumora que Mario llevó estas relaciones a otro nivel, y que las hizo más personales. Y fue entonces cuando los que estaban a su alrededor afirmaron que él empezó a cambiar. Era presumido, trataba mal a mucha gente, y se rumoraba que estaba involucrado en negocios personales con los carteles. Una vez más, no puedo confirmarlo, pero es lo que me han dicho varias fuentes diferentes».

Cuando llegó 2016, realmente quise llegar al fondo de todo esto. Seguía bastante convencido de que Ángel era sospechoso, finalmente abordé un avión en julio de 2016 y viajé a México para ver qué podía averiguar. Contacté a mis antiguos socios comerciales y comencé a investigar y descubrí esta teoría nueva e inesperada sobre el terreno. Mis conexiones me aseguraron que, aunque Ángel tenía dinero, no tenía el poder de hacer algo así. No tenía la influencia necesaria en México para hacer que ocurriera semejante «accidente». Curiosamente, eso me produjo paz. Era agradable descubrir que el novio de Chiquis no iba tan lejos por vengarse, pero la pregunta seguía siendo: ¿Había sido un accidente o no? Y si no, ¿quién chingados estaba involucrado?

La nueva teoría que recopilé a través de mis fuentes apuntaba a Mario Macías. Él iba también en ese avión cuando se estrelló y murió en ese día trágico. Lo que yo no sabía hasta este viaje fue que después del accidente, las autoridades encontraron el carro de Mario en Ciudad de México con cerca de 200.000 dólares en efectivo escondidos en el maletero… y no era dinero de Jenni. También descubrí, para mi sorpresa, que Mario tenía formación como militar y se rumoraba que tenía vínculos con Los Zetas, uno de los carteles más peligrosos de México, cuyos miembros eran todos ex oficiales militares. Resulta que no teníamos la menor idea de quién era realmente Mario Macías. No solo parecía haber tenido vínculos con Los Zetas, sino que también descubrimos que aparte de su esposa y su hijo, tenía otra familia a escondidas, otra mujer y más hijos. Este abogado aparentemente duro y conservador estaba llevando una vida doble frente a nuestros ojos y ninguno de nosotros lo había notado. A ninguno de nosotros se nos ocurrió que él podría haber estado involucrado en tratos personales con los carteles. Como si todo esto no fuera suficiente para apuntar el dedo en su dirección, Monterrey es conocido como territorio de Los Zetas, y se rumoraba que los negocios de Mario con ellos habían empeorado y que todo se había deteriorado rápidamente. Tal vez Mario había sido el objetivo principal, y Jen y el resto del equipo eran simplemente daños colaterales.

Además de saber que un par de oficiales habían sido procesados por sustraer evidencia del sitio del accidente, lo que más alimentó esta teoría emergente de Mario Macías fueron algunas imágenes de vigilancia que me mostraron, y en las que Jen y la tripulación aparecían registrándose en el aeropuerto de Monterrey ese sábado 9 de diciembre de 2012. En el video se ven tres SUV llegando al aeropuerto, Jen con su equipo de producción y su séquito. El vehículo principal se detiene en la caseta del guardia, el guardia de seguridad camina hasta el vehículo, verifica las credenciales, luego se dirige al segundo carro para verificar las credenciales de Jen, y entonces permite que los tres vehículos entren al aeropuerto. A medida que el último vehículo gira a la derecha y entra al hangar del avión, otro vehículo se detiene en la caseta del guardia. Sin embargo, el carro escasamente se detiene y cruza sin verificación de credenciales ni nada. Nunca fue registrado y el guardia, la única persona que podría haber identificado el vehículo y la gente que iba en él, renunció esa noche y desapareció sin dejar rastro. Nadie pudo encontrarlo de nuevo.

¿Por qué Mario tenía 200.000 dólares en efectivo escondidos en el maletero de su carro en Ciudad de México? ¿Por qué se permitió que ese vehículo pasara a través de la seguridad del aeropuerto sin ser registrado? ¿A dónde fue el guardia? ¿Por qué no había un cráter en la ladera de la montaña, donde supuestamente se había estrellado el avión? ¿Por qué las pertenencias de los pasajeros estaban dispersas en un radio de tres millas? Nadie pudo responder a estas preguntas, pero no me parece ni me suena como un simple accidente en lo más mínimo. ¿Estoy acusando a alguien de asesinato? No. Solo estoy compartiendo lo que descubrí, un montón de pruebas no concluyentes que simplemente no me cuadran. Quién sabe si alguna vez sabremos la verdad detrás del accidente fatal de Jen. Todo lo que sé es que ese accidente nos arrebató a mi hermana por elección, a nuestra amiga y nuestra aliada, y cambió para siempre la existencia de aquellos de nosotros que la conocimos, la amamos y la admiramos. Gabo por su lado quiso creer en la historia de que Jen y todos los tripulantes del avión sufrieron un gran accidente y que una de las alas del avión se desprendió. Él se quiere quedar con esa teoría, no quiere creer que alguien quiso hacerle daño y tumbarle el avión. Que fue simplemente un trágico accidente en el que perdimos a nuestra hermana porque Dios así lo quiso. Nunca seremos iguales, pero nuestro recuerdo de ese ser humano amable, talentoso, ingenioso y generoso vivirá por siempre dentro de cada uno de nosotros, nuestra Gran Señora, nuestra Diva, nuestra Mariposa, nuestra amiga.

Nunca te olvidaremos,
Pete y Gabo

El legado de Jenni Rivera

jennirivera
@jennirivera

"You are a WARRIOR. You have been one since before you were born...from within your mothers womb. It wasn't easy, but you survived. You always have. This WILL NOT be an exception. Get up and show the world that you don't fit in because you STAND OUT. Don't let what other people decide to do change who YOU are. WARRIORS keep on going....even after their injuries. You are not a 'fallen' soldier...get yo ass up and continue this war of life....God will take you to victory". #voicesinmyhead

2012-10-28

Jen fue la Helen Keller para las mujeres latinas. No dejó que ninguna de sus limitaciones le impidiera tener éxito en la vida. Si me pidieran definir su legado, espero que a través de su música, su vida y sus imperfecciones, sea recordada por inspirar a una generación de mujeres para aceptarse, abrazarse y amarse a sí mismas, y nunca renunciar a sus sueños, aspiraciones y metas. Esa fue Jen. Esa fue su lucha. Sin importar las circunstancias que estuvieran en su contra, sin importar cuántos obstáculos encontrara en su camino, ella fue capaz de levantarse después de cada desafío y seguir adelante en pos de sus sueños, y sé que es exactamente eso lo que habría querido que todas y cada una de ustedes hicieran también. A pesar de todos los dramas que tuvo que soportar, su mensaje era de esperanza. Ustedes pueden hacer cualquier cosa que se propongan; ella fue prueba de eso, y sé que se habría sentido feliz si su historia sirviera como una inspiración para que ustedes alcancen sus sueños y esperanzas.

Y por eso escribí este libro. Han pasado muchas cosas desde el deceso prematuro de Jen. A medida que transcurrían los últimos cuatro años, noté que su verdadera historia se había visto empañada por las necesidades de quienes la rodeaban, describiendo una imagen de Jen que satisfacía sus necesidades antes que celebrar su vida, sus dificultades, sus éxitos y, en última instancia, su legado. Cuando falleció Selena, la reconocida cantante, el mundo pudo conocer finalmente su historia en otro nivel, e inspiró a millones de personas estableciendo su legado legendario, que aún perdura hasta este día. Eso es lo que quiero para Jen; sin embargo, cuando ella falleció, su familia, en lugar de divulgar su historia, de alguna manera se la ocultó al mundo. Controlaron en detalle cualquier información que revelaron sobre su vida personal y en lugar de centrarse en su legado, optaron por promover sus propias historias personales entre los fans de Jen.

En los últimos cuatro años, hemos descubierto quiénes son muchos de los miembros de su familia, pero las seguidoras de Jen no han tenido mucho acceso a la gran cantidad de experiencias inspiradoras, dificultades y éxitos de su vida. Mientras todo el mundo está usando su versión de la historia de Jen para autopromover sus propios intereses, su legado ha caído en el olvido. Sé a ciencia cierta que hay un montón de música que podría ser lanzada, desde un álbum de duetos a uno de tributo, o canciones que aún no han visto la luz del día. Sin embargo, aquí estamos, cuatro años después, solo con su concierto de Monterrey lanzado como un paquete de tres partes en entregas anuales, la última de la cuales salió en 2016. Sus fans merecen más.

Las seguidoras de Jen eran el combustible en su vida. Cuando las cosas parecían estar mal, recurría a ellas en busca de amor, consuelo y comprensión. Dejaba su alma en el escenario, y sus fans la celebraron y la apoyaron en cada paso del camino. Fue de allí de donde Jen obtuvo sus superpoderes, en presencia de sus seguidoras; fue allí donde era realmente inquebrantable porque la hacían sentirse segura y amada. Es por eso que nunca dio por sentado a sus fans y nunca dejó de agradecerles por su amor, por ayudarla a alimentar a su familia, y por su lealtad. El escenario y sus fans fueron su refugio seguro, y por eso siento que estas merecen más oportunidades de ayudar a celebrar su vida y seguir manteniendo vivo y próspero su increíble legado. Sé que su música vivirá para siempre y habrá muchas generaciones futuras que redescubrirán sus canciones y actuaciones y se enamorarán de su presencia, ingenio y encanto en el escenario. Así que de lo que quiero asegurarme es de que nunca olvidemos tampoco a la persona detrás de la música. A la mujer que celebraba sus imperfecciones, a la mujer que, como muchos grandes líderes, ponía todo en la mesa para hacer sus sueños realidad, sin olvidar nunca sus humildes comienzos.

Jen nació para liderar. Desde su estilo en la moda hasta lo que hizo para llevar su carrera hasta el límite, ella fue una pionera por derecho propio. ¿Cuál era su secreto? ¿Qué hizo que fuera la superestrella exitosa y dotada que vendió más de veinte millones de álbumes en todo el mundo y obtuvo varios discos de oro y platino certificados por la Asociación de la Industria Discográfica de Estados Unidos? Por supuesto que su perseverancia era incesante e incansable, pero no podría haberlo logrado sin su legión multigeneracional de fieles seguidoras. ¿Y cómo reunió a este ejército de partidarias? No solo por su música, sino también por la historia de Jen, sus dificultades y su vida como madre soltera latina. Era una historia con la que las personas podían identificarse, era una historia que reflejaba la vida de innumerables mujeres que trabajaban incansablemente para llegar a fin de mes con sus familias. Y sirvió de inspiración a todas ellas alimentando su esperanza de que cualquier cosa y todo es posible si pones tu mente en ello, haces el trabajo y nunca pierdes la fe.

Muchas generaciones de latinas pueden identificarse, incluso hasta el día de hoy, con alguna parte de la vida de Jen. Ellas entienden lo que se siente al enfrentarse a la discriminación dentro de una sociedad y una industria dominadas por hombres, saben lo que es tener un cuerpo que no es considerado completamente perfecto por los estándares culturales occidentales, que han sido traicionadas o incluso abusadas por los hombres que han amado, y muchas están luchando para sobrevivir como madres solteras y llevar comida a la mesa para sus hijos. Ellas lo entendieron cuando Jen empezó a compartir sus dificultades y su historia y lo entienden ahora, ya que esas mismas dificultades desafortunadamente son tan reales como antes. Incluso después de su muerte, el legado de Jen continúa viviendo en los corazones y las almas de sus fans, quienes se levantaron y siguieron su ejemplo después de escuchar las canciones que ella cantó y escribió, y por eso la siguen defendiendo con vehemencia hasta el día de hoy.

Desde el punto de vista de los medios de comunicación, a muchos les falta descubrir todavía la magia de Jen. En su ausencia, Chiquis está siendo construida por los medios de comunicación y la gente se acerca a ella con la esperanza de encontrar una parte de lo que les había ofrecido Jen, pero no está funcionando porque no entienden el punto. Lo que los medios no entienden es que Jen era verdaderamente multidimensional, tanto así que muchas de sus seguidoras ni siquiera eran fans de su música. Eran fans de ella como mujer. A sus seguidoras puertorriqueñas, dominicanas y cubanas mayores no podía importarles menos la música banda, pero adoraban a Jenni Rivera. ¿Por qué? Porque la habían visto contar su historia en los programas de Don Francisco o de Cristina Saralegui y quedaron enganchadas. Finalmente había una celebridad latina acudiendo a los medios de comunicación que no era completamente perfecta y lo reconocía, que era una madre soltera y no tenía miedo de compartir las dificultades que implicaba este papel, que había sido traicionada y abusada y fue lo suficientemente transparente para compartir su historia. Jen se convirtió en una voz para una multitud de mujeres multigeneracionales con diferentes causas, fue su reina imperante, y esa fue la clave de su éxito.

Nadie puede reemplazar la historia de Jen, su sustancia, su honestidad y su encanto. No le tenía miedo a los retos, rompió muchas barreras y aprendió de sus errores. Tanto así que antes de que su vida llegara a su trágico final, estaba incluso aprendiendo a elegir mejores pretendientes, hombres que eran realmente dignos de su amor, bondad y pasión. Un caballero específico que la cortejaba era un ejecutivo de alto nivel, refinado y de buen aspecto en una importante empresa de bebidas en México. Lo había apodado el Sr. Coca-Cola. La llamaba y le dejaba mensajes de voz mientras le cantaba acompañado por el piano. Jen escuchaba estas serenatas con incredulidad. Tener a un empresario tan exitoso cortejándola a ella, que era una madre soltera, incluso ya una abuela, y de una manera tan elegante, era tan nuevo para ella que a veces se preguntaba en voz alta: «¿Soy digna de esto?». Le costaba aceptar y creer que efectivamente, podía atraer a un hombre tan maravilloso, y sí, ella lo merecía sin duda. Por supuesto que tenía cicatrices, ¿cómo no podría tenerlas? Como solía decir Jen, su corazón era como un espejo roto, marcado por todas las grietas, pero aún podía ver su reflejo, todavía estaba en pie. Y después de haber soportado tanto dolor, atraer esa atención merecedora fue maravilloso para su autoestima. Después de recibir tantos golpes en su corazón, fue el comienzo de algo que la habría ayudado a sanar. Fue algo que le recordaba su valor cuando todas las apuestas estaban en su contra.

Aunque la mayoría de la gente la veía como la mariposa gloriosa que había visualizado para sí misma, Jen aún sentía que estaba en la etapa de la metamorfosis, no era todavía la mariposa que quería ser, pero cada día se acercaba más. Si alguien me preguntara si tuvo algún remordimiento antes de abandonar este mundo, yo diría que fue el hecho de no disfrutar plenamente de su éxito. Era una trabajadora incansable que nunca pudo abrazar plenamente y disfrutar de todo lo que había logrado. Sus fantasmas del pasado seguían acechándola y persiguiéndola, y nunca le permitieron detenerse y disfrutar realmente de las mieles del trabajo de su vida. Sin embargo, al momento de su fallecimiento, había ocurrido un cambio en Jen, que le permitía reconocer que se había ganado las experiencias maravillosas que estaba teniendo en su vida. Estaba aprendiendo a perdonarse a sí misma y abrazar finalmente la felicidad que podía ver levantarse como el sol al amanecer sobre el horizonte, acercándose a la serenidad con la que había soñado durante tanto tiempo, y que finalmente alcanzó con su deceso.

Jen está en paz ahora, así que ha llegado el momento de cerrar este capítulo y seguir adelante. Solo espero que no solo recuerden todo el éxito de Jenni Rivera, sino también todas las veces que cayó porque fue entonces cuando se convirtió en nuestro verdadero faro de luz. Su fortaleza y resistencia son el ejemplo que todos debemos vivir. Todos cometemos errores, todos nos caemos, pero lo que importa es cómo nos levantamos después de cada tropiezo en nuestro viaje.

Si Jen nos ha enseñado algo, es que ningún obstáculo, sin importar lo grande o pequeño, nos impide perseguir nuestros sueños, y ninguna dosis de fama debe impedirnos ayudar a los demás en el camino. Al final, la historia de Jenni Rivera fue una historia universal de amor, pérdida y lucha por sobrevivir. De ustedes depende vivir la vida que desean y merecen. Dejen que el viaje de Jen sea su guía. Su vida puede haber terminado abruptamente y sin sentido, pero su música y su legado vivirán para siempre.

Reconocimientos

A mi amigo de siempre, Anthony R. Lopez, que me presentó a Jenni, a quien ella llamaba «Abogado de mi vida». Ha sido más que un amigo y una inspiración para todos los que han trabajado con él.

A todas aquellas personas que trabajaron en equipo para Jenni desde el principio al fin de su carrera: Gabriel Vásquez, juntos hemos presenciado mucho en esta travesía. Nadie realmente sabrá todo lo que pasó para asegurarse de que Jenni tuviera lo mejor. Giselle «Gigi» Jara, nuestra primera maquilladora a tiempo completo, desde nuestro primer encuentro en LATV supimos que era especial. Hector «El protector», fue como un hijo para ella, y también el punto de anclaje del equipo, proporcionando bienestar y seguridad. Yanalté Galván, como primer publicista de Jenni mostró mucha pasión y determinación. Laura Lucio, no solo fue la consultora de medios de Jenni pero también su amiga. Verónica Nava se comportó como una buena amiga sin importar las circunstancias.

A Ivan Montero, su primer estilista; Adan Terriquez, su diseñador de siempre y amigo; M&M Group, los Scafutos, por creer en nosotros y contratarla en casinos cuando nadie lo hubiera hecho. A su familia en Universal Music, Gustavo López, Martha Ledezma, José Behar, Victor Gonzalez, Miguel Torres.

A Julie Vásquez, fue más que su asistente personal, fue su pegamento.

A Fern Dogg, creo que todos sabemos que fueron almas gemelas. Me alegra tenerle como amigo y que pueda contar conmigo.

A Grupo Desatado, estuvieron allí desde el principio y compartimos muchas memorias entrañables. Washa y Banda Divina, ustedes fueron el equipo.

A los miembros del equipo que la acompañaron en su viaje al cielo: Arturo Rivera, Jacob Yebale, Mario Macías, Jorge «GiGi» Sanchez, hicieron el extremo sacrificio y nunca serán olvidados.

Y a mi familia, Jesse, Val, Maria, Eddie y Christina; mi compañera, Gloria, *mi amor*, fue mi ancla en los momentos difíciles; mis hijos, Elias, Mark, Ivan y Jocelyn; y a todos los admiradores que han apoyado a Jenni a través de los años. Estaré siempre agradecido.

—Pete Salgado

Primeramente, quisiera dar las gracias a Dios por ponernos en el mismo camino y compartir esta gran aventura llamada Jenni Rivera. Fue un viaje que emprendimos juntos, mano a mano, con bajas y altas, tropezando y volviéndonos a poner de pie, con adversidades y abundancias, y sobre todo con muchas bendiciones. Gracias, Jenni, por permitirme ser tu amigo, tu mánager, tu confidente, tu hermano —como me llamabas a menudo. No tienes ni idea de cuánto te extrañamos aquí en la Tierra, pero sabemos que estás mejor que nosotros en la presencia de Dios. Sé que la razón por la que nos dejaste aquí es para darnos la oportunidad de contar a las personas y tus admiradores sobre la mujer, cantante, madre, hermana, hija y amiga que fuiste. Sabes que no perteneces solo a unas pocas personas, perteneces a tu gente, tu audiencia y a todos nosotros que te amamos y continuaremos amándote.

También quisiera agradecer a Pete Salgado, Julie Vásquez, Cesar Ramirez «Chicharo», Ariel Rivas —comenzamos juntos— Jacob Yebale, Arturo Rivera, Mario Larios, Cinthia Rivera, Grupo Desatados, Tu Banda Divina, Chavita, Yanalté Galván, Laura Lucio, Danny Ramos y todas las personas y medios que nos han apoyado y formaron parte de esta travesía extraordinaria llamada Jenni Rivera.

La recordaré y la llevaré en mi corazón siempre.

Con todo mi amor y respeto,

—Gabriel Vázquez Aguayo

Acerca de los autores

Pete Salgado, empresario nacido en Los Ángeles, fue mánager de Jenni Rivera, el ícono latino, así como creador y productor ejecutivo de *I Love Jenni*, *Welcome to Los Vargas* y de *Jenni Rivera Presents: Chiquis 'n Control*. Salgado es un acreditado ejecutivo de la industria del entretenimiento que ha desarrollado carreras para artistas de grabación, actores y compañías editoriales.

Salgado conoció a Jenni Rivera en 2003, y en los diez años siguientes no solo fue su mánager, sino que también se convirtió en su «quinto hermano», como decía tantas veces ella al referirse a él. Como su amigo de confianza, Pete apoyó a Jenni, aconsejándola y orientándola durante sus varios divorcios, problemas familiares, escándalos mediáticos, conflictos legales, así como en situaciones de vida y muerte. Cuando Jenni sufrió profundos golpes a su autoestima, Salgado le sirvió de respaldo, mientras era testigo también de la fortaleza asombrosa de su carácter, resiliencia y determinación para prevalecer por cualquier medio necesario.

Tras el fallecimiento intempestivo de Jenni, Salgado decide compartir abiertamente los detalles de Jenni Rivera tal como él la conoció. *Su nombre era Dolores* es su manera de honrar la petición final de Jenni: «Si algo me sucede, ya sabes qué hacer». En palabras de Salgado: «La publicación de este libro no solo celebra la vida de una mujer que representó a todas las mujeres como una guerrera del tipo más genuino, sino que también creó un espacio para que yo comenzara a sanar finalmente varios años después. NADIE hizo a Jenni o a su carrera, ella estaba destinada a ser nuestra estrella y todos tuvimos la suerte de ser parte de eso».

Actualmente, Salgado maneja a Fernando Vargas, excampeón mundial de boxeo, y al galardonado artista latino Frankie J. Igualmente, Salgado es propietario de varias empresas de entretenimiento y estilo de vida, y es el CEO y fundador de Tuyo Media Group. Vive en Los Ángeles, California.

G abriel Vázquez Aguayo es productor, músico y escritor, con veinticinco años de experiencia en el sector del entretenimiento. También es director creativo especializado en gestión y marketing, así como un productor de conciertos de renombre mundial. Gabriel trabajó con Jenni Rivera de 2000 a 2011 y fue un miembro clave de su equipo, responsable de su éxito en el mercado mexicano. Actualmente vive en México.